景　気
波動と人と理論

KOJIMA Teruo
小島 照男著

税務経理協会

緒　　言

　景気は私達の生活に密着した経済現象，社会現象，文化現象である。経済社会の内部的な構造によって発生し，誰もが望まない不況を繰り返し現出させる。根絶させたい現象でありながら，その夢は果たされることはない。

　景気は，世界帝国を生み出し，世界の歴史を創造し，世界の希求を打ち砕いたりもした。景気と格闘した時代には，様々な対策が発案され，その英知の果てに一時的な勝利としてNew Economyを実現し景気循環なき経済を謳歌したこともあった。しかしながら，その都度手痛い大不況が来襲し，すべてが幻想であったかのように人間社会を打ちのめしてきた。

　壮大な経済実験である「景気循環なき経済」を目指した計画経済体制は今や崩壊し，社会主義国も景気の洗礼を受けていたことが知られた。K. マルクスの発展段階説は最終逢着体制の予測に失敗し，現代経済システムは金融資本主義から世襲資本主義へ向かうとT. ピケティは挑発する。不安定な狭間に現代が流れ，景気は相変わらず回転する。

　In the beginning, was the business cycle. と言わざるを得ない景気のすべてを本書で，解剖したいと思い筆を執った。本書の基礎になった研究は半世紀にわたって継続されてきたものである。将来世代に贈る光の一筋にでもなれば満願の思いである。

　特に，これまでの景気分野の文献は，内外を問わず，事実に照らして不正確な記述に満ちている。コンドラチェフについては，意図的な情報秘匿があったことも影響し，J. A. キチンがイギリス人であることも最近の研究で明らかになったが，日本の文献はほぼ例外なく誤認している。この状態は学問にとって好ましいことではないので，関連する全ての分野の情報を学説史とともに頁を割いて収めてある。

　時々，論者の人生を垣間見たくなる衝動に駆られて，経済学説史の世界に飛び込んでみると実に興味深い人生の逸話に満ちていた。人と理論は分離すべき

かもしれないが，多くの理論は，人生の労苦の成果として結晶しているという印象は払拭できない。断片的な学説史であるが，参考にして頂きたい。

本書は2011年に書き始めた。東日本大震災の破壊力に絶句し多くの人々の非業の災害死に無情な無力感を痛感した。自らを奮い起こし，未来に残すものを創らなければならないと発起して挑戦した。未完になるかもしれないという危惧もあった。病魔との闘いで中断もあった。48年余に及ぶ景気研究の総合に専心した疾風怒濤の5年間であった。

トルストイが『戦争と平和』を書いていく中で，「初めのプランとは大きくかけ離れたが，ドラマが展開する流れに筆を任せて，ピエール・ベズーホフを中心にして描いた」と述懐していることを読んだ。この本も顧みると初めのプランとは大きく乖離してしまい，学者遍歴をプレイバックするような流れになった。

神田の古本街で初めて手にした原著がE. Vargaの『世界恐慌史』(1937)であり，巻頭に挟み込まれた景気変動グラフは圧巻だった。分厚い重い本で読むというより何か奇縁を感じた。その後の星霜の中で景気研究のノートだけが分厚く残されていった。何とか纏まりのついた形にできたことは研究者冥利である。世の人がもう少し景気を知れば，生活の苦悩は随分と軽くなるはずである。読者の輝くような未来をこの本は約束できる。

景気のトピックスを議論することは面白い白熱であり，小さい学会ながら20年以上お世話になった景気循環学会には心から感謝申し上げたい。錚々たる論客の景気解析には大きな触発を賜った。ときめきを覚えた日々が今は懐かしい。

本書の公刊は，偏に，税務経理協会大坪嘉春社長のご尽力による成果である。変わらぬご支援には勿体ない思いを痛感する。鉄人編集長シニアエディター峯村英治氏，肝胆相照の盟友，城西大学浦上博逵教授，神奈川大学学長兼子良夫教授にも衷心より深謝申し上げる。

2016年4月1日

　　　　　　　　　　　　　　　　武蔵野の桜花満開に臨み　小島照男

目　次

緒　　言 ……………………………………………………………… i

第1章　景気の語源 ……………………………………………… 3

第2章　定型化された事実 ……………………………………… 9
  1　定型化された事実 ……………………………………………… 9
  2　ブライ＝ボッシャン基準 ……………………………………… 14
  3　系列相関 ………………………………………………………… 15
  4　Durbin＝Watson ratio (d) …………………………………… 15

第3章　景気の観測 ……………………………………………… 17
  1　景気指標 ………………………………………………………… 17
  2　指標の作成基準 ………………………………………………… 17
  3　加重のかけ方 …………………………………………………… 18
  4　バブソン・チャート …………………………………………… 19
  5　ハーバード指数 ………………………………………………… 19
  6　日本の景気指数 ………………………………………………… 20
  7　DI ………………………………………………………………… 21
  8　CI ………………………………………………………………… 23
  9　実務家の観測法 ………………………………………………… 25

第4章　景気波動Ⅰ　長期波動 ………………………………… 27
  1　景気波動 ………………………………………………………… 27
  2　長期波動 ………………………………………………………… 30
  3　文明のサイクル ………………………………………………… 38

| | 4 | 気候変動の波 ……………………………………………………… 38 |

第 5 章　景気波動 II　中 期 波 動 ……………………………… 41
| | 1 | ジュグラーの波 ……………………………………………………… 41 |
| | 2 | エリオット・サイクル …………………………………………… 45 |

第 6 章　景気波動 III　短 期 波 動 ……………………………… 49
	1	キチンの波 ………………………………………………………… 49
	2	政治的景気循環 …………………………………………………… 51
	3	シリコン・サイクル ……………………………………………… 53
	4	テク・パルス ……………………………………………………… 55

第 7 章　景気の伝播 ………………………………………………… 57
	1	Rocking-horse theory …………………………………………… 57
	2	循環の源泉 ………………………………………………………… 58
	3	波動エネルギーと持続 …………………………………………… 58
	4	Percolation mechanism ………………………………………… 59
	5	加速の法則 ………………………………………………………… 61
	6	レイノルズ数による経済体質の解明 …………………………… 62

第 8 章　景気の古典学派理論 …………………………………… 65
	1	イギリス古典学派の景気変動論 ………………………………… 66
	2	Eugen von Böhm-Baverk の資本利子論 ……………………… 70
	3	フランス古典学派の景気論 ……………………………………… 71

第 9 章　近代景気循環理論 ……………………………………… 75
| | 1 | 収穫循環理論 ……………………………………………………… 75 |
| | 2 | 内生的循環理論の創始 …………………………………………… 79 |

目　次

第10章　貨幣的景気循環理論 …………………………………… 95
1　累積過程への途 ……………………………………………… 95
2　利子率中心論 ………………………………………………… 101

第11章　景気学説の科学的研究伝統 …………………………… 117
1　過剰投資説 …………………………………………………… 117
2　過少消費説 …………………………………………………… 122
3　新機軸説 ……………………………………………………… 122
4　心理説 ………………………………………………………… 125

第12章　景気循環モデル ………………………………………… 129
1　黎明期の数理モデル ………………………………………… 129
2　非線形モデル ………………………………………………… 134
3　アンチノミー理論 …………………………………………… 146

第13章　現代景気循環モデル …………………………………… 155
1　数理モデルの二大潮流 ……………………………………… 155
2　Frisch-Slutsky タイプの線形モデルの系譜 ……………… 159
3　Kaldor-Goodwin タイプの非線形モデルの系譜 ………… 165

第14章　均衡景気循環アプローチ ……………………………… 171
1　均衡景気循環理論 …………………………………………… 171
2　Real Business Cycle Theory ……………………………… 177
3　背景と実証検定 ……………………………………………… 181

第15章　バブルの景気 …………………………………………… 189
1　バブルの歴史 ………………………………………………… 189
2　バブルの分析 ………………………………………………… 199

第16章　日本の景気循環 … 203
1 戦後の景気循環 … 203
2 各循環の諸動向 … 204

第17章　景 気 政 策 … 227
1 財 政 政 策 … 228
2 金 融 政 策 … 231
3 ポリシー・ミックス … 237
4 金融政策波及の様々な理論経路 … 242
5 新しい景気政策 … 245

第18章　景気の考現学 … 249
1 元気づける流行歌 … 249
2 犯罪の認知件数 … 251
3 景気に敏感な３Ｋ … 253

第19章　不易流行—経済保存則 … 257
1 経済保存則 … 257
2 ハイパー企業主義の終焉 … 260

第20章　大恐慌の稜線 … 263
1 恐慌はタイタニック号とともに … 263
2 暗黒の木曜日 … 264
3 カオス系変動の破壊力 … 268
4 景気振幅度 … 270
5 富の集中と恐慌30年周期説 … 271
6 大恐慌はなぜ起こったのか … 273

目　次

第21章　明日の景気 ……………………………………………277
　1　複合循環仮説 ………………………………………………277
　2　簡明な予測方法 ……………………………………………278
　3　新しい景気理論素描 ………………………………………280

後　書 ……………………………………………………………283
索　引 ……………………………………………………………285

景 気
―波動と人と理論―

小 島 照 男

第1章　景気の語源

　言語は文化の伝達者であり，現象の社会的・一般的な浸透と認知によって生成する。また，言語は変遷し，転用され，必要不可欠な意味を胚胎して流行する。言語の旅を辿ることも，いろいろな情報を伝える縁となる。

　景気は，語源を遡ると随分古い。W.レプケによると，ヨーロッパの太古オルフェウス教の「輪廻転生」（悲しみの輪）を意味するラテン語のConjunctioに起源を発している[1]。この語は星座（Konstellation）と同義の天文用語であった。現代ドイツ語では景気変動や商況活発を表現するKonjunktur-bewegungであり，この語は女性名詞である。音韻上の類似は感得できる。

　文化面の表現としては中世ヨーロッパの占星術の星座の位置を景気と言い，その後，商況の浮沈を意味する言葉として転用されていったという説もある。17世紀には人間の認識の及ばない法則にしたがって動く宇宙事象にたとえられて，事物の状態や時局を内容とする用語として使用され始めた。類語的な英語にconjunctureがあり，重大局面，危機的情勢という意味をもっている。

　太古オルフェウス教のギリシャには，*kuklos*というcycleを意味する言葉があり，これも局面を表す言葉である。繰り返される危機的局面が景気循環の原意と解釈することができる。

　漢字の文化には，この言葉はない。いわゆる和製漢語で，唐の「経綸紀理」を語源として，この短縮形の「経紀」→景気となり，派生したと考える学者もいるが定かではない。経綸紀理は生計をうまく営むことを意味した。「経国済民」から派生した経済と軌を一にしている。稀有な例として，唐代の詩人白居易の詩に「霜庭景気秋」とあり，山川草木など風物の趣の意味で用いている。

　日本では，13世紀の鎌倉期には広く日常的に用いられていたことが確認されている。例えば，1212年の鴨長明著『方丈記』には，「山中の景気，折につけ

3

て尽くることなし」（山中の風景は季節に応じて尽きることがない）とある。また鎌倉初期の軍記物語12巻の『平家物語』には「ちっとも色も変ぜず，わろびれたる景気もなし」（西光法師は少しも顔色を変えることもなく，気おくれしている様子も無い）とある。鎌倉初期の鴨長明の歌論集『無名抄』には「景気を言ひ流して，ただそらに身にしみけむかしと思はせたるこそ，心にくく優にも侍れ」（眼前の景色をありのままに表現して，ただ心中，身に沁みて感じたに違いないと思わせたのが，奥ゆかしく優雅である）などがあり，景気の用語を例示することができる。全般的に，有様，文様，光景を表現する言葉であった[2]。

鎌倉中期の歌人，弁内侍の日記には「後鳥羽院の庭の景気」の記述があり，『義経記』の弁慶の荒々しい仕草も「景気」と表現されている。慈円の『愚管抄』では，「時の景気をあらはす」と述べて当時の政治状況が描写されている。

江戸時代の元禄の頃にようやく活気，活況の意味で用いられるようになり，1813年〜23年の式亭三馬『浮世床』には「大分賑やかさ。霜枯れの景気ぢゃございません」と経済的活況の意味での「景気」が現れている。また『式亭雑記』には「此節吉原は甚不景気也」とあり同じく商況を指す言葉になっている。

現代語の景気は，経済活動の活況状態を示す言葉である。「景気がよい」という表現は，「受注や生産が増加し，利潤が増大する」ことを意味する。景色のように目に見えるものだけではなく，肌もと感覚のように，見えない漠然とした将来の不安なども織り交ぜて表現される言葉が「景気」である。地域性や業種，所得階層別に景気の認識は均一ではない。景気が一斉に来襲するときの不統一感や跛行性も景気の特徴である。

英語ではbusiness cycle, trade cycle, business fluctuationなどを使う。景気変動と呼ぶ場合には，規則性や，周期，振幅などの考慮は薄く，好景気（好況）と不景気（不況）とが交替変動する経済環境の変化に注目する。これに反して，景気循環と呼ぶ場合は，周期的な規則性を前提に，経済活動量に明らかな繰り返し波動があるものと解釈して，好況と不況の交替を把握する。このとき，景気予測や景気観測によって将来の経済環境を予測することもできる。

今日では，理論構築上の視点からも「景気循環」が支持されている。理論は

第1章　景気の語源

経済の波動がどのように経済社会を伝わっていくのか，周期的循環を生み出す経済内部の構造はどのようなものか，浸透する波動にはどのような種類があるかなどを探求テーマとして前進し続けている。

　他方，「景気変動」は，変動の発生因を探求し，さらに，好況はなぜ転換点を迎えるのか，不況は経済の壊滅までなぜ至らないのか，という問題に挑戦している。明確なことは，好況のあとには必ず不況が来るし，不況はやがて必ず好況に引き継がれるということである。好況期に「大型不況がやってくる」と書けば100％的中する。そのような本ばかりで騒々しい。現実には景気変動と景気循環を明確に区分せずに用いる傾向があり，1940年代以降は次第に景気循環と総称する向きが多くなった。

　実際の経済動向は，経済規模を拡大しながら，景気循環が発生している。経済成長と景気循環は並存しながらも影響しあう。これを理論化する循環的成長論も開発されている。しかしこの2つの動学的な経済現象は同等の力を作用しあうのではなく，経済成長要因の力が強い場合は，景気循環要因の発現が軽微となり，経済成長要因の力が弱くなると，景気循環要因が主体的に経済動向を支配するという関係にある。ちょうど高速走行の車が振動を目立たなくするが，速度が落ちてくるとガタガタという振動が際立つことに似ている。

　景気の「景」は明暗の区切りがはっきりした光を意味し，「かげ」とも読む。中国音では jing または ying で，コンユンクチオにも近い。威勢の良さや元気さを内包する「気」を添えて造語された。気はもともと米を炊く湯気から会意形声され，空気や勢い，力を意味する。万物が生成する根源が気であり，その清濁厚薄に応じて万物が類別される。したがって，気の様子ということで「景気」が造語された可能性も考えられる。中国語では景気，商情，行情が景気の意味で使われている。

　音韻上は，契機，継起，景気などの同音語がある。物事を変化・発展させる要因や切掛けが契機であり，引き継いで発生することが継起である。これらの語がいずれも景気を語る場合のキーワードになることがある。何かのはずみで発生した経済情況が継続的に引き継がれることが景気である。言語形成の時間

的な前後関係は不明であるが，類語の中にも語源的要素を見出すことができる。

　景気は社会的に嫌悪される言葉ではないが，現象としては不思議な特性を持っている。事物は因果の網の目に置かれて必ず原因に遡及することができる。しかし，景気が悪くなることを望む人はいないので，景気を悪くしようとする行為は存在し得ない。景気は必ず悪化して不況を迎え，また好況となる。

　J.A.シュムペーターは「景気循環は資本主義の心臓の鼓動である」と例え「景気循環を研究することは，まさに資本主義時代の経済過程を分析することに他ならない」と述べた。心臓は不随意筋で自律的・無意識的に動いている。景気は，この意味で自由に動かし得る事象ではなく所与条件と捉えた方が分かりやすい。景気の影響は緩和できるが，景気の来襲はコントロール不能である。

【注】
1）オルフェウス教は古代ギリシャ世界の密儀教である。トラキアの冥界往還の伝説の詩人オルフェウスを開祖としている。ギリシャ宗教には珍しい死後の世界への言及のある特殊な宗教で，ディオニソス信仰を純化して永遠の浄福を説いた。紀元前7世紀ごろ成立したと伝えられる。オルフェウスは竪琴の名手であり，妻エウリュディケを迎えに冥界に行き冥王ハデスと「冥界を出るまで妻を見ない」と約束するが，あと一歩で冥界を出るところに来たとき破約して妻を見てしまい，エウリュディケを生還させなかった。

　　日本の古事記にも類似の記載がある。伊弉諾尊は火の神を産んで焼死した伊弉冉尊を偲んで殯の期間を待ちきれず妻の死体を覗き見し，伊弉冉尊の生還を妨げたため，伊弉冉尊は毎日国人1,000人を殺すと恨み訴えるが，伊弉諾尊は毎日1,500人を誕生させて繁栄させると返答する。こののち国造りの旅を終えて，禊をし左目を洗うと天照大皇神が誕生する。

　　W. K. C. Guthrie, *The Greeks & Their Gods*, Beacon, 1954. およびPark Robert, "Early Orphism," in Anton Powell ed., *The Greek World*, 1995. これらの文献に古代オルフェウス教の記述がある。

　　Wilhelm Röpke（1900-1966）は自由主義経済学者として知られている。いわゆるW.レプケの三部作は*Gesellschaftskrisis der Gegenwart*, 1942. *Civitas Humana*, 1944. *Internationale Ordnung heute*, 1954.である。W.レプケの*Die Lehre von der Wirtschaft, 1937*は体系的な『経済学入門』であり，景気論は均衡の破壊として論じられている。景気変動論の著書*Krise und Konjunktur*, Leizig, 1932および*Die Konjunktur*, Jana, 1922について，翻訳が難しい戦中に日本にレプケ理論を紹介したのは『レプケによる景氣論概説』（有斐閣　昭和16年）を著した私の恩師，有井治

第 1 章　景気の語源

博士である。この著書は博士の弁では，実質的に1932年の『恐慌と景気』の翻訳であり，日本経済に関する関連的分析を追加したものであると説明された。その後時局の沈静化とともに翻訳に活路が見出されて，昭和19年実業之日本社版の正真翻訳書『レプケ・経済恐慌と景氣變動』が公刊された。学生時代の薫陶に影響されて，私は自分の専門領域をマクロ経済学の景気循環論に設定した。有井先生のお得意の講義は自由主義者W.レプケの苦悩の青春期についてであり，学問の深奥を満喫したゼミナールを思い起こす。

　太古オルフェウス教の語源に関する記述は16年版40頁にある。
2）北原保雄編『全訳古語例解辞典』小学館　1994年　284頁。
　『平家物語』の事例は現代語の景気に近く，活動の様子を意味している。

第2章　定型化された事実

どのような経済変動もすべて景気循環と見なされるわけではない。景気動向と認定するためには，いくつかの厳密な定義に照らさなければならない。通常の手続きは，「定型化された事実」が確認される経済変動かどうかを調べ，さらに時系列上の動向として，ブライ＝ボッシャン基準を適用して，検討される。

また，いろいろな経済諸量の確定値を得るまでに2～3年の時間経過が必要なことから，景気に関する確定日付や基準日付についての決定には，長時間の遅れ（time-lag）が避けられない。速報値，暫定日付，推定基準などが乱立することは仕方がない。

1　定型化された事実（Stylized Facts）

Stanly Fisherは，近年の景気循環に，いろいろな経済社会で共通して観察できる特徴を指摘した[1]。これが「定型化された事実」と呼ばれるものである。初めに，N. Kaldorが成長経済についてこの語句を用いた[2]。フィッシャーの後，M. DoreやJ. J. Rotemberg，J. H. Stockなども独自の「定型化された事実」を指摘している。

①　S. Fisher説

S. Fisherは次の4点を挙げて，すべてを満たす経済動向を景気循環と定義した。この定義は雇用に消費が影響することを枢軸にしている。

❶　雇用と失業の変動は需要の攪乱と相関している。
　　（実質賃金はあまり変化しない。）
❷　雇用・失業と産出量の変動が系列相関している。
❸　景気変動は貨幣的な攪乱と相関している。

(フィリップス曲線の関係が存在する。)

❹ 循環を通じて消費・所得と雇用が正の相関をしている。

これらの事実における相関（correlation）とは，2個以上の変量が規則正しく同時的に変化する関係である。因果の序列を伴う相関関係とそれらのない純粋相関関係とがある。変量間の線形関係がなければ相関とは言わない。相関の程度は相関係数（r）で測る。

2変量の観測値系列 (x_1, y_1), (x_2, y_2), ・・・, (x_n, y_n) があれば，各変量の平均値を $\bar{x}$, $\bar{y}$ で示し，次式で与えられる。

$$r = \frac{\Sigma (x_i - \bar{x})(y_i - \bar{y})}{\sqrt{\Sigma (x_i - \bar{x})^2 \Sigma (y_i - \bar{y})^2}}$$

$|r| \leq 1$，であるが1に近い値のときは変化の方向が一致し，−1に近い値の場合は，変化の方向が逆である．

フィリップス曲線は，イギリスのA. W. Phillipsが1958年に突きとめた賃金と失業の背反関係[3]で，その後，貨幣賃金変化率と失業率との間の負の相関関係として各国で確認されている。

② N. Kaldor説

カルドアは主要先進国の経済成長の特徴を6 factsにまとめている。景気循環を均して得られる趨勢としての経済成長過程の特徴は景気循環の長期的な定型化された事実に他ならない。

❶ 労働生産性は持続的に上昇している。
❷ 資本装備率は長期的に上昇している。
❸ 資本収益率は安定している。
❹ 投資・産出比率は安定的である。
❺ 労働ＧＮＰ比率と資本ＧＮＰ比率はともに安定的である。
❻ 生産性上昇率は各国で格差がある。

循環要因と趨勢要因を区分する二分法は伝統的に経済動学理論で採用されてきた。カルドアの指摘は成長要因に変動要素が少なく，経済変動は循環要因に

第 2 章　定型化された事実

帰せられることを確認した意味がある。R.M.グッドウィンらの循環的成長モデルも開発されたが，現実を映し出し得た貢献は別として，景気についても成長についても説明不足に陥ってしまった。近年ポール・ローマーとチャールズ・ジョーンズは共著論文で「新たなカルドアの事実」6点を指摘している[4]。これについては項を改め④で詳説する。

③　M. Dore説

ドーアは私達のグループが翻訳した『景気循環論』において，景気循環の定型化された事実として次の10 factsを指摘した。

❶　産出量の変動に対し，物価水準は順循環的に失業率は反循環的に変動する。

❷　物価上昇と賃金上昇は並存するが，賃金上昇が先行する。

❸　賃金占有部分は順循環的に変動し，利潤占有部分は景気の山では低い。

❹　景気循環を通じて正の趨勢的経済成長が実現し，景気変動と経済成長は密接に関連している。

❺　景気は周期的というよりもむしろ繰り返される変動である。

❻　産出量の拡大と労働生産性の上昇には順循環的関係がある。

❼　利潤変動は順循環的変動であるが，産出量単位あたりの利潤が減少し，その後，全域的利潤の減少へと発展する。

❽　固定資本投資と在庫投資は順循環的に変動するが，個々の景気循環で時間的現出様態は異なる。

❾　信用の拡大と貨幣供給量の変動は順循環的である。

❿　景気変動は国際的に同時性があり，経済自由化と金融自由化の進展，変動為替制度の拡大はこの共鳴を一層強める。

ドーアの指摘は景気変動派の立場であり，循環要因と成長要因は分離不可能性をもっていると主張する。従来の観察的事実とは異なる賃金動向に着目している点が特徴である。賃金と利潤に純粋相関を認めている点などマルクス経済学への同調も窺える。❿の特徴についてはMoore and Zarnowitz (1986) の研

究があり，世界14カ国の同時性が確認されている[5]。

④　Romer＝Jones説

カルドアの指摘から50年を経て，「新たなカルドアの事実」を指摘することで，彼らは進歩を確認した。カルドアが物的資本に焦点を絞ったことと対照的に，現在では知識，制度，人口，人的資本の4変数間の相互作用こそが，成長の加速や貿易の利益を考えるために重要であると主張した。新6項目は次のものである。

❶　グローバリゼーションによる市場規模の拡大
❷　人口成長率と1人当たりＧＤＰ成長率の加速
❸　1人当たりＧＤＰ成長率の多様性
❹　1人当たりＧＤＰと全要素生産性の各国間の大きな格差
❺　1人当たりの人的資本量の激増
❻　長期的に安定な実質賃金

P.ローマーは1986年の「内生的成長理論」の創始者であり，経済成長の主因を経済社会における知識の蓄積に求めた論者で知られている。そのような観点を拡大して，このような指摘に逢着した。履歴現象や初期条件の重要性を強調した「定型化された事実」は，循環要因のみで景気を説明する難しさを再び突きつけることになった。

⑤　Gibbons＝Waldman説[6]

P.ローマーの人的資本の指摘は，別の分野の研究を刺激することになった。好況期の生産性増大が大きい場合，好況期入社年次社員は不況期入社年次社員に較べて若・老年期の平均賃金が高い団塊効果（cohort effect）を享受する。また，学校教育や職務特殊的人的資本に注目することで，景気と賃金の系列相関を解き明かした。この説は昇進や賃金の決定に見られる各企業の共通特徴を「定型化された事実」として掴み，実証的知見と整合的なモデル構築を目指したものである。結果的に就職氷河期の若者の平均賃金の低さを解明し，労働者の動学

第 2 章　定型化された事実

的比較優位を説明することができた。景気との関連で定型化された事実として次の 3 点が着目された。

❶　平均賃金には入社時景気状況に応じた団塊効果が認められる。
❷　労働賃金は学校教育年数の増加関数である。
❸　学校教育年数は職務レベルおよび賃金と正の相関をもつ。

不況期入社社員は，景気動向に影響されない安定的な職務に就く機会が多く，景気感応部門の職務特殊能力が増幅されない。昇進時にこの部門に移動すると人的資本の消耗が激しく，賃金も低くなるため移動は難しい。職務特殊的人的資本を得る時間も限られる。そこで，人事異動の機会は減少し，企業特殊的人的資本として重要度の低い部門での就業期間が長くなり，生涯平均賃金は低くなる。

⑥　Rotemberg＝Woodford 説・浦沢説

アメリカの景気循環について，数人の研究者が定型化された事実を発表している[7]。これらは日本の景気循環に関する伝統的見解と完全に一致している。内閣府の浦沢聡士氏の研究では，次の 8 項目を指摘している[8]。

❶　民間消費と民間住宅投資は先行的に順循環的であり，非住宅投資は遅行的に順循環的である。
❷　公共投資は遅行的に反循環的である。
❸　輸出・輸入は共に順循環的である。
❹　雇用は遅行的に順循環的であるが，平均（総）労働時間は先行的に順循環的である。
❺　賃金は必然的に遅行的に順循環的である。
❻　ＧＤＰデフレーターで測ったインフレ率と消費者物価指数は遅行的に順循環的である。
❼　基本的に貨幣は先行的に順循環的であり，貨幣成長率は遅行的に反循環的である。他の貨幣の特性は1991年以降，政策による変化を示している。
❽　有効な為替相場は遅行的に反循環的で円の減価は産出量と正の相関があ

る。

　統計データによるこのような事実の発見は理論の彫琢のために重要な貢献をしてきた。景気はどのようなところが問題かについてもこれらの指摘された事実が浮き彫りにしている。

2　ブライ＝ボッシャン基準

　すべての経済変動が景気ではない。これはアメリカで開発されたブライ＝ボッシャン基準に照らして景気を判断するところから導出された見方である。
　この基準は「時系列の動向で，山→谷または谷→山の局面期間が最低5カ月以上であり，全体の山→山または谷→谷の1周期が最低15カ月以上である経済変動を景気循環とする」という内容である。全米経済研究所（NBER）の基準日付設定手法として，この条件の下で12カ月の移動平均を原系列に施して景気の山・谷を決定している[9]。12カ月の移動平均は過去の6カ月，当該月，その後の5カ月を一纏めにした12カ月の単純平均のことである。
　広域視野の中で大きい波を探し，その頂点近傍の局所的に最高点を景気の山とする手法で，そのような大きな波の低位や斜面で高い点があっても上位転換点とはしない。転換点の設定には，スペンサーA系列（Spencer A）とB系列とを使う。15点公式を用いて，$1/320$（$-3, -6, -5, 3, 21, 46, 67, 74, 67, 46, 21, 3, -5, -6, -3$）のウェイトで当該月を中央にして前後7カ月の平均をとった系列がA系列である。次に，原系列をA系列で除した不規則変動系列を作成する。この平均値と標準偏差sを求め，不規則変動系列の特異値を導出する。特異値は$3.5s$以上の乖離値である。この特異値の月を対応的なA系列の値で補正し，補正系列を作成する。この系列に12カ月の移動平均を施してスペンサーB系列を得る。
　このB系列の前後5カ月よりも高い月が山であり，低い月が谷である。連続する山や谷は極値を選ぶ。同水準の場合は最近値を選定する。系列の端点から6カ月以上離れていない転換点は外し，山から山，または谷から谷が15カ月以

上あることを確かめて，景気転換点を決定する。

3　系列相関

　景気の動向は，時間の経過と共に変化する観測値の動向から把握する。このような観測値の列を時系列（time series）と呼ぶ。時系列を対象とする統計学的解析は時系列解析であり，景気の分析に広く用いられている。

　移動平均（moving average）系列は，景気の大まかな傾向を捉えるために用いられる。月ごとの観測値（月次データ）は12カ月の移動平均で処理されるが，当該月の6カ月前のデータと5カ月後のデータ値をそれぞれ2分して用いることが多い。

　相関を調べるにはコレログラム（correlogram）を用いる。時点 t の値には偶発的に定まる量も含まれるので，いわば確率変数とみなせる。このような確率変数の系列であれば，時系列は一種の確率過程である。この場合，詳細な分析は展開しにくいため，一定の時間間隔をおいて同時分布すると考えて定常時系列化して，時点差 h（時点 t と時点 $t+h$）についての自己相関係数をグラフにしたものがコレログラムである。扱いにくさもあるので，第1節の相関係数や次節のダービン・ワトソン比で景気の相関をつかむようにしている。

4　Durbin＝Watson ratio（d）

　相関については，ダービン・ワトソン比を用いて調べることもある。一般にこの比は次式で与えられる。先述の系列相関係数 r を使えば $d\fallingdotseq 2(1-r)$ が概ね成立するので，$d<2$ のときは正の系列相関，$d>2$ のときは負の系列相関となり，$d\fallingdotseq 2$ のときは系列相関なしとなる。e_t は回帰方程式からの残差である。

$$d = \sum_{t=2}^{T}(e_t - e_{t-1})^2 \Big/ \sum_{t=1}^{T} e_t^2 \fallingdotseq 2(1-r)$$

【注】

1) Fisher, S., "Recent Developments in Macroeconomics," *Economic Journal*, June 1988.
2) Kaldor, Nicholas, "Capital Accumulation and Economic Growth," in F. A. Lutz and D. C. Hague. eds., *The Theory of Capital*, London, Macmillan, 1961, pp.177-222.
3) Phillips, A. W., "The Relation between Unemployment and the rate of Change of Money Wage Rates in the United Kingdom 1861-1957," *Economica*, Vol.25, No.100, November 1958, pp.283-299.
4) Romer, P. and C. Jones, "The New Kaldor Facts : Ideas, Institutions, Population, and Human Capital," *American Economic Journal : Macroeconomics*, January 2010, Vol.2, No.1, pp.224-245.
5) Moore, G and V. Zarnowitz, "The development and role of the National Bureau of Economic Research's Business Cycle Chronologies," in R. J. Gordon, ed., *American Business Cycle*, Chicago, 1986.

 　尚、Dore, M. H. I., *The Macrodynamics of Business Cycles : A Comparative Evaluation*, Blackwell, Cambridge, 1993.（小島照男他訳『景気循環のマクロダイナミクス』文化書房博文社，1995年）を参照されたい。
6) Gibbons, Robert and Michael Waldman, "Enriching a Theory of Wage and Promotion Dynamics inside Firms," *Journal of Labor Economics*, Vol.24, No.1, pp.59-107.
7) Rotemberg, J. J. and M. Woodford, "Real-Business-Cycle Models and the Forecastable Movements in Output, Hours, and Consumption," *The American Economic Review*, Vol.86, No.1, March 1996, pp.71-89.

 　Stock, J. H. and M. W. Watson, "Business Cycle Fluctuation in U. S. Macroeconomic Time Series," in J. Taylor and M. Woodford eds., *Handbook of Macroeconomics*, Amsterdam, Elsevier Science Publishers, 1999.

 　King, R. G. and S. T. Rebelo, "Resuscitating Real Business Cycles," NBER working paper No.7534, Feb., 2000.
8) S. Urasawa, "Business Cycle Fluctuations in Japanese Macroeconomic Time Series : 1980-2000," ESRI Discussion Paper Series, No.185, June 2007.
9) Bry G., and C. Boschan, "Cyclical Analysis of Time Series : Selected Procedures and Computer Programs," NBER Technical Paper 20, 1971.

第3章　景気の観測

　景気は目に見えないものである。したがって，注意深い観測が必要になる。景気の観測には，長い伝統と豊富な経験がある。

1　景気指標

　景気指標は複数の曲線で景気の波を描くことができる。予測を目的とする景気指標は種々の観測機関で作成されている。分析を目的にする景気指標もある。これらは過去の景気循環過程を解明するために創案されている。景気転換点，景気サイクルの検証，景気の諸局面の比較分析ができるようになる。30年以上にわたる時系列指標は予測にも分析にも用いられる。

　景気の観測は経済統計データを利用する。特定の指標を統計的な加工を施して合成して用いることが多い。各景気指標は歴史的類推を適用して兆候学的予測法を行うために必要である。過去の景気局面における運動型を測定し，帰納法的に規則性と類似性を導き出して先行きの動向を予測する方法である。

2　指標の作成基準

　景気指標の作成には基本的な基準がある。特に採用する指標を選択する基準が問題である。従来から種々の基準が試行されてきたが，現代では6基準に則している。

❶　経済上の重要度（economic significance）

　経済諸部門の代表的活動を示す指標であること。生産，投資，消費，貿易，労働，物価など多面的に経済の把握が可能でなければならない。各部門を代表する包括的指標が要る。

❷ 景気対応性（conformity）

循環変動がはっきり示せる指標でなければならない。景気の反復運動と対応する上昇→下降→上昇→下降という変動を繰り返す指標であることが要請される。トレンド要因や成長要因が支配的で景気に感応しない指標は不適切である。

❸ 時間的関係の規則性（timing）

景気に一定の時間的な距離を置いて変動する指標が必要である。景気転換点との時間関係が安定的である指標が適している。景気に対して，先行性（leading），一致性（roughly coincident），遅行性（lagging）という時間特性が規則的で安定している指標でなければならない。

❹ 統計的充足性（statistical adequacy）

長期にわたる時系列データが十分に蓄積されており，統計的誤差や脱漏が少ない指標が好ましい。

❺ データの平滑性（smoothness）

不規則変動が少なく，季節調整を施す系列に不規則な振幅が加わらない指標が望ましい。不規則変動は景気の実勢をつかみにくくする。

❻ データの速報性（currency）

統計集計が迅速でデータが入手しやすい指標が必要である。特に短期の景気予測は速報データが枢要な役割を果たす。

3　加重のかけ方（weight）

これらの6基準にどのような重要性を配分するかについて，いわゆるウェイト付けの問題がある。測定単位がばらばらな各景気指標に合理的な重みは明確ではない。アメリカの評点制度は時間関係の規則性に26.7％，データの速報性に10％のウェイトをかけている。便宜的で根拠もはっきりしない加重付けで成功しているとは言いがたい。景気動向指数はすべてが同等の重要度であると前提してウェイト問題から離れている。どの国も苦慮しており，妙案はない。景気の強弱について測定する指標についてはウェイト付けをしなければならないが，確定的な方法はまだない。

第3章　景気の観測

4　バブソン・チャート（Babson Chart）

　景気予測に実効性のある指標の嚆矢は，バブソン・チャートである。これは1909年にアメリカのバブソン統計社が開発した。株価予測を目指す景気観測で，面積説を着想した斬新なチャートを作成した。面積説は，（好況持続期間×景気の強さ＝不況持続期間×景気の強さ）で示される。好況持続期間が不況持続期間よりも長い場合は，不況の強さが好況の強さよりも大きいことになる。

　指標の作成には移動平均法を使い，季節調整，生産物の付加価値による加重付け，操業日調整を施した12系列で判定した。景気は株価の動向によって予測された。

5　ハーバード指数（Harvard Index）

　景気指標として画期的な歴史的意義をもつ指数が，1919年に登場したハーバード指数である。季節変動調整法として連環比率法（method of link-relatives）を創案したW.M.パーソンズ（Warren Milton Persons）を中心に考案された。この指数は時間的継起法を確立した。すなわち，経済時系列相互間の規則的な継起関係を発見してこれを将来に延長・適用する方法である。

　作成方法の手順は次のように進められる。まず，❶統計資料の中から景気と対応している指標を選び出し，連環比率法で季節的変動を，最小二乗法で趨勢的変動を抽出する。❷原系列をこれらの2つの変動要素で割り，循環変動を趨勢的変動の百分比偏差として求める。❸各採用系列の循環的変動の振幅のぶれを調整するために循環変動を標準偏差で割る。景気の一致系列である卸売物価指数との時間関係（time lag）を計測し，A・B・Cの3グループに分ける。このグループごとに❸の方法で求めた計数を合成してハーバード指数が導出される。

　結局，ハーバード指数は7系列の経済時系列から導出される循環変動を景気動向として解釈する指数である。

19

図表3-1　ハーバード指数

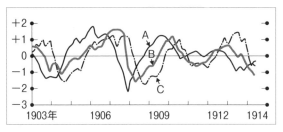

（出所）　W. C. Mitchell, *Business Cycles : The problem and Its Setting*, 1927, p.294.

　Aは投機線，Bは商況線，Cは貨幣線と呼ばれ，上図のように抽出された。Aの後Bは10カ月遅れ，さらにCは4カ月遅れてBを追随する。これらの3曲線の変動振幅には規則的な関係が見出された。経験則に立脚した変動類型から1919年の好況，1920年の不況，1922年の回復が予測され的中したことで，このハーバード指数の世界的評価が確立されたが，1920年代にはＡＢＣの時間的継起関係が規則性を失い不明確になった。1929年10月24日（暗黒の木曜日）に始まる世界的な大恐慌のあと，一年余りに亘り早期の景気回復を予測し続けたことで，一気に権威を失墜した。その後，採用系列の改定や単純化の努力も実らず，1941年に中断され，栄光と挫折の歴史に終止符を打った。統計的手法を機械的に適用し，分析的裁量を含ませずに，頑なに純粋手法に固執して予測し続けたことが失敗因と考えられている。

6　日本の景気指数

　国産第1号の指数は1924年に開発されたダイヤモンド社指数である。ハーバード指数に倣って，投機線（株価・株式出来高），商勢線（卸売物価・手形交換高），金融線（金利），の3曲線で構成された。先行系列の投機線は商勢線から2～4カ月先行し，遅行系列の金融線は商勢線から2～4カ月遅行する時間的継起関係が見出された。上位転換点は次のケースで発生する。金融線が上昇している場合，投機線が低下し始めると商勢線も2～4カ月で低下して景気は不況に転じる。逆に金融線が低下している場合に投機線が上昇し始めると商勢線も2

~4カ月で上昇して景気は好況に向かう。これが下位転換点である。

1928年には三菱経済研究所が「財界一般指標図」を作成した。これは採用系列を一系列にして単純化し、ダイヤモンド社指数と同様に3曲線指標で景気動向を示した。投機線（株価），商況線（卸売物価），金融線（商業手形割引率）で構成されている。

この直後に東洋経済新報社の「本邦経済活動指数」が作成されている。主要物資の生産量や販売量に基づいて合成した物量指数であった。

1930年には景気分析のための指数が作成されている。田村市郎氏の「日本景気循環指数」である。ハーバード式の作成方式で、卸売物価、日銀貸出高、手形交換高、紙幣流通高、輸入高の5系列を総合している。1887年（明治20年）〜1928年（昭和3年）の40年期間にわたる長期景気指数である。この指数によって、平均46カ月の景気波動が導出された。実証的研究の嚆矢として歴史的価値を評価されている[1]。

7　D I（Diffusion Index 浸透度指数）

日本で2008年3月まで正式指数として活用されてきたＤＩはNational Bureau of Economic Research（ＮＢＥＲ）が開発した指数である。この全米経済研究所はWesley Clair Mitchellによって1919年に創設され、Arthur Frank Burnsも主宰に加わって、景気循環学者のW. C. Mitchellが1920年9月に初代所長となった景気研究組織である。

W.C.ミッチェルの景気に関する統計的研究は不朽の業績である。景気は経済全般に広く拡散している現象で、均衡からの偶発的乖離ではなく、経済システムの自生的変動であると考えた。三部作[2]にわたって展開された膨大な時系列データを駆使した詳察は、資本主義経済体系の内包的欠陥を浮き彫りにしている。景気の循環的変動は振幅がいろいろであり時間的にも相当に相違するという結論を導出している。1948年に惜しまれつつ84歳の生涯を閉じた。

ＤＩは景気の浸透度を計測したもので、景気に敏感な経済指標を時間的な順位で先行、一致、遅行の3グループに分け、その中の拡張系列数を採用系列数

で割って百分比として示す数値である。採用系列の変化の方向をこのＤＩによってつかむことができる。

　2015年現在の採用系列は2015年７月の改定による景気動向指数採用系列である。先行11系列，一致10系列，遅行９系列の３群30系列で構成されている[3]。かつては先行13系列，一致11系列，遅行８系列の３群32系列の時代もあった。景気感応的な系列として採用される景気動向指数系列は時々の経済社会の反応経路を反映するように適宜修正改定される。今回で第11次の改定となった。

　具体的にＤＩを出すには経済指数の季節調整済みの計数が３カ月前よりも増加していれば，拡張（＋），減少していれば（－），横ばいであれば（＋0.5）として，[拡張系列数＋横ばい系列数×0.5]を採用系列数で割って計数化する。逆循環型の系列は計数が増加すれば（－），減少していれば（＋），として計算する。季節調整済みではなく前年同月比伸び率を用いる系列もある。３カ月前比をとるのは，不規則変動による揺らぎやブレを回避するための措置である。

　ＤＩは景気の短期的な予測に役立つし，景気の転換時期，景気の現局面の把握にも有効である。一致指数が50％を超えて上昇してくるときは50％を超えた時点の近傍で景気は谷を打っている。逆に50％以上から50％を下回ってくるときには50％を切った時点の近傍で景気は山を刻んで後退期に入ったと判定する。先行系列の計数で景気動向の予知を行い遅行系列の計数で景気動向の確認ができる。

　累積指数ＣＤＩ（Cumulated diffusion Index）は，景気の趨勢的な動向を見るために作成する。３群の系列のそれぞれについて，毎月の（ＤＩ－50）の値を累積したものである。

　ＣＤＩ＝前月のＣＤＩ＋（当月の指数－50）

　このグラフを用いると景気の転換点である山と谷とが原数値よりも鮮明に示される。不規則変動の影響もあり，各系列の動きは激しいので，50％を下回る期間，あるいは上回る期間が少なくとも３カ月以上継続することを確認して景気の山や谷を判定する。

　ＤＩの数字的な大小は意味がない。厳密にこの指数を適用して考えることは

反って誤認を招く。例えば，ＤＩの値が90％であっても景気拡張の普及度が増したただけで，量感が加速したことではない。

ＤＩは1960年（昭和35年）に経済企画庁が発表し始め，毎月定期的に発表されている。現在は内閣府が所管している。改定も適時になされており，採用系列の数も内容も改善されてきている。景気の形態変化や経済構造の変化に即応して予測精度の維持，向上を図るための改定である。統計的処理方法の改定もなされている。

季節調整法として，開発段階では連環比率法がとられたが，12カ月移動平均法→ＥＰＡ-Ｘ8法（経済企画庁の開発）→センサス局法（アメリカの開発）→ＭＩＴＴＩ（通商産業省）と改定されている。非移動平均法としてはダービン・マーフィ法なども開発されている。

不規則変動の調整には3カ月スパン法が採用されている。これは3カ月移動平均法によって前月比を求めることと同じで，ＤＩの平準化が図られる。産業別ＤＩや地域別ＤＩのほか，収益ＤＩ，設備投資ＤＩ，雇用ＤＩもある[4]。

景気観測の要諦は「数字を均して読む」ことであり，ＤＩの予測力は相当に高い。民間機関が作成するＤＩにも優れたものが多い。日本経済新聞社の「日経収益インデックス」や日本製紙連合会の「紙・パルプ産業の景気動向指数」が発表されている。

8　ＣＩ（Composite Index 合成指数）

ＣＩは採用系列の変化率を合成したもので，景気の大きさやテンポ（量感）を把握する指数である。地震について震度とマグニチュードの二面把握がなされていることと似ている。ＤＩが震度でＣＩがマグニチュードに当たる。2008年4月から，景気動向の中心的な指数として用いられている。2011年の景気関連系列の第10次改定に際し，「外れ値」処理手法にも新しい工夫が施された。

指数の作成は次のような手順で進められる。❶個別指標の対称変化率$x_i(t)$の算定，❷個別指標の対称変化率の過去5年間の平均$\mu_i(t)$，標準偏差$\sigma_i(t)$，偏差基準化変化率$Z_i(t)$の算出，❸各系列を構成する個別指標の$\mu_i(t)$，$\sigma_i(t)$，

$Z_i(t)$ を平均して各系列の合成平均変化率 $\mu(t)$、合成変化率標準偏差 $\sigma(t)$、合成偏差基準化変化率 $Z(t)$ の算出から、3群の各系列の合成変化率 $V(t)$ を算出、❹合成変化率 $V(t)$ を累積し、基準年次を100とする指数を作成。

❶は、個別指標の中の第 i 指標の t 時点の数値を $d_i(t)$ で示すと次式で算定する。

$$x_i(t) = 200 \times \{d_i(t) - d_i(t-1)\} / \{d_i(t) + d_i(t-1)\}$$

その指標の数値が0または負のときと、比率である場合は、差をとり、
$x_i(t) = d_i(t) - d_i(t-1)$、で算出する。

❷は、個別指標の対称変化率の月次データ60個の平均を算出する。

$$\mu_i(t) = \sum_{t=n-59}^{t} x_i(n) / 60$$

対称変化率とは110→100と110→120のケースは変化の絶対値が同じで対称である。

$$\sigma_i(t) = \sqrt{\sum_{t=n-59}^{t} \{x_i(t) - \mu_i(t)\}^2 / 60}$$

$Z_i(t) = \{x_i(t) - \mu_i(t)\} / \sigma_i(t)$

❸は、個別指標数 K で構成される $\mu_i(t)$、$\sigma_i(t)$、$Z_i(t)$ を平均して、$\mu(t)$、$\sigma(t)$、$Z(t)$ を算出する。一般に $\mu(t)$ は一致系列を用いる。

$$\overline{\mu(t)} = \sum_{i=1}^{K} \mu_i(t) / K, \quad \overline{\sigma(t)} = \sum_{i=1}^{K} \sigma_i(t) / K, \quad \overline{Z(t)} = \sum_{i=1}^{K} Z_i(t) / K$$

$V(t) = \overline{\mu(t)} + \overline{\sigma(t)} \times \overline{Z(t)}$

❹は、基準年の $I(t)$ を I^* で示し、次式にしたがって合成変化率 $V(t)$ を累積する。

$I(t) = I(t-1) \times \{200 + V(t)\} / \{200 - V(t)\}$、
$CI(t) = \{I(t) / I^*\} \times 100$

この指数を採用することで、アメリカやOECDと同じCI型景気観測を用いることになり、ようやく国際標準に合致した。

ＣＩはＮＢＥＲの協力でアメリカ商務省が1968年に開発した景気指数である。日本では，1980年（昭和55年）に山一證券経済研究所が作成した「ＹＲＩインデックス」と1983年（昭和58年）に経済企画庁が公表した「景気動向指数ＣＩ」がある。過去には日本銀行の未発表の指数もあった。

　ＹＲＩインデックスは多変量解析法の一つである主成分分析を利用した指数である。主要商品の生産量や出荷量を中心に，先行系列10指標，一致系列15指標を採用して構成された。ミクロ経済全般の景気とリード・ラグの関係が把握できる。

　同様の指数は日本鉄鋼連盟の「鉄鋼業景気動向指数」である。鉄鋼関係の生産，出荷，在庫，価格を中心に先行系列6指標，一致系列6指標を採用して構成された。鉄鋼業の包括的な景気動向を掴むことに成功している。

　1980年代はバロメーターの時代と呼ぶに相応しく，特徴的な景気指標や景気指数が開発された。景気の波動が増幅し，顕在化している現在では，景気観測から得られる景気動向指数の果たす社会的役割は大きい。

　21世紀に入って，2010年代には，「鉄スクラップ相場」や「ゴルフ会員権相場」などが景気を映す鏡として利用されている。中国の世界経済に占める位置が大きくなると共に，中国製造業購買担当者景気指数（ＰＭＩ）の世界経済動向との連関性が高まり，商品指数のロイター・ジェフリーＣＲＢ指数，バルチック海運指数（ＢＤＩ）なども世界経済動向との一致性を認められるようになっている。

9　実務家の観測法

　日々の證券市場関与者の独自観測法には，注目すべき「職人技」がある。特に，岡本博氏の市場分析法は「株価の先見性」を描き出す方法として優れている。一般的には，12カ月中値移動平均法と言われる。例示すると，2015年1月のある企業の株価は，平成2014年2月〜2015年1月までの12カ月の最高値と最安値の平均値（中値）としてとらえる。いわゆる株価の日足・月足のロウソクの平均をとる方法である。1企業の株価にも日経平均株価にもこの方法が適用

できる。この平均値を前年同月値や前月値と比較し，上昇トレンド，あるいは，下降トレンドを把握する方法である。resultant trendと呼ばれることもある。株価変動の中には様々な将来期待が反映されてくるので，その変動には先見予見性があると考える所説の実証方法として用いられている[5]。

【注】

1) 詳細は有山道夫『経済変動の解明』ミネルヴァ書房 1992年，田原昭四『日本と世界の景気循環』東洋経済新報社 1998年を参照されたい。
2) Mitchell, W. C., *Business Cycles : The Problems and its Setting*, 1927. （春日井薫訳『景気循環Ⅰ　問題とその設定』文雅堂書店 1961年）
　Burns, A. F. and W. C. Mitchell, *Measuring Business Cycles*, 1947. （春日井薫訳『景気循環Ⅱ　景気循環の測定』文雅堂銀行研究社 1964年）
　Mitchell, W. C., *What happens during Business Cycles*, 1951. （春日井薫訳『景気循環Ⅲ　景気循環の過程』文雅堂書店 1963年）
3) 新系列は次の系列を採用している。
　先行系列（1最終需要財在庫率指数　2鉱工業生産財在庫率指数　3新規求人数　4実質機械受注　5新設住宅着工床面積　6消費者態度指数　7日経商品指数　8マネー・ストック（$M2$）　9東証株価指数　10投資環境指数　11中小企業売上見通しDI）
　一致系列（1生産指数　2鉱工業用生産財出荷指数　3耐久消費財出荷指数　4所定外労働時間指数　5投資財出荷指数　6小売業商業販売額　7卸売業商業販売額　8営業利益　9中小企業出荷指数　10有効求人倍率）
　遅行系列（1第3次産業活動指数　2常用雇用指数　3実質法人企業設備投資　4家計消費支出　5法人税収入　6完全失業率　7きまって支給する給与　8消費者物価指数　9最終需要財在庫指数）である。
4) 太田清『景気予測の考え方と実際』有斐閣 1993年。
5) 岡本博「今後の経済情勢と「株式市場の動向を的確に判断するポイント」」『景気とサイクル』第55号，景気循環学会 2013年，61-77頁。

第4章　景気波動Ⅰ　長　期　波　動

　景気は経済活動量の波動現象である。自然界の波にも大波，小波，漣，津波などがあるように，多種多様な波動が発見されている。それらの発見は，時に命を脅かすような危険をもたらし，悲惨な転落を余儀なくしたこともあった。
　景気波動の発見はまさに命懸けの仕事だった。景気の波動は発見者の貢献に鑑みて，その名を冠されて命名されている。僅か数時間，経済雑誌への投稿原稿が遅着したために埋もれてしまった秀逸な発見もある。

1　景　気　波　動

　標準循環（standard cycle）と呼ぶ波動の典型例としての模式図を用いて，景気波動を定義する。
　下図はバーンズ＝ミッチェル（A. F. Burns & W. C. Mitchell）型区分である[1]。景気の標準的な波形を9局面に分けて定義する。景気の山から山，または谷から谷が一巡の循環周期で，山と谷の垂直間隔が景気波の振幅である。景気の谷から山への局面が拡張局面であり，これを回復期と拡張期に分けることもある。
　ＮＢＥＲでは，基準循環を用いて全般的な景気動向を把握している。基準循環（reference cycle）は，個々の時系列に固有な循環である特殊循環（specific cycle）から総合的に導出される，全般的な景気動向の山と谷の基準日付によって区切る景気波動が標本的な基準循環である。

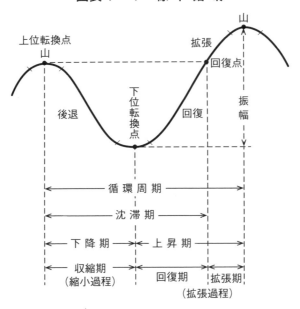

図表4−1　標準循環

　別の見方として，J.A.シュムペーターは，経済均衡を示す中心線を設定して景気波動の4局面区分を提唱した[2]。

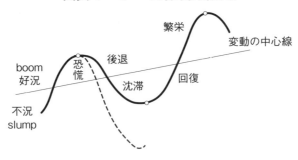

図表4−2　4局面景気循環

　変動の中心は均衡正常線と呼ばれ，このトレンド線をめぐる経済活動水準の変動が，繁栄→後退→沈滞→回復，という一巡を経過して景気循環を形成する。

第 4 章　景気波動 I　長 期 波 動

ブームの頂点から急激な下降転回があるときは恐慌であり，穏やかな景気低落は後退である。4局面の特質は一般的には次のようになる。

❶　**繁栄（拡張）局面**　完全雇用が実現するが，摩擦的失業もしくは自然失業率は残存している。経済活動の累積的上昇はインフレーションを加速する。生産諸要素の隘路（bottleneck）が顕在化し将来の市場状況の悪化懸念も深刻になる。投資の繰り延べ，貸付金の回収，消費の伸び悩み，生産コストの逓増による企業収益の圧迫，利潤減少などが発生し，経済活動の抑制・収縮が起こり，景気は後退局面に向かう。

❷　**後退局面**　将来の経済状況について悲観が横溢し，投資や生産の減退が深刻になる。失業，企業倒産，工場閉鎖が続出し過剰供給に陥る。累積的な経済活動の収縮が沈滞局面へと経済を落とし込む。繁栄局面が一挙に瓦解し景気後退が急襲する事態が恐慌である。

❸　**沈滞局面**　経済活動は低水準のまま推移し，デフレーション様相の中で大量失業と遊休設備を抱えて，企業の広告宣伝，交際費，厚生費の切り詰めも発生する。自立的回復への待機を迫られる。経済成長にマイナス成長率さえも発生する。

❹　**回復局面**　補填投資だけに支えられた不況の底を打って投資や消費の刺激が生産への上昇機運を喚起し，将来の経済状況に明るい見通しが確信されるようになり，回復軌道が開かれる。失業率の逓減や遊休設備率・稼働率にも改善が見られると生産増加が本格化し，誘発投資が累積的に増加する。物価の微増も現れると新規の設備投資も旺盛になる。

近年の景気局面は，このような典型的な様相を示すことが少なく，長期停滞の様相を基底にしながら大きな経済成長を実現できずに，水面下で多少の上昇下降を繰り返す形態になっている。

逆に，1960年代のような高度経済成長時代には，経済成長速度の増減という「成長率循環」の形態が支配的で，後退局面が短く拡張・繁栄局面が長く，深刻な経済沈滞がほとんど起きないという景気動向が中心であった。

人間の身体的な成長に似て，青春期の拡張に較べて，成熟期には成長余力が

少なくなる。それだけに成熟経済の景気循環は相対的に深刻さが増す。

　主要な景気政策は，後退期の経済活動減退速度を加速しないことであり，また沈滞期の失業や生産減退を緩和させることである。さらに過度の景気過熱については注意深い冷却を少しずつ機能させ，繁栄局面ではインフレーション対策を講じる必要がある。

　この他に，繁栄期・恐慌期・清算期の3局面説（Clément Juglar），沈滞期・回復期・事業繁栄期・金融引き締まり期・産業恐慌期の5局面説（Talcott Parsons），停滞期（下向・第1段上昇）・飛躍期（第2段上昇・飛躍・資本欠乏）・恐慌期（信用破壊）の6局面説（Arthur August Caspar Spiethoff）もある。

　景気局面の相違や性格を理解するうえで便利な局面分割を用いる必要があるだけで，局面細分化が意味をもつわけではない。

2　長期波動
①　コンドラチェフの波

　長期波動の発見ほど悲惨な話は寡聞にしてまだ聞かない。Vincent Barnettは1998年の著書の中で「それが喚起してきた情熱によって判断するならば，長期波動には経済史家の聖杯のような一面がある」[3]と述べている。

　1925年に発表されたニコライ・ドミトリエヴィッチ・コンドラチェフの論文『景気変動の大循環』は，資本主義の長期波動の上昇波の存在を実証することで，スターリンの「資本主義の全般的危機」論に抵触し，併せて長波下降期の農業停滞がスターリンの農業集団化に警告を発する根拠となった。この故に，1930年6月19日に「勤労農民党」事件の首謀者としてコンドラチェフは粛清逮捕された。1932年には禁錮8年の宣告を受けたが，獄中でも旺盛な研究に没頭し，480ページに及ぶ遺稿をまとめている。早期釈放の請願も家族ぐるみで展開されたが，1938年9月17日ソヴィエト共和国連邦最高裁軍事委員会判決により，死刑判決後，銃殺された。一部の研究者が「シベリア流刑の後，生死不明」と記したことはW.レプケが『経済恐慌と景気変動』（1936年）の中で書いた記述[4]によるものと推察される。

第4章 景気波動Ⅰ 長期波動

図表4−3　コンドラチェフの肖像

Николай Дмитриевич
Кондратьев
(1892—1938)

（出所）　Barnett, Vincent, *Kondratiev and the Dynamics of Economic Development : Long Cycles and Industrial Growth in Historical Context*, Basingstoke, Macmillan, 1998.

　その後24年を経て，1962年にニキータ・フルシチョフ首相が1938年の死刑判決を取り消し，さらに25年を経て，1987年7月にゴルバチョフのペレストロイカにより，1932年の勤労農民党事件の判決も取り消された。コンドラチェフは，ここに処刑から50年目にしてようやく復権を認められた。1989年に旧ソ連科学アカデミー世界経済・国際関係研究所においてコンドラチェフの学問的業績をめぐる研究集会が開催されている。46歳にして非業の死を遂げた偉大な学者の発見は，現在もなお輝き続けている。真理の過酷さがこれほど峻烈をきわめた人生はどのような歴史のどこにもない。

　「1920年代に景気循環の経験的研究が進展したことは，近代経済学の歴史的発展におけるかなり劇的な挿話である。これほど急速に成長し，あたかも成熟科学のような様相を呈した研究分野は，そうめったにあるものではない」とJ. C. Andvigは書いている[5]。

　このコンドラチェフの研究によって発見された長期波動がコンドラチェフ波と呼ばれる景気波動である。この波は現在では周期55年の物価波動と解釈され

ている。コンドラチェフの1925年の論文「景気変動の大循環」を詳しく検討しよう。

データとして，フランス（1858-1925年期間の10系列），イギリス（1780-1925年期間の8系列），アメリカ合衆国（1791-1925年期間の4系列），ドイツについては石炭産出量の1系列について（1873-1915年期間），世界について（1872-1918年期間の2系列）を用いている。仏・英・米についての物価動向は下図のように示されている。

図表4－4　コンドラチェフの長期循環　1789～1922年

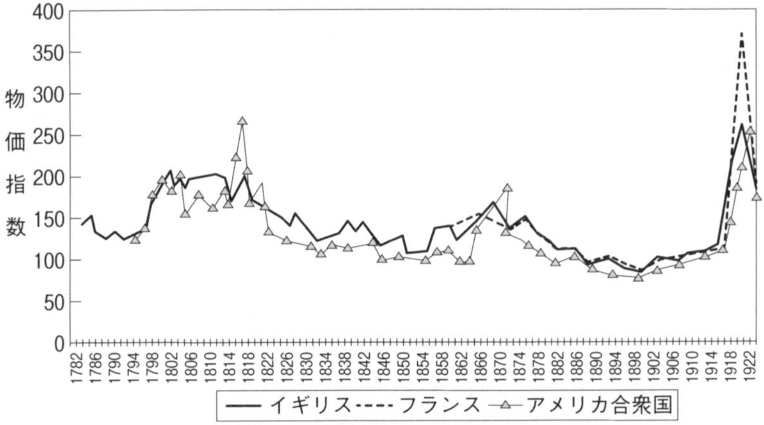

(出所)　Kondratiev, *Bol'shie tsikly kon" yunktury*, pp.244-5

このデータから，第1長期循環の上昇波25年（1789年-1814年）と下降波35年（1814年-1849年）を導出した。次いで，第2長期循環の上昇波24年（1849年-1873年）と下降波23年（1873年-1896年），第3長期循環の上昇波24年（1896年-1920年）と下降波（1920年-）を区分している。アメリカ合衆国の第2長期循環の上昇波のピークが1866年にずれたのは南北戦争の影響であると主張された。反転時期の蓋然性については後に批判が集中したが，数理統計を利用したロシア初の経済学者であったことは，批判者[6]も認めている。

第1長波は60年，第2長波は45年となる。これらについては後年W.C.ミッ

第4章　景気波動Ⅰ　長期波動

チェルが新たなデータのもとで追認している。長波の原因としてコンドラチェフが指摘している要因は，生産技術，金産出，戦争，農業である。分析の結論として次のような事実を見出した。

❶　長期循環の上昇波の中の小循環の好況は長く，下降波の中の不況は長引く。

❷　長期循環の下降波のもとでは農業が特に長期的に停滞し，多くの生産・交通技術の発明・発見がなされる。これらは次の上昇波のもとで実用化される。

❸　長期循環の上昇波の開始期には金産出量が増大し，植民地の増大により世界市場が拡大する。上昇波のもとで戦争や国内の社会不安が多発し激化する。

　この論文では大循環（major cycles）で厳密に周期的である長期循環を確信していたのであり，大循環は上昇波と下降波の2つの波動から成るものと解釈された。イギリス，フランス，アメリカの物価，生産量，利子率，賃金などについて1780年代－1920年代のデータにトレンドを抽出するための最小二乗法を用い，トレンドからの偏差として求めた循環変動に9カ年の移動平均を施して50年周期の波を発見した。各種の数理指数を駆使したコンドラチェフの研究は，景気の科学的分析の幕開けを画した。

　長期循環の存在可能性を初めて指摘した研究は，ハイド・クラークの1847年の論説であると言われている[7]。次いでジェボンズの1884年の『通貨と金融の研究』で，長期循環の着想が明示されている[8]。さらに，シュピートホフや恩師トゥガン・バラノフスキーの功績も認められる。「しかしながら，この現象を学界にはっきりと持ち出し，資本主義的過程に特徴的な長期波動が存在するとの仮定に基づいて，利用できるすべての資料を系統的に分析したのは，N.D.コンドラチェフであった」[9]と表明したJ.A.シュムペーターにしたがって，コンドラチェフ長波の名が残った。

　シュムペーターは，資本主義の歴史的な発展過程としての創造的破壊過程が長期波動であるととらえ，主因を技術革新と見なした。すなわち，1780年代－

1840年代の第1波は紡織機，蒸気機関などの発明に始まる産業革命，第2波の1840年代-1890年代期間は蒸気と鉄鋼による鉄道建設の隆盛，1890年代末からの第3波は電気，化学，自動車の発達によるものと解釈した。

第3波の谷については諸説あるが，ロストウは1935年とし，シュムペーターは戦後復興期の1950年代初期としている。

最近の長波研究は，シュムペーターの技術革新主因説を支持している。不況期のボトム近傍で群起するイノベーションによる新技術が社会的浸透を深めながら，上昇波を形成する。上昇波の持続期間は新技術が旧技術に代替する時間である。新技術の浸透とともに周辺技術の転換や発明が円滑に進み，一通り普及して下降波に転じる。下降波期間は，需要逼迫や市場狭隘化，技術革新の飽和などで停滞し，企業家精神や進取の気性も萎えてしまう。

さらにB.J.L.ベリーは大恐慌，投機的動揺期，スタグフレーション・クライシス，大国の興亡，覇権国の交替までもが経済社会の長期循環によって説明できると主張した[10]。図表4-5は一例として，アメリカの長期波動について示している。コンドラチェフが指摘した原因のうち，農業を資源・エネルギーに，金数量をマネー・ストックに置き換えれば，現代理論としても有効である。

この長波は，主導産業が農業である時代については，太陽の活動周期に絡めて考えることもできる。太陽黒点説を唱えたW.S.ジェボンズの名はコンドラチェフの論考の脚注に何度も現れる。

太陽黒点説は，限界革命の巨星William Stanley Jevonsの名と共に古い。ジェボンズは近代経済学のほとんどすべての分野で開拓者である。1851年に16歳でロンドンのUniversity Collegeに入学し，植物学と地質学を学んだが，実家の困窮によって18歳のときオーストラリアに渡りシドニーの造幣局に赴任し，貨幣検査官として働いた。ここで学資を蓄えて1859年に帰国し再入学して経済学や数学を学んだ。限界効用理論はこの滞豪中に着想したと伝えられる。1866年にマンチェスターのOwens's Collegeの教授となり，微分学を適用する経済学数理化を成熟させて，1871年に主著 The Theory of Political Economy を完成させた。1876-80年までロンドンの母校へ教授として赴任した後，健康上の事

図表4－5　長期波動と歴史事象

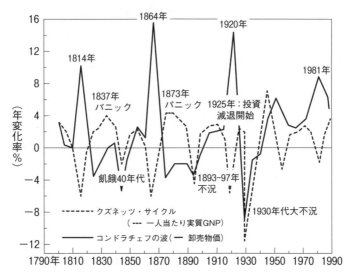

（出所）　篠原三代平「波動「大国の興亡」と関連も」日本経済新聞 1992.3.17。

由で辞職した。1882年遊泳中に死去し，47歳の生涯を閉じている。景気循環に関する太陽黒点説や石炭の枯渇を警鐘した社会改造論，物価指数など多彩な研究を残している[11]。

　太陽活動に関する吉村サイクルが55年周期を析出したことによって，太陽活動に長波の原因を求める実証的研究も刺激されている。クラインクネヒト（A. Kleinknecht）は経済成長率を根拠に，1893－1948年の第3波と1948－1974年の第4波の上昇波を見つけている[12]。現在は議論が分かれるものの，2003年の第4波の下降波の底を経過して第5波の上昇波に入ったと見られている。

　国際商品市場の価格にも，コンドラチェフ波の影響がみられ，全般的に価格上昇局面になっている。日本経済についても2030年頃までの長期波動の上昇波過程にあると推定されている。原油価格の低落はエネルギー転換の進展によるものと考えられる。

② 建築循環

コンドラチェフの波の他に，長期波動の発見は数種に及ぶ。現在では，これらをまとめて建築循環としている。代表例はクズネッツの波で，この名称を用いる向きも多い。

❶ クズネッツの波

22～25年周期の波で，経済成長率に見られる循環である。発生原因として移民，資本移動，建設が指摘されている。アメリカの経済学者サイモン・クズネッツ（Simon Smith Kuznets）は，1930年にアメリカの実質ＧＮＰを解析して，平均周期20年の循環を発見した[13]。この波動はC.A.R.ワードウェル（C. A. R. Wardwell）によって既に1927年に発見されていた。

クズネッツは統計技法を駆使した国民所得学者で，実証主義的に理論発展を目指す研究に集中した。1850年代以降のＧＮＰ統計データに移動平均を施して中期循環を除去し，生産系列に22年周期の長波，価格系列に23年周期の長波を検出した。この長波の上昇期には経済成長率が高くなり，下降期には低くなることを明示して経済成長率の長期波動という側面も示している。

❷ リグルマン（J. R. Rigleman）の波

1930年代にはクズネッツに刺激されたかのように，類似の研究が展開された。リグルマンは1830年－1935年のアメリカ各都市の住宅，商工業建物の建築許可高のデータを利用して，この106年間に6波の存在を発見した。最長循環は22年，最短循環は13年で平均17.3年であった。上昇期は8.5年，下降期は8.8年でクズネッツ波と酷似している。さらに，ニューマンが検証した建築循環は18年であり，ロングは平均9年の建築循環を見出した[14]。

❸ ハンセン（A. H. Hansen）の波

1932年にA.H.ハンセンは，アメリカの住宅，工場，事務所などの建築活動データから，平均17－20年循環を見出した[15]。シュムペーターとともに複合循環仮説の立場をとるハンセンは，この建築循環を含むK波，L波，N波の3波図式で大恐慌も説明している。長波と主循環中波であるジュグラー波との関連について，次のような結論を得ている。すなわち，アメリカの経験では建築循

第4章 景気波動Ⅰ　長期波動

環は主循環の2倍の長さで，しかも主循環の山は一つおきに建築循環の上昇期と規則的に合致する。建築循環の上昇期の主循環の不況は短命軽微で，下降期の不況は長期にわたり深刻である。

❹　建築循環の原因

建築循環の上昇期は，アメリカの各種建設工事の隆盛期と符合している。リグルマン循環で考えると，第1循環は運河建設期で，第2循環は第1次鉄道建設期とゴールドラッシュ，第3循環・第4循環は大陸横断鉄道建設を中心とする第2次・第3次の鉄道建設期，第5循環は電車普及による新鉄道建設期，第6循環はモータリゼーションの進展に伴う道路建設期，である。

社会インフラの建設需要を主因とすることも考えられるが，定説はない。20年周期の建築循環の発生要因として，住宅・商工業建造物の耐用年数，ライフサイクルによる住宅需要の変動，家賃・建築費の費用変動，人口増加率変動なども有力である。

ヨーロッパ諸国には類似の研究がなく，例外的に，イギリスに関するビバリッジの研究があるに過ぎない。彼の分析では20-22年の建築循環を確認しているが，循環の主因は不明である。

欧州の建設投資を見ると，維持修繕投資が40％程度を占めている。住宅や社会資本ストックの増加とともに成長する分野であり，日本においても近年急速に成長している。自然災害や老朽化など，建築物の損壊による周期的な維持修繕投資も，建築循環の主因となり得る。

❺　大川一司の波

日本に関する推計として，1880年代-1960年代の実質経済成長率の長期変化に上昇局面と下降局面があることが発見された。循環の平均期間は22年でクズネッツの波と一致している。第1循環は，1887年-1897年-1904年の谷→山→谷である。前半の上昇期11年の平均成長率は3.21％，後半の下降期8年は1.85％，全期間の平均は2.65％であった。第2循環は1904-1919-1930で，3.40％2.27％2.29％，第3循環は1930-1938-1953で，5.01％0.37％1.99％，第4循環は上昇期のみ，1953-1969で9.99％であった[16]。

3 文明のサイクル

超長期波動として，村山節の文明サイクルの指摘が注目される。西洋文明と東洋文明の交代が800年周期で発生する。1200年に東洋文明の時代から西洋文明の時代に転換し，1950年頃に西洋文明から東洋文明に転換した。したがって2700年～2800年頃までは世界の主導的文明は東洋文明となる。独自の文明法則史学に基づいて周期800年で東西の文明優位が交代し，1600年で一巡する歴史の二重螺旋構造を提唱した[17]。

図表４－６　東西の文明波

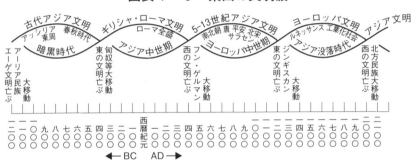

4 気候変動の波

最近は，異常気象という言葉が多く聞かれる。世界各地を襲う大洪水，熱波，サイクロン，突風，竜巻，夏の雹など枚挙に暇がない。聖書の世界の「ノアの方舟」も，大和王朝期の大水害も実は周期的に人類社会を脅かしてきた周期的気候変動であり，近年の研究では400年周期で発生すると捉えられている。日本史上では100年，500年，900年，1300年，1700年と大規模天災が群起する時代を特定できている。このような周期により2100年代が気候大変動期と予想される。皇紀57年，西暦127年は大洪水時代で３ｍ余の高さまで水没した記録がある。

現在の地球環境問題にも深く関連する地球規模の自然環境変動であり，中世のマウンダー極小期も含まれている。また氷期も近づいているという予測があ

第 4 章 景気波動 I 長期波動

り，地球温暖化により予測が混乱しているが，2050年頃には関東地方の平均気温が41℃，冬の厳寒期が−6℃になるという両極端化傾向の予測もある。

【注】
1) Burns, A. F. and W. C. Mitchell, *Measuring Business Cycles*, 1947.
（春日井薫訳『景気循環Ⅱ景気循環の測定』文雅堂銀行研究社 1964年）
2) Schumpeter, JosephAlois, *Business Cycle*, 2 vols., New York, McGraw-Hill, 1939.
（吉田昇三監修，金融経済研究所訳『景気循環論』全5冊有斐閣 1958-64年）
シュムペーター説を2局面説，ミッチェル説を4局面説と解釈することもできる。
3) Barnett, Vincent, *Kondratiev and the Dynamics of Economic Development: Long Cycles and Industrial Growth in Historical Context*, Basingstoke, Macmillan, 1998. （岡田光正訳『コンドラチェフと経済発展の動学』世界書院 2002年 25頁）
Kondratieff, N.D., "The Long Waves in Economic Life," *Review of Economic Statistics*, Vol.17, No.1, 1935, pp.105-115.
（中村丈夫編『コンドラチェフ景気波動論』亜紀書房 1984年に翻訳所収）
4) 「大戦後に設立されたモスコウの露西亜景気研究所は，最も注目すべき成果を挙げたのであるが，政府によって「反動的」と認められた為に，コンドラチィエフ，ワィンシュタイン，オパーリン其他の人々は，或ひは射殺せられ或ひはシベリアに遂放せられ，その活動は数年前に不意に停止された。」と有井治訳『経済恐慌と景気変動』97頁注（5）に記されている。
最近のドイツ人の景気専門書の中にも同様の記述が残存している。例えば，Gabish, Günter and Hans-Walter Lorenz, *Business Cycle Theory—ASurvey of Methods and Concepts*, Springer-Verlag, Berlin, 1989, p.9n. では，「コンドラチェフの正確な没年はシベリアに流刑になって以後知られていない」と注記されている。
5) Andvig, Jens Christopher, "Ragnar Frish and business cycle research during the interwar years," *History of Political Economy*, Vol.13, No.4, 1981, p.699.
6) 批判者の一人は，G. ガーヴィである。Garvy, George," Kondratieff's Theory of Long Cycles," *The Review of Economic Statistics*, November 1943, pp.203-220.
7) Duijn, J. J. van, *The Long Wave in Economic Life*, London, George Allen & Unwin, 1983.
8) Jevons, W. S., *Investigations in Currency and Finance*, London, 1909.
9) Schumpeter, JosephAlois, *Business Cycle*, 2 vols., New York, McGraw-Hill, 1939.
（吉田昇三監修，金融経済研究所訳『景気循環論』全5冊有斐閣 1958-64年，242頁）
10) Berry, B. J. L., *Long-Wave Rhythums in Economic Development and Political Behavior*, the Johns Hopkins University Press, Baltimore, 1991.
11) Jevons, W. S., "Commercial Crises and Sun-spots," *Nature*, Vol.19, 1878.
コンドラチェフが引用したジェボンズの論考の中には，死後，息子のH. S. JevonsやH. Higgsによってまとめられて公刊されたものからの引用もある。

12) Kleinknecht, A., *Innovation Patterns in Crisis and Prosperity—Schumpeter's Long Cycle Reconsidered*, New York, St. Martin's press, 1987.
13) Kuznets, S. S., *Secular Movements in Production and Prices*, Philadelphia, Houghton-Mifflin, 1930.
14) Newman, W. H., *The Building Industry and Business Cycles*, 1935.
    Long, C. D. Jr., *Building Cycles and the Theory of Investment*, 1940.
15) Hansen, Albin H., *Economic Stabilization in an Unbalanced World*, 1932.
16) 大川一司『国民所得』(長期経済統計1) 東洋経済新報社 1974年。
17) 村山節『文明の研究―歴史の法則と未来予測―』光村推古書院 1984年。
    村山節・浅井隆『文明と経済の衝突』第二海援隊 1999年。
    この図は村山節『歴史の法則と武装中立』新人物往来社 1981年から引用。

第5章　景気波動Ⅱ　中期波動

およそ10年の周期をもつ景気波動が，中期サイクルで，景気循環の中心的な波動である。J. C. Juglarが1862年に公刊した『フランス・英国・合衆国の商業恐慌とその周期的再発』[1]によって世界に知られることになった。J.A.シュムペーターは「ジュグラーの波」と命名しA.ハンセンは「主循環」(major cycle) と呼んだ。日本では中期循環の名で親しまれている。この他に中期の景気波動として株価変動にかかわる「エリオット・サイクル」がある。

1　ジュグラーの波

Joséph Clément Juglarはフランスの医者であり，結婚率，死亡率，出生率に循環的変動を発見した。後に経済学への関心を深め，43歳のときに，景気循環理論の先駆的業績を著した。この本は図表とともに2巻の労作である。フランス，イギリス，アメリカの3カ国の物価，利子率，銀行貸出額などの統計データから7～10年周期の波を発見し，景気が周期的に反復する現象であることを初めて実証した。経済内部の伝播機構や景気波及関係を捉え，統計と経済学理論を融合して，景気を体系的に説明したことが景気理論の発展に大きく貢献した。

ジュグラーの解析によって恐慌が好況から不況への転換期の一局面として位置づけられ，恐慌から次の恐慌が山から山の一循環となった。フランスでは，1804年－82年の78年間に10循環があり，平均は7.8年である。イギリスは1803年－82年の79年間に11循環があり，平均7.2年である。アメリカは1814年－82年の68年間に7循環があり，平均9.7年である。

3カ国の恐慌の時期はシンロナイズしており同時不況現象が数回に及んでいる。各循環の長さには多様性がある。

ジュグラーの波の主因は設備投資の変動である。機械設備の経済的耐用年数が10年であるという再投資説，更新投資説には疑問があるが，技術革新投資や資源利用効率化投資，省エネルギー投資の変動が総合的に10年周期を創り出すと考えられる。設備投資の消長が雇用量，産出量に顕著に現れる。この波が典型的な景気循環現象の本体であるので，主循環と呼ばれた。

　ジュグラーの波の上昇期には設備投資の不均整な増加があり，下降期には設備投資の停滞がある。このような不均衡発展の調整過程が投資率の調整過程で，ほぼ10年周期で資本ストック調整が行われていることが推測される。企業の期待有効需要と現実生産能力とのギャップが期待有効需要の何％に当たるのかというギャップ率の拡大・縮小に応じて，設備投資計画は循環的に変化する。これが資本ストック調整過程として現れる。

　この波動は，ハンセンがアメリカについて1795年－1937年の142年間に17循環を見出しており，平均周期8.3年，最長周期12年，最短周期6年，概ね7年－10年の循環であることを確認している。W.W.ロストウは工業生産や雇用データによって1792年－1914年の122年間にイギリスで平均10年の波を確認した。

　1960年代のアメリカでは，長期繁栄が続き，ジュグラー波の振幅は1.5％～2.0％と小さく，この主循環は忘れられた存在になったが，1980年代には復活し，景気動向を支配している。

　日本についても次表のように中期循環として確認されている。最長12年，最短7年で，過去100年に9循環が存在し，平均9.8年の周期である。民間設備投資・ＧＮＰ比率は，1870年代からの140年間に14の中期循環があり，平均周期は9.6年になる。

　ジュグラーの波が1972年の石油ショック後に経済成長率との相関を希薄にさせたことは，日本が成熟経済になった証左と見なされ，設備投資循環が景気動向にあまり反映されなくなったととらえられた。近年，グローバリゼーションの進展に伴い，設備投資は為替相場の動向とともに海外設備投資比率を高めている。国内の産業空洞化が激化し，国内経済が長期停滞局面から抜け出せない一方で，海外進出と海外設備投資の増勢が継続している。ジュグラーの波は，

第5章 景気波動Ⅱ 中期波動

その社会的位置づけも重みも変質させている。

日本の中期循環は次表のように推計されている。

循環	谷	山	谷	上昇期	下降期	継続期間（年）
1	1876	1881	1885	5	4	9
2	1885	1888	1892	3	4	7
3	1892	1897	1902	5	5	10
4	1902	1906	1913	4	7	11
5	1913	1918	1923	5	5	10
6	1923	1927	1932	4	5	9
7	1932	1939	?	7	—	—
8	1947	1951	1955	4	4	8
9	1955	1961	1965	6	4	10
10	1965	1970	1977	5	7	12
11	1977	1980	1983	3	3	6
12	1983	1990	1994	7	4	11
13	1994	2001	2009	7	8	15
14	2009	<u>2015</u>	<u>2020</u>	<u>6</u>	<u>4</u>	<u>10</u>
平均				5.00	5.00	9.833

（出所）　田原昭四『日本と世界の景気循環』東洋経済新報社1998年，85頁
13・14循環については筆者推計。＿＿は筆者予測。平均は1～13．

　1980年代に，エコー効果による再投資循環論が根拠を失った。ある時期に導入した設備の更新期が10年程であり，再投資が一定期間後に必要になるので設備投資循環は反復するという説明が，変則事例に直面した。つまり，設備投資・ＧＮＰ比率のピークと景気の山が同調しなくなり，民間設備投資のリード役も重化学工業から半導体産業に代わって，これまでの投資動向とは無関係になった。民間設備投資が再投資時期に相関せず，ジュグラーの波に呑み込まれて投資を迫られていたこれまでとは異なる状況に突入した。

　新たなイノベーションや競争条件の変化に伴い需要増加が見込める局面で，設備投資は旺盛になった。資本ストック調整原理に需給バランス主導説が入り

込んで，この動向を説明するようになったが，能力増強型の設備投資の比重がますます低下している。

　設備の供給能力を増やす投資は景気循環すなわち需要変動の影響を最も強く受けて，変動幅も大きい。同時に景気動向の源泉にもなる。この部分の比重が減り，研究開発投資が比重を増している現在では，設備投資の相対的安定傾向が見られる。研究開発投資は，独立投資の一種で経済動向にはあまり影響されない。過去1960年代に〔能力増強投資＋新製品・製品高度化投資〕が設備投資の中心で60％を占めていたが，近年の景気拡大ピーク（2009年）では27％にまで低下している。他方，研究開発投資は70年代初頭から安定的に微増傾向を示し，17％以上になっている。しかし，景気連動性がなくなっているのではない。景気後退期には不要不急の投資は，短期の企業収益にも貢献できないので，切り詰められ先送りされる傾向がある。景気後退期の下支えを独立投資に求めることにもある程度の限界がでている。

　最近の設備投資動向で変動の安定化に寄与しているのは，省力化投資である。特に情報化投資が省力化には有効で，労働力不足と労働時間の短縮に向かう「生活大国計画」では，一人の省力化に700万円〜2,500万円程度の省力化投資が必要になる。設備投資は年あたり102兆円程度であるが，7〜8％が省力化投資に当たる。設備投資という需要も巨大市場を形成する。

　理論的には非線形理論が設備投資の10年周期を説明できる。エルゴード理論やカオス理論が有力であるが，自己秩序化過程がもっとも適していると考えられる。それ故，自己組織化シナジェティクス理論（synergetics）が適合する。

　職業適性検査にも用いられているが，定型のマスの中に迅速に三つの点を打っていく検査がある。乱雑でもできる限り素早くやらなければならない。開始直後は雑然として各人の作業音に統一はないが，次第に一定のリズムが発生し，そのリズムから外れようとしても難しくなる。これが自己秩序化である。

　経済社会に内在する様々な企業の投資行動は，このように全体的な秩序を生み出し，すべての設備投資行動を包み込んで一定のリズムを形成する。そのリズムが10年という間隔である。日本経済についても，過去14循環が存在し，平

第5章 景気波動Ⅱ 中期波動

均9.83年というデータはジュグラー波の存在検証と考えられる。

2 エリオット・サイクル

テクニカル・アナリシスである株価のチャート分析は，Charles H. Dowが始祖である。彼は，現在でも「ダウ平均」とともに馴染み深い。ダウのトレンド分析を発展的にサイクル分析に進展させた中興の祖が株価波動論のRalph N. エリオットである[2]。

1939年にFinancial World誌上の一連の論文の中で，5上昇波，3下降波からなる8波構成の株式相場サイクルを指摘した。1周期10年のこのような基本リズムがエリオット循環である。

下図は基本概念図である。第1・3・5波は衝撃波（impulse waves）と呼ばれ，第2・4波は修正波（corrective waves）と呼ぶ。第1波の相場上昇は第2波で修正され，第3波の相場上昇は第4波で修正される。1周期の相場上昇は下降波の主要3波で10年に及ぶ調整によって修正される。下降波は第a・b・c波の連続で上昇分の半分程度の下降を作用させる。

株式相場の1周期は2局面に区分できる。前半の5波と後半の3波である。

図表5－1　エリオット基本サイクル

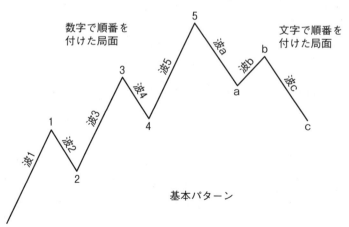

基本パターン

このような循環を中心にして,株価波動論を9波で構想した。❶超長期循環（Grand super cycle 1周期100年超）❷長期循環（Super cycle 1周期50年）❸循環（Cycle 1周期10年）❹主循環（Primary 1周期1～4年）❺中小循環（Intermediate 1周期6カ月）❻小循環（Minor 1周期6週間）❼微細小波（Minute）❽三拍子波（Minuet）❾極小波（Sub minuet）である。

100年以上のグランド・スーパー・サイクルは大国の興亡サイクルとも解釈できる。Paul KennedyやB. J. L.Berryの研究に影響を見ることができる[3]。

戦後の日本の株価推移を月足で見ると,平均9.125年のエリオット循環を確認できる。第1～5波の前半局面は83.6カ月で株価は4.94倍になり,第a～c波の後半局面は26カ月で32.4％の下落である。

エリオット循環に対応している時期の推移は図表5－2の通りである。

21世紀に入り,エリオット循環は明確ではない。株式相場は,乱高下を呈し,長い停滞局面で相場も低迷期が支配的である。ポートフォリオ・セレクションや資産運用についても経済社会の変容が発生しているからであろう。

エリオット循環を景気波動と対応させてみると,スーパー・サイクルはコンドラチェフ波,サイクルはジュグラー波,プライマリーは短期循環であるキチン波,インターミディエット以下の微小循環は,生産要素の需給ギャップ,季節変動,短期物価動向などによるランダムな経済要因の変化によっても引き起こされる。

株価は概略的に［予想収益／金利］で近似できる。より厳密に定式化すると,

$$E_p = D/(i+r-n) \fallingdotseq Re/i$$

但し,E_p株価,D配当実績,i長期市場利子率,rリスクプレミアム,n配当増加率,Re予想収益を示す。rは金利変動リスクで,通常は0.5～2％である。率は計算式の中では小数で用いる。

株式相場には4局面がある。金融相場→業績相場→逆金融相場→逆業績相場,という流れで推移する。金融相場は金融緩和による上昇局面である。不景気の株高が発生する。これによって景気全般の回復基調の中で企業業績が伸びて株高が継起する。業績相場の実現である。やがて,景気過熱対策として金融引締

第5章　景気波動Ⅱ　中期波動

図表5－2　日本の株価サイクル

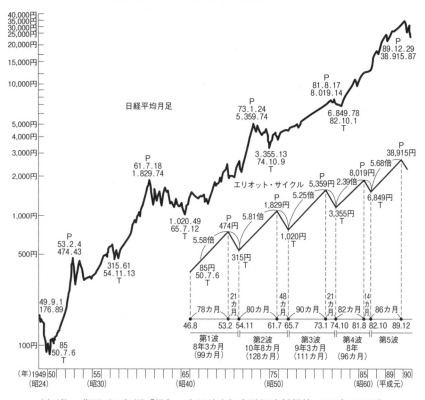

（出所）　藤野正三郎編『景気・実用読本』東洋経済新報社　1991年　129頁。

め政策が発動されると逆金融相場へと様相転換する。大きな株価崩壊が連続すると，累積的な景気後退とともに株価暴落に見舞われる。企業収益の悪化や倒産も重なり，株価は底値圏を彷徨し，逆業績相場へと転落し，景気回復を待ち望みつつ株価は低迷する。

　株価は景気とともに存在した。景気動向指数にも数度加えられ，「株価は景気の体温計」と重視されたときもあった。株価は金融のグローバリゼーションとともに現在では，景気動向との密接な連係は否定的である。しかし，なお一般的に景気先行指標として捉えられることが多く，各国において6カ月～1年

47

の先行性があると見られている。

　エリオットの株価波動理論は，その後ランダム・ウォーク仮説や効率的市場仮説によって封鎖されて発展の困難な時代を迎えた。株価の変動に明確なサイクルがあれば，その利用によって売買利得が得られる。これは合理的ではなく，むしろ先行きの不透明感こそ合理的に市場が機能している状態であり，理に適っていると主張された。

　景気の本体に大きな構造変化が発生している現代では，中期循環の説明力はますます希薄になっている。景気を理解するためには，これらの10年周期波動の研究を深める必要がある。

【注】
1) Clément Juglar, *Des crises commerciales et de leur retour périodique en France, en Angleterre et aux États-Unis*, Paris：Guillaumin, 1st éd., 1862, 2nd éd., 1889. この主著は1862年に公刊されたが，1860年にジュグラーはフランス道徳および政治科学アカデミー授賞している。
2) Elliott, R. N., *The Wave Principle*, 1938.
3) Kennedy, Paul, *The Rise and Fall of the Great Powers*, 1987.
　（鈴木主税訳『大国の興亡』上・下　草思社　1988－9年）

第6章　景気波動Ⅲ　短期波動

　短期循環は，1910年にH.S.ジェボンズによって発見された。太陽黒点説を唱えたW. S. Jevonsが没して28年後，その長男であるHerbert Stanley Jevonsは3年半の収穫変動周期を主張して，父が論証に窮した，収穫10年周期説をバックアップした[1]。

　1つの収穫変動が景気変動の1周期を発生させるのではなく，2回あるいは3回の収穫変動の圧力が蓄積されて，景気全般の方向に影響できる力となる。この場合には7年または10年半の景気循環になる。中期循環は10年周期に限るものではなく7～8年周期の場合もあると主張した。この書によって，短期循環が発見されたと見なしている。

　短期循環には数種の波が確認されている。キチンの波，政治的循環，シリコン・サイクルが主要な短期循環であり，それぞれ在庫投資，選挙支出，ＩＴ需給ギャップが主因と考えられている。

1　キチンの波

　現在では短期循環をキチンの波と呼んでいる。この命名にもドラマがある。
　Joseph Armstrong Kitchinは1923年の論文「経済諸要因における循環と趨勢」で，アメリカおよびイギリスの1890年－1922年期間の手形交換高，卸売物価，利子率の動向から平均40カ月の短期循環を見出したことを論じた[2]。
　*Review of Economic Statistics*の同じ号のキチンの論文の次に，William Leonard Crumの論文「商業手形における金利の循環」が掲載されている。この論文で，クラムは1874年－1913年期間のニューヨーク商業手形割引率について40カ月の循環を発見したことを論じた[3]。J.A.シュムペーターはこの経緯を踏まえた上で，短期循環に関する論考の充実度はクラムに認められるので，

クラムの波と呼びたいと述べている。

　*Review*誌への投稿はキチンの郵送が数時間早かったために，キチン→クラムの掲載順になったと伝えられている。皮肉にも先順論文になった順位付けが，そのままキチンの名を残し，クラムの名を隠滅し忘却の淵に沈めてしまった。学問は毀誉褒貶を競うものではないが，このような光と陰はいろいろな分野で決して珍しいものではない。

　次いで，長く情報が混乱していたことに言及しなければならないJ. A. Kitchinの Who's who? である。学説史家の研究成果に恵まれて，現在では信頼度の高いキチン像が確立している[4]。

　J.キチンは1861年に生まれ1932年に没した。若い頃ロンドンの新聞社 *Financial News* 社の社員となり，後にUnion Corporation Limited, Londonの専務取締役になった実務家である。金生産や景気循環の統計的実証研究を *Review of Economic Statistics* 誌に数回発表したイギリス人の民間統計家でもある。日本の文献にはアメリカ人として紹介され誤謬されている。

　景気波動の中で最も短い波が短期循環のキチンの波である。キチンはジュグラーの波の中に，3～2のキチン波が含まれていることを明示した。同様の波はA.ハンセンによっても発見されている。A.ハンセンは，1807年－1937年までの130年間に37循環を見出した。平均周期は3.5年である。また，1890年－1937年までの47年間に14循環を見出した。平均周期は3.4年である。ハンセンは「小循環」と呼んでいる。最長は6年，最短は2年で3～4年周期の循環がほとんどであり，キチンの波と合致する。

　アメリカで採用されている景気基準日付を見ると，1854年－2010年までの146年間に35循環があり，平均46カ月である。ジュグラー波に相当する100カ月前後の循環が6循環含まれているので，これを除くと平均で43カ月となる。さらに好況を長引かせる戦時循環とジュグラー波を除くと，平均は41カ月になる。

　第2次世界大戦の戦前と戦後も大きな変化がなく，キチン波が現出している。A.ハンセンは，ジュグラー波の一循環の中に小循環が1～2存在し，小循環は主循環の半分弱の長さであり，主循環の上昇期に1～2度の中断が小循環に

よってもたらされ，主循環の下降期は小循環の好況によっては中断されないことを見出している[5]。

キチン波は在庫変動によって発生する循環である。在庫投資は，景気に最も敏感な指標として，遅行系列の反循環指標にもなっている。在庫は需給ギャップを調整する連結器の役割を果たしている。企業が販売予想水準の変化に対応して調整するときに在庫投資を行う。肌もと感覚的な景気はキチン循環である。

好況期に需要が増大して価格も騰勢を示すので，企業は将来の販売拡大を期待して在庫の積み増しをする。需要の将来予測に誤認があると在庫は一気に過剰になり，在庫調整が開始される。不況期には逆に在庫に意図せざる積み増しが発生するために生産調整を経て在庫調整に入る。在庫は景気の上下転換点の前後で大きく変動するが，在庫投資は比較的短期に調整できる。

日本については，戦前の田村市郎指数がある。1887年－1928年期間にキチン波10循環を検出している。平均周期は46カ月で最長は75カ月，最短は21カ月であった。戦後の日本では，国際収支が天井になり，引締め政策の発動を契機に在庫循環の後退過程が始まることが多い。ＧＤＰの増加に占める在庫投資の増加額は1.2％程度であるが，景気上昇局面ではＧＤＰの10～20％の増加は在庫投資が占める。景気後退局面ではマイナスに落ち込むこともある。近年ではＰＯＳ（販売時点管理）システムやカンバン方式などで企業は在庫をもたなくなり，キチンの波は消滅したと言われることもあるが，市場状況に対する在庫行動の敏感度は強まっている。

したがって，在庫率の低下により，景気循環の起動力や増幅作用力は小さくなっている。他方，敏感度の高まりは景気との同時性を一層強めている。キチンの波が実感的景気であるならば，在庫局面は，景気局面として見ることができる。この景気は目に見える景気となる。

2　政治的景気循環

政治的景気循環は，周期4年の選挙循環とも呼ばれるサイクルである。世界経済のリード役を担うアメリカ経済が，4年毎の大統領選挙で巨大資金の社会

注入があるために半ば強制的に発生する景気循環である。全米を隈なく網羅する支出戦が大統領指名選挙の実態であり，新大統領とともにワシントンD.C.のホワイトハウス近隣では3万人の関係官僚達の入れ替わりが発生する。つまり選挙特需が好況に向かわせる原動力となる。

選挙年の前年から選挙年にかけて景気を演出し，失業率を低下させて雇用を充実させることと，物価を安定させて生活しやすさを実感させることが重要で，政策的な景気浮揚を目指すことになる。失業率と物価上昇率の組み合わせが勝利の帰趨を決定するとまで重要視された時代があった。

イギリスのA. W. Phillipsは，1861年－1957年の104年間にわたる連合王国の失業率と貨幣賃金変化率との間にトレードオフ関係があることを1958年に発見した[6]。その後各国で修正フィリップス関係として，物価上昇率と失業率との間にもトレードオフ関係が確認されこの経験則が政策目標にもなっている。

2012年2月に日本銀行が打ち出したインフレ・ターゲティング政策はデフレに対する有効な政策手段として，調整インフレを利用するもので，インフレの失業率低下効果に期待するフィリップス関係を前提にした政策である。

制度的に支出を促すことによって定期的な需要増加を引き起こし，経済を活性化させる文化は珍しくはない。マヤ族のポトラッチや収穫祭，キリスト聖誕祭，結婚披露宴，棟上式など冠婚葬祭の儀式は，各国の共通事例である。

選挙も重要な社会的制度であり，必然的に巨額の支出を促すことで，短期的に景気の動向を支配することができる。2008年のリーマン・ショック後に世界同時不況に突入し，原油高に悩みながら不況の深い淵に沈んだ世界経済は，2012年には各国選挙年の最小公倍数的な時期になり，世界で13の政権交代が起こる激動期を迎えた。この効果もあって世界同時不況からの回復が急ピッチで進展する勢いが出た。

しかしながら，景気は制御不可能な経済現象であるため，時の僥倖に恵まれて必ず好況を演出できるとは限らない。「禍福は糾える縄の如し」である。政治的循環の不調で落選した事例もある。

このように，国民の支持を得ようとする政府は好景気を公共支出によって発

生させようとして，12カ月程度の景気の遅れを見込みながら政策発動を行う。選挙民の関心は近視眼的であり，選挙年の動向が支配的になるため，選挙直後の2年間は実体経済の建て直しのために急激な引締めを行う。選挙直後の景気後退は大きなダメージにはならない。景気後退過程が緩やかに始まるが，十分に時間をかけた調整ではないために未調整のまま次の選挙への準備に迫られ，大きな経済的ストレスを抱えたまま，政治的循環が繰り返される。

3 シリコン・サイクル

近年，各国の主導産業になりつつあるIT産業には，特殊な短期循環がある。情報社会の「産業のコメ」と呼ばれる半導体，ICの生産に関する循環である。ICの主原料のシリコン（silicon）に因んでシリコン・サイクルと呼ばれている。

1966年にICが生まれ，生産元年を迎えた。いわゆる集積回路（Integrated Circuit）は大きな記憶容量をもち，メモリーの安定度も高くIT機器や家電の中枢部分を形成する。1990年には半導体生産の82％を占め3兆円規模にまで達した。年率15％の高い成長率を実現している。

ICは技術革新も急激であり，LSI（大規模集積回路）の技術進歩は前段階の4～10倍の高集積になるので，需要はたやすく飛躍的に増大する。この技術革新がシリコン循環の主因である。

1976年には前年同期比で135.6の生産量を記録し，オイルショック後の回復期にシリコンサイクルのピークになっている。4KBが全盛であった。1978年のトランシーバーショックを経て，1980年のピークには16KBが全盛となり，VTRを中心にOAブームを巻き起こした。1983年にはVTRが不振に陥り，1984年のピークは64KBが全盛となりパソコンブームへと突入した。1988年は1MBの時代に入り，メモリーの暴落，パソコン不振を極めた。その後のメモリー容量の増大は目覚しくGBの時代から64GBまでを駆け上がってきている。これと歩調をあわせて，電子機器類が急激な製品開発に明け暮れている。

1972年から4年周期で2012年まで刻んでいる。この循環の特徴はオリンピックの年に好況のピークを迎え，その翌年は急減速してシリコン不況となり，2

年かけてピークに上りつめていくパターンである。景気の本体との密接な相関はなく，ピークに上りつめる2～3年の間に研究開発費も急増する。

世界半導体売上高の対前年比成長率（％）で時系列を捉えると，規則的な波形を確認できる。循環の主因は需給関係である。半導体ユーザーの情報機器や家電の市場状況に左右される。最終製品市場が好況の時には，半導体需要が増大し，好況のピークには半導体部品の不足が顕在化する。生産は増大するが，最終製品市場が減速すると半導体需要も減退する。供給サイドは巨大な装置産業であるために設備投資も巨額であり，生産額も一時的に急増する。需要に翳りが出ても生産調整は迅速には進展せず，生産過剰は一気に部品価格の低落を引き起こし，急速な景気後退に見舞われる。

メモリー容量の日進月歩の技術革新により，パソコンや家電製品のライフサイクルも短期化し，windowsのソフト改革も，このシリコン・サイクルに影響する。オリンピック・サイクルや政治的景気循環とも同時性をもつ短期循環になっている。

図表6－1　Silicon Cycle

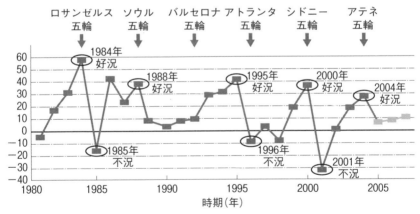

（出所）http://techno.nikkeibp.co.jp/NE/word/img/060120.jpg

第6章　景気波動Ⅲ　短期波動

4　テク・パルス

　Tech-pulseは先端技術産業の鼓動を示す指標として，ニューヨーク連邦準備銀行が2003年に創案した5系列からなる総合指標である。コンピュータおよび事務用機器生産部門，情報・通信部門，通信サービス部門，コンピュータ・サービス部門，の4産業部門の総雇用者数，総生産量，コンピュータ・通信設備製品の出荷額，情報技術（ＩＴ：ハード，ソフト，遠距離通信設備）への民間固定投資額，コンピュータとソフトウェアーへの個人消費支出額の5系列から作成する。

　テク・パルス指数は1971年1月を100とすると，2003年11月には487424.01になった。23年間で約5,000倍になっている。この指数は前年同月比で成長率を捉える。ハイテク業界の局所景気の一致系列と見られているが，アメリカのマクロ経済の先行系列ともなっており，ほぼ7カ月先行する。

　日本経済のマクロ経済動向の先行指数としても有効性をもっている。先行は平均で10カ月程度である[7]。

【注】

1) Jevons, H. S., *The Causes of Unemployment : The Sun's Heat and Trade Activity*, London Macmillan, 1910.
2) Kitchin, J. A., "Cycles and Trends in Economic Factors," *Review of Economic Statistics*, Vol.5, No.1, Jan. 1923, pp.10-16.
3) Crum, W. M., "Cycles of Rates on Commercial Paper," *Review of Economic Statistics*, Vol.5, No.1, Jan. 1923, pp.17-23.
4) 栗田康之「Ｊ.キチンの人物像をめぐって」景気循環学会『景気とサイクル』第27号　1999年6月　pp.90-103.
5) Hansen, Alvin Harvey, *Fiscal Policy and Business Cycles*, New York Norton, 1941.（都留重人訳『財政政策と景気循環』日本評論社　1950）
　　Hansen, Alvin Harvey, *Business Cycles and National Income*, New York, W. W. Norton & Co., 1951.
6) Phillips, A. W., "The Relation between Unemployment and the rate of Change of Money Wage Rates in the United Kingdom 1861-1957," *Economica*, Vol.25, No.100, Nov.1958, pp.283-299.
7) 小島照男「テク・パルスと景気変動」『城西国際大学紀要』第13巻第1号，2005年1-9頁。

第7章 景気の伝播

音も振動も光も波であり，波動はそれを伝える媒体を介して全域的に伝わる。音には空気や水，振動には地盤，光にも空気・水が必要である。景気循環も波動であり，その波を経済社会の全域に伝える媒体が存在する。波動の一源泉は白色雑音（white noise）と呼ばれる外生攪乱要因（impulse）で，そのショックを周期的な循環運動に転換する伝播機構（propagation mechanism）が存在する。

1　Rocking-horse theory

Ragnar Anton Kittil Frisch は揺れ木馬理論を創案して，景気の伝播を説明した[1]。経済体系はちょうどロッキング・ホースのような構造をもっており，様々な外生攪乱要因がランダムな衝撃を加えると，消費，生産，在庫，投資などの経済変数にその経済固有の波動を産み出すようになっている。衝撃には様々なものがあり，戦争，新発見，発明，革命，天候異変，天災などすべての出来事が振動エネルギーとしてこの構造に衝撃を与える。外的なショックは，経済体系の内部で減衰的な波動となり，次第に緩衝装置の中に吸収されていくが，ショックは絶え間なく経済を刺激し続けるので，景気循環は常に持続すると主張した。

景気循環の伝播経路は複雑に絡み合っている。経済社会の各部門への浸潤は経済組織や経済活動の相互依存関係の網の目を伝わって急速に，あるいは緩やかに進展する。緊密な連係や希薄な関連も混在させながら浸透していく。時系列が示すような異時点的相互関係，国際取引を通じる国際的依存関係もある。

ショックは時間空間と地理的空間を経由して伝播する。時系列内部の伝播は回帰方程式，異時点の伝播は高階の定差方程式や微分方程式で，同一時点の相関は1階の方程式で，定式化が可能である。近年の景気循環理論が経済モデ

分析に訴えているのは、この伝播機構を決定論的システムとして数理化しようとするからである。

　伝播機構の特性については論争的であるが、単純な線形関数で捉えることもあるし、非線形関数によって経済の複雑な相互依存関係を捉えることもできる。線形関数の直截簡明なルートも理解しやすい。時として単純な説明が真理を暴くことがある。

　R.A.K.フリッシュの「揺れ木馬」は消費量の変動と資本財生産との相関関係であり、線形確率定差方程式で表現できることが分かっている。時系列分析のARMA過程（自己回帰移動平均過程）が対応している。

2　循環の源泉

　景気循環の始動因であるショックは、外生ショックと内生ショックに区分できる。天候、災害、資源などの自然要因、戦争、革命、慣習、制度、などの政治的・社会的要因が外生ショックである。貨幣供給量、信用創造、需要、生産、所得、雇用、物価、在庫、賃金、利潤、経済的期待、企業家精神、輸出入などの変動は経済内部のショックであるので内生ショックである。

3　波動エネルギーと持続

　景気波動のエネルギーが時間にわたって持続するメカニズムとしては、伝播機構のもつ振動解の性質を利用して説明する。各種の相関関係が時間の経過とともに動学的にどのように推移するかについて解明するには、経済諸変数が多様な影響を受けて変動する様態を知らなければならない。そこで、各経済変数あるいは経済諸量の変動様態を確定するためにモデルを解く必要がある。

　様々な経済環境の下で、経済諸量の変動様態は循環波動になったり、成長趨勢になったりする。循環波動になる変動様態は、発散的拡大運動か、減衰的収斂運動かの場合である。発散的拡大運動の場合は、経済体系内部で波動エネルギーが増幅し膨張する様態であるから、そのエネルギーを経済体系内部に封じ込める装置を設定しておかなければならない。この場合は景気循環の持続の問

題は解決する。減衰運動の場合は，不規則衝撃などの継続的ショックの連続によって波動エネルギーが絶えず外から追加供給され，景気循環が途切れることはないという説明になる。

また，同じ周期の景気循環がなぜ継起するのかという問題に対しては，経済変数の振動解が特殊な同一軌道を動き続けることによると解明している。この軌道が極限周期軌道（limit cycle）である。

持続メカニズムは完全に解明できてはいない。さらに資本主義経済システムが本来的に安定なシステムであるか，あるいは不安定なシステムなのかという問題も残されている。この問題に対しては，経済システム空間の構成と時間的進化を考えなければならない。「宇宙論」を応用して挑戦されている。無限宇宙，階層宇宙，進化宇宙，変動宇宙，振動宇宙など多彩な宇宙観を用いて市場経済宇宙を形成し，市場経済の本質的理解に立脚する景気循環現象の解明が進められる。

4 Percolation mechanism（浸透機構）

景気循環の波動が源泉の白色ノイズから，波紋のように経済社会に拡散・浸透していく場合，その「つながり」についての理論がパーコレーション理論である。景気伝播構造の解明理論として注目されている。

1つのショックに対して多様な反応系が発生する。1つの反応系列がクラスター（cluster）である。いろいろな要素が介在する経済社会で，1つの動きが伝播するときそれらの要素間にいくつかのクラスターが形成され，そのクラスターの違いから系列の性質や変化をつかむことができる。例えば，鉄球とビー玉を隣接させて箱につめて，電流を流すと初めのうちは通電しないが，鉄球が31%を超えると電流が流れるようになる。同様に，不電導性原子に伝導性金属イオンを一定量加えると全体が伝導性をもつようになることが発見されている。この31%や一定量が浸透閾値である。人間社会では一人が平均4.5人に話すと社会全域に行き着くし[2]，友人の友人を6人たどると全世界の誰とでも連絡できることになることが知られている。

このパーコレーション理論によって景気波動の伝播速度も予想することができる。1つのクラスターから第2次クラスターへと伝播し，異なる反応系を作りながら景気波動は経済社会の深奥に浸透し，浸透エネルギーを消散させて1循環を完了する。

　景気浸透を解明できるメカニズムとして，パーコレーション理論に対する期待は大きい。ニューヨークから発信してサンフランシスコに情報が届く情報拡散実験では，人々が情報を知ってから異なる5人に伝えるならば5日を要するに過ぎない。

　社会における伝播メカニズムは想像以上に速く情報を伝える。表層的な景気動向は社会全域に短期間に拡延し，時間をかけて浸み込んでいくと考えられる。経済全域が短期間で好況から恐慌へ沈み込み，不況の深刻化は徐々にゆっくりと浸透していく。伝播の時間構造が異なっている。株式市場の大暴落が突然，疾風のように訪れて大崩壊を招く伝播速度は驚異的な速度である。

　水面に液体をパッと流したとき，水面に一瞬のうちに拡散しその後ゆっくりと沈み込んでいく形態と景気の浸透は良く似ている。パーコレーション理論が「つながりの科学」として社会現象に応用されるならば，伝播メカニズムの解明も遠くはない。

　かつて，D.ベルは「伝播の時間」を論じた。ベルはE. Mansfieldの研究を紹介している[3]。1961年に軟炭，鉄鋼，ビール醸造，鉄道の4産業において12の技術革新が，企業から企業へどの程度の速度で広がったかの研究であった。全主要企業が集中交通制御，鉄道車両減速機，副産物コークス炉，連続焼き戻し装置を据えつけるまで，これらの技術の商業ベースでの販売から20年かかっている。Frank Lynnによると，「消費者向けの製品についての技術革新の伝播率は産業向けのもののほぼ2倍に達する」[4]。

　E.M.ロジャースは歴史的な伝播曲線を設定して，新技術の導入は既導入企業比率，導入メリットの有利性とともに増大し，必要投資規模の増大とともに減少すると結論している[5]。

　リンの推論とロジャースの伝播の研究を読み解くと，設備投資は10年の伝播

期間が必要で、導入企業数と正の相関があることから、一斉に新技術の設備投資に向かう可能性があることになる。その技術の社会への普及伝播は10年かかる。ここにも設備投資循環の10年サイクルを支持する見方がある。しかしながら、ベルも述べているように「これまでのところ、これらはすべて試案の段階にとどまっている」[6]。

景気波動の伝播は大きなテーマである。今後、一層の深化に期待するしかないが、体験的エピソードとして、東京都の産業振興現場での特異な経験を紹介しておこう。1980年はＮＣマシーンが生産現場に登場した。このとき既存設備を廃棄して新技術に転換した企業は、例外なく第10循環のハイテク景気の波にのって大成功を収めた。しかし、この年に新技術への転換を躊躇した企業、あるいはまだ時期尚早とＮＣマシーンを導入しなかった企業は、例外なくすべてがハイテク景気の山1985年を迎えることはなかった。私が助言した年商200億円企業は、ＮＣマシーンへの4億円程度の設備投資は過重な負担ではなかったが、前年に機械設備を新設していた事情があり、新技術投資に踏み切れなかった。1981年にはこの企業の受注は80％を失い、翌年消滅した。設備投資の波の恐ろしさを実感した経験である。

5 加速の法則

景気は循環するが、循環局面はすべて異なっている。類似はあっても同一はない。つまり、各局面はすべて相違した社会位相を映し出している。経済体系の振動解に注目した伝播の考察は、別の視点から見ると、変化のパターンや変化のペースに1つの秩序を見出すことである。おそらく、この問題に逢着した歴史家はヘンリー・アダムズだけである[7]。

社会変動の基本的な形態は加速の法則である。19世紀の社会進歩は石炭動力量の増加率で示された。1840年－1900年の60年間には10年毎に石炭産出量が2倍に増加した。動力計を用いて変動の伝播を掴もうとする研究もあった。

今や現代はドッグ・イヤーと呼ばれる超高速変化社会である。しかし、景気の周期は相変わらず一定周期を刻み続ける。情報社会の情報伝播速度と情報伝

達量とは共に爆発的に増大している。社会変化の加速法則が作用しているのであれば，景気の周期も短期化しなければならない。

　景気周期の一定性は，このような観点から再検討すると不可解な一定性である。人間社会における時間単位あたりの移動距離も急増し，輸送量も，対応的な生産量も急増した。1つの局面の始動から終焉までの時間も明らかに短期化している。それらの社会発展の中で，景気周期の不変性は振動因からの追求で解明されはしない。

　金属がどのように高価な合金になっても，音の伝達速度は変化しない。一定速度で伝わり続ける。景気の伝播にもこのような自然性があるのかもしれない。最近では生化学の分野で，人間の老化について皺やシミがどのように細胞間で伝播していくのかに関する研究が展開され始めている。

6　レイノルズ数による経済体質の解明

　レイノルズ数は流体力学の個体振動の特徴を示す固有数である。かつて私は，経済にも固有の振動親和性のような性質があり，各国の経済システムに応じて，経済的なレイノルズ数があると考えていた。流体力学の援用をねらってR方程式に着眼した。各国のデータに当たって，この経済的レイノルズ数を試算すると，振動しやすい経済と振動耐性をもつ経済とが識別できることを見出した。

　景気循環によって激甚なダメージを受けやすい経済と，景気循環にタフな経済とがある。方程式の構成変数の組み合わせによってこの安定な特性が確保できるとすれば，将来的に経済的レイノルズ数を安定領域にとどめる対応が景気循環の緩和につながる可能性がある。振動安定的な飛行機の場合は56000程度であり，質量の小さな昆虫ではこのレイノルズ数が11600程度でも安定的な浮遊が可能である。4〜10^4程度では乱流の中で不安定となる。この研究[8]の進化に期待して以下に概略を書き留めておく。

　Navier-Stokes方程式は，ニュートン流体の運動方程式であり通常次の形で示される。

$$\rho Dv/Dt = \rho K - \mathrm{grad} P + \mu \Delta v \tag{1}$$

ただし，Kは単位質量当たりの外力，vは流体の速度，Dv/Dtは加速度，Pは圧力，grad$P$は速度ポテンシャルPの勾配，ρは密度，μは粘性率，Δはラプラシアンである。粘性とは流れに速度勾配があるとき速度を一様化しようとする接線応力が現れるという性質である。

このNavier-Stokes方程式はOsborne Reynoldsが証明したレイノルズ数R（Reynolds number）の数値に応じ層流から乱流への遷移を説明できる。経済諸量の時系列に発生する攪乱を乱流と解釈すれば流体力学理論は経済動学の中でも大きな役割を演じられる。Rは次式で示される。

$$R = \rho UL / \mu \tag{2}$$

ただし，流れの長さL，速度U，密度ρ，粘性率μ，を用いて無次元化した形式である。

このRがある臨界値を超えると遷移が発生し，位相点は複雑な非線形挙動を見せ始める。レイノルズが実験的に提示した遷移法則は動粘性係数vを用いれば，より簡単な次式で表される。

$$R = UL / v \tag{3}$$

即ち，流体の単位質量当たりに作用する慣性力U^2/Lと粘性力$\mu U / \rho L^2$の比である。

単純化のためにZ方向性の流れを無視したxyの二次元空間ではNavier-Stokes方程式を次のように示せる。

$$U \cdot \frac{\partial U}{\partial x} + V \cdot \frac{\partial U}{\partial y} = -\frac{1}{\rho} \cdot \frac{\partial P}{\partial x} + v \left(\frac{\partial^2 U}{\partial x^2} + \frac{\partial^2 U}{\partial y^2} \right) \tag{4}$$

ただし，U，Vはx^-，y^-方向の流速，Pは圧力，ρは密度である。この方程式を$V = 0$の近似で解くと，Uは$\exp(xx)$に比例する項をもつ。$x = 0$が臨界値であり，その時のレイノルズ数をR^*とすると，

$$R > R^* \tag{5}$$

のとき，断面内の平均流速Uがxとともに増大して不安定となり遷移が発生する[9]。

したがって流体力学のRを経済体系の代理変数によって捉えることができれ

ば，レイノルズ数のアナロジーとして「経済的レイノルズ数」によって内生的な経済変動発生を理論化できることになる。つまり，乱流への遷移が発生すると経済社会は動学的諸変動に曝されて相転移への分岐を経過し，景気循環を引き起こす。

【注】
1) Frisch, R. A. K., "Propagation Problems and Impulse Problems in Dynamic Economics," in *Economic Essays in Honour of Gustav Cassel*, London, Allen and Unwin, 1933.
2) 1972年の愛知県豊川信用金庫事件では，美容院での噂話が伝言ゲームのように拡散して，大規模な取り付け騒ぎにまで発展した。
3) Mansfield, Edwin, *The Economics of Technological Change*, New York, Norton, 1968.
(伊藤史朗訳『技術進歩の経済学』日本経済新聞社，1971年)
4) Lynn, Frank, "Technological Changes : Measurement Determinants and Diffusion," *Technology and the American Economy*, Washington D. C., 1966, Appendix I.
5) Rogers, Everett M., *Diffusion of Innovations*, Glencoe, Ill., 1962.
(藤竹暁訳『技術革新の普及過程』培風館 1966年)
6) Bell, Daniel, *The coming of Post-Industrial Society*, New York, Basic Books, Inc., 1973.
(内田忠夫・嘉治元郎・城塚登・馬場修一・村上泰亮・谷嶋喬四郎訳『脱工業社会の到来』上・下　ダイヤモンド社　1975年　284頁)
7) Adams, Henry, *The Education of Henry Adams : An Autobiography*, Boston and New York, 1918.
8) 経済的レイノルズ数の着想は，1995年5月に東京都立大学で開催された数学・物理・経済学3分野の「力学系とカオスの国際学会」における経済学セッションの招待講演で私が発表し，大会報告書に概要論文 A Chaotic Movement of Interest Rates が掲載された。詳論は前年度の大学紀要に発表してある。小島照男「資本主義経済の相転移」『城西国際大学紀要』第3巻，No.1, pp.55-65。
　　Aoki, N., K. Shiraiwa, and Y. Takahashi eds., *Proceedings of the International Conference on Dynamical Systems and Chaos*, Vol.1, World Scientific, London, 1994, pp.393-398.
9) この着想を発表後，熊本大学から中央学院大学に移られていた大貫正實教授は第(4)式を解いてその詳細な解法を示された。詳論は次の論考である。国際学会での招待講演の成功は大貫教授のご尽力のお蔭である。
　　大貫正實「半導体業界のシリコン・サイクル論」『中央学院大学商経論叢』第8巻，第1号，1993年，55-85頁。

第8章　景気の古典学派理論

　景気循環に関する理論は，原因理論とメカニズム理論とに大別される。おそらく景気理論の歴史ほど面白く変化に富んだ経済学分野はない。英知や独創や特異が渾然と渦巻いている。人間の発想力は素晴らしいと感嘆する。

　経済学はイギリス古典学派とともに成立してきた。その体系には整然とした景気に関する解明はなく，景気現象も一過性の軽微な変調であったので，経済学体系外におかれていた。その古典派が内部から瓦解し，景気現象の深刻と循環性を看過する過誤に不満が増幅されるにつれて，景気理論は古典派批判という主張の中に見られるようになった。

　外生理論は，景気の因果関係を体系外の要因に求める理論である。理論は大概において外生理論から発生し，体系内部の原因と結びつく内生理論へと進化する。外生理論は理論水準が低位で未成熟な議論と見なされることが多い。体系内の要因から発して体系内に伝播し，体系内に吸収される一連のループを見出すことが，理論の完成体となると考えられている。

　例えば，風邪はインフルエンザ・ウィルスが原因であり，人体内部の原因はありえない。しかも，ウィルスは常に存在するにも拘わらず，風邪に常時かかっていることはない。ウィルスには風邪を引き起こしうるある程度の増殖量が必要であり，人体にはそのウィルス量に負けてしまう防疫システムとしての免疫態勢が存在する。免疫システムを凌駕して風邪を現出させる閾値ウィルス量と閾値量以下のウィルス量には充分に機能する免疫システムとが同時に存在しなければ，風邪には罹らない。原因は外生であるが，因果関係は内生システムの破綻である。これは外生理論の位置にある。外生理論によって指摘された原因が多岐にわたり特定し得ない時，伝播システムや経済構造が主要な論争的課題として浮上し，景気理論の主要内容は伝播メカニズムや経済構造へと遷移しモ

デルによる波動の再現に集中していくことになった。

　景気循環論が多様な波動発生原因から切り離されて，経済内部の議論に集中することによって，現代では，内生理論としての成熟が見られている。経済体系内部の要因を波動源泉とし，伝播メカニズムを解明すると内生理論になる。先の例では，風邪の根本原因は人体内部の免疫システム変異であり，それが体内に恒常的に存在するインフルエンザ・ウィルスと結びつくことで風邪になるという説明になる。医学上でもウィルスが骨髄細胞内で休眠という説がある。

　景気理論の多くは，原因説である。これらについては，G.ハーバラーの名著[1]があるが，既に75年余前の研究である。その続きをフォローしながら，現代までの研究を追加しなければならない。幸いにもこの75年間の理論的前進は微少であり，星霜の長さに比して記述されるべき理論群は小規模である。

1　イギリス古典学派の景気変動論

　一般に古典学派によって，経済学草創期のイギリスの一群の経済学者を定義している。その後 J.M.ケインズが1936年の革命的な経済学の開発書 The General Theory of Employment, Interest, and Money [2] によって，定義違反を主唱し，1936年以前のすべての経済学を「古典学派」(Classics)と総称したことで，現代では二重の定義が並立している。通常では「」付によって区分する。

　古典学派は A. Smith から始まり，J. S. Mill に至る学派である。この学派は労働価値説に立脚し，自然調和観のもとで自由放任主義を奉じた。主な学者は A. Smith, T. R. Malthus, D. Ricardo, J. S. Mill である。広義には，J. Mill, K. Marx, F. Quesnay, A. R. J. Turgot, J. B. Say, J. R. McCulloch, J. C. L. S. Sismondi を含めるときもある。

　1760年代から1830年代のイギリス産業革命期・資本主義確立期に経済現象の相関性を統一原理で説明しようとしたパラダイムである。自然調和観によって，経済社会は「神の見えざる手に導かれて調和する」と考えられたため，景気変動に関する目立った学説はない。景気変動は特異な一時的軽微な現象に過ぎなかった。古典学派の中で，T.R.マルサスは人口爆発の視点から，J.B.セイは

第8章 景気の古典学派理論

販路閉塞，K.マルクスは体制的矛盾による恐慌論を展開しているが，いずれも統一された景気理論体系にはなっていない。

❶ T. R. Malthusの生産過剰説

Thomas Robert Malthusは，ケンブリッジ大学ジーザス・カレッジを卒業し1788年に数学B.A. 1791年にはM.A.を取得した。1793年にはジーザス・カレッジのフェローに選ばれ，1796年32歳でオーブリーの牧師補の僧職を兼務し，1803年ウェルズビーの教区牧師に任ぜられ，この時以後，生涯非居住牧師の職に就いた。

在任中William Godwinの理想社会実現可能論に反対し，父Danielにも反論を挑み，1798年に『人口の原理』（*An Essay on the Principle of Population*）[3]を書いた。この書によって相対的過剰人口の可能性を指摘し，著しい拡大版となった1803年の第2版では，その解決策として人口増加の道徳的抑制を説いた。『人口の原理』の要旨は，人口が幾何級数的（等比級数的）に増大するのに反し，生活資料は算術級数的（等差級数的）にしか増えないので，過剰人口による貧困と悪徳が必然的に発生し，理想社会の実現は制約されるという考えであった。1806年3版，1807年4版と重ねたが，初めは匿名で書かれ，爆発的注目の中で，2版からは実名で，さらに1817年5版，1826年に6版を重ねた。

1805年には東インド会社が新設したヘイリベリの東インド・カレッジの教授となり近代史と経済学を教えた。1834年68歳で心臓病のためバースで死ぬまでこの職にあった。この間，1820年には『経済学原理』（*Principles of Political Economy considered with a View to Their Practical Application*）[4]を公刊している。支配労働価値説に傾斜し，需要要因を強調する主張であったので，後のJ.M.ケインズへの影響を重視する研究もある。J.M.ケインズはT.R.マルサスをケンブリッジ学派の創始者として高く評価し，自身をその系譜と認めている。

この『経済学原理』第7編第3節で，恐慌に関する一般的生産過剰説を展開している。資本家階級の不生産的財産蓄積によって消費が節約される。労働者階級の消費微増によっては吸収不可能な，投資による生産の増大もあり，全般

的な生産過剰は免れない。生産増加は土地の肥沃度，資本蓄積，省力的技術革新によって発生し，富の増加は財貨の分配によっても影響される。結局生産に関与しない階級の存在とその旺盛な支出によって均衡が回復する。

❷　Karl Heinrich Marxの恐慌論

「恐慌は単なる誤算，行き過ぎ，災害ではなく，必然性をもって周期的に反復する」と命題化しているマルクスの立場は，資本主義の体制的矛盾に根ざす周期的恐慌の発生を通じて，経済の運動法則に迫る洞察として重要な理論的基盤となった[5]。現代の視点で分類すれば，マルクスの恐慌論は過少消費説であり，ある部分は部門間不均衡による過剰投資説である。その後のマルクス学派の発展経路においても，これらの2系の伝統が継承されている。

（ⅰ）　K.マルクスの過少消費説

恐慌の形式的可能性，恐慌の発展的可能性，恐慌の原因の順で議論が展開される。商品の流通範式（W－G－W′）において，投下労働量Wと貨幣量Gとの交換である賃労働の販売（W－G）とその賃金Gによる市場支配力で交換可能な他の労働量W′を入手する購買（G－W′）とが，時間的・場所的に分離しているところに恐慌の形式的可能性がある。次いで，社会的総資本の再生産が可能であるためには経済諸部門間の均衡の保持が必要となるが，この保持の一定条件が満たされないために，恐慌の可能性はさらに発展させられることなる。このような恐慌の原因について，次のように述べている。「すべての現実の恐慌の究極の根拠は，資本主義的生産の衝動に対比しての，すなわち，あたかもその限界をなすのはただ社会の絶対的な消費能力であるかのように生産諸力を発展させようとする衝動に対比しての，大衆の窮乏と消費制限である[6]。」

資本家が労働者階級を搾取しているので「社会の消費力は絶対的消費力ではなく，敵対的分配関係によって規定され・・・・労働者階級の消費力は，資本家階級のために利潤を生むという賃金鉄則によって過少である。すべての恐慌の窮極原因は，労働者大衆の貧窮と消費制限とである」[7]。

K.マルクスのこのような分析は，彼の死後，盟友F. Engelsによって編集・刊行された。ここに見るように恐慌の原因と形式的可能性については過少消費

説であり，部門間の不均衡投資による恐慌の発展的可能性については過剰投資説をとっている。両者の統合の必要は指摘されたが，どのようにすれば可能になるのかについての記述はない。

（ⅱ）K.マルクスの過剰投資説

1867年8月の書簡では「平均10年の周期的恐慌は，固定資本の更新が原因である」と述べている。固定資本は独特の流通様式のために，投下されるときにはその価値総額に相当する需要を生み出すが，設置後は次の現物更新時期まで一方的に供給のみをつくり出す。生産の規定的目的は利潤の極大化であり，利潤獲得のための絶え間のない生産拡大と資本蓄積が資本の至上命令となる。無制限な生産拡張こそ資本主義的蓄積過程の避けがたい矛盾である。この過程は現実には信用を媒介にして一層激化する。

社会的総固定資本から生み出される商品は，一方的販売要素としての価値移転部分である。資本の現物更新部分は一方的購買要素としての需要である。これらの量的な対応関係が再生産の条件となる。同様の関係は社会の蓄積剰余価値総額の減価償却部分である一方的販売要素と，現実的拡張投資部分である一方的購買要素との間にも成立する。

更新速度と生産規模の拡大速度には，資本の耐用年数と経過年数とによる現存固定資本量とその内部構成の秩序，剰余価値率（利潤率），資本家の不生産的消費率などの諸要因の規定する一定制限がある。この制限のもとで可能な適正投資率を計画的に実行することは資本主義の下では不可能である。

最高利潤を獲得しようとする諸資本の激烈な生産拡大競争は社会的労働の均衡配分をめぐる複雑な諸条件も満たせなくなる。社会的再生産過程で生産物の実現条件を破壊することで，各産業部門の不均衡は次第に蓄積される。ある限度まで蓄積が進行すると，再生産の諸条件は強力に再生に向かって自己貫徹を図ろうとし，均衡配分の法則が諸条件を適正化する。これが恐慌である。

近年，社会主義経済において供給力過剰は現実化しないことが多い。過剰投資は集権体制の拡大過程で重工業化の行き過ぎから，農産物や軽工業品などの消費財の供給を不足させる。産業部門間の不均衡が生産構造の歪み（distortion）

をさらに深刻化し，適正投資率の実行を妨げる。体制を超えて景気は存在する。

2　Eugen von Böhm-Baverk の資本利子論

　ボェーム・バヴェルクはオーストリア学派の泰斗である。オーストリア学派は，K.メンガーがジェボンズ，ワルラスとの限界革命トリオの旗手として，ドイツに伝統的な主観的効用価値論を精緻化し，ウィーン大学を拠点として創始した学派である。ボェーム・バヴェルクと義兄 F. von ウィーザーは秀逸な後継者で，1880年代中葉に学派として形成されることに与った。この学派は，低次財（最終需要財）の効用に高次財（生産諸要素財）の効用が帰属すると主張し，メンガーの限界効用一元論を帰属理論へと整合的に定式化した。

　ボェームは資本と資本利子の理論面で貢献している。第一次世界大戦後，新オーストリア学派あるいはウィーン学派として，マイヤー，ハイエク，ミーゼスなど第三世代の輝かしい活躍はあった。彼らは L.ワルラスらのローザンヌ学派の数学的一般均衡論を積極的に採用して新しい地平を目指したが，現在では学派の特徴を求めがたく，実態上は消滅している。

　ボェームの論及は孤立社会経済を縦走し，貨幣問題，恐慌あるいは変動には届かなかった。分析は静学的で完全雇用均衡に集中している。しかし，ボェームの資本理論がウィーン学派の景気変動論の礎石になっているという点で注目される。

　1851年にオーストリアのブリュンに生まれたボェームは，ウィーン大学で法学，国家学を学び，ハイデルベルク大学，ライプチヒ大学，イェナ大学でクニース，ロッシャー，ヒルデブラントの指導下で経済学を学んだ。1880年ウィーン大学経済学講師，1881年インスブルック大学助教授に就任し，経済学講座を担当し正教授になった。1889年大蔵省参事官となり，1895年から1900年に三度大蔵大臣に就任し，財政改革に手腕を発揮し重要な所得税改正を実行した。1904年に辞職し，以降ウィーン大学で正教授として活躍し，学究生活を続けて1914年に没した。代表的な労作は全2巻 *Kapital und Kapitalzins*, 1889. である。第1巻は *Geschichte und Kritik der Kapitalzinstheorien*, 1884. 第2巻は *Positive*

Theorie des Kapitals, 1889. である。量的に膨大な著作である。

初期の代表作 *Grundzüge der Theorie des wirtschaftlichen Güterwerts*, 1886.[8)] では，市場均衡価格に関する「限界対偶の法則」を導出した。すなわち，競争的均衡価格は買手市場と売手市場の相転移が発生する閾値に決まるという解明となった。

ボェームの資本利子論は，将来財と現在財との価値格差で説明されるはずだったが，完成には至らならなかった。第2巻では翻意して限界生産力説を確立した。生存基本である実物資本によって可能となる迂回生産の収益が実物資本の生産力であり，この実物資本を一定の生産期間貸し付けることによる利子は，資本の限界生産力に等しく決定される。生存基本存在量の相対的不足を前提に，賃金水準と資本利潤率（本源的資本利子）が，限界生産力による生産迂回度とともに均衡最適水準に決定されることが明らかにされた。この自然利子あるいは均衡利子の思想が後の貨幣的景気変動論の展開に繋がっている。

3　フランス古典学派の景気論

産業革命渦中のイギリスとは対照的に，ようやく市民革命を経て近代的国民経済の建設期に入ったフランスでは，封建遺制の抵抗を抑えつつ，資本蓄積と生産力の増強に努めるために，A.スミスの経済学から有力な指針を学ぶ必要があった。しかし，イギリスに展開された恐慌と失業，階級対立の激化に直面し，スミスの無批判な受容に限界を見ながら，資本主義の弊害に立ち向かわざるを得なくなり，多様な景気論を胚胎した。その代表格は，正統派のJ. B. Sayと異端のJ. C. L. S. de Sismondiである。

❶　J. B. Sayの販路閉塞説

Jean Baptiste Sayは，1767年にリヨンで生まれ，パリ，ロンドンで保険会社書記として商業実務に従事し，革命中には，雑誌編集者を務め，1799年ナポレオン執政政府の法制委員会委員となった。在職中に主著 *Traité d'économie politique, ou simple exposition de la manière dont se forment, se distribuent et se consomment les richesse*, Paris, 1803. を出版したが，その中の財政論がナ

ポレオンの財政政策と対立し，修正を拒否して退任した。1805年～1813年は紡績業の経営に専念し，帝政崩壊の1814年から学界に復帰しパリ理工科大学で経済学教授を務めた。晩年1830年～32年にはフランス最高位の学府コレージュ・ド・フランスで初めて経済学の講座を開講し知的権威を確立した。「A.スミス以前に経済学なし」と言うほどA.スミスに傾倒し，D.リカードとの交友を結んでイギリスに往来し，A.スミスをフランスに導入することに努めた。A.スミスの亜流祖述家に過ぎないという指摘がある。

　J.B.セイの経済学体系は生産・分配・消費の3分法で構成され，経済学と政治学を峻別し，理論としての経済学の純粋性を求めている。A.スミスの労働価値説を効用価値説に転換する価値構成論を説き，生産は効用の創造であると考えた。A.スミスの生産的労働は，効用を生み出す生産的用役に，概念上改変されている。

　この効用説はイギリス古典学派の経済学から近代経済学が分離していった一過程を示している。この体系は後に販路法則と呼ばれる直截的な均衡論によって特徴付けられる。「供給はそれ自身の需要を生み出す」というJ.B.セイの販路法則は「生産物はただ他の生産物によってのみ購われる」という命題である。あらゆる販売は同時に購入であり，供給は需要となる。全般的な過剰生産は存在することはなく一般的消費不足もあり得ない。しかし，何らかの財の販路について閉塞が起こることもあり，売れなくなって部分的な過剰が生起する。このような部分的過剰は対応的な部分的不足を伴い，時として恐慌を引き起こすが，価格変動を媒介として自動的に解消されると説いた。

❷ Jean Charles Léonard Simonde de Sismondiの過少消費説

　J.C.L.S. deシスモンディはスイスの経済学者であり，ジュネーブで生まれた。フランス・ロマン主義文学運動の一翼を担った歴史家でもある。1789年のフランス革命を人権確立の嚆矢として歓迎したが，ジャコバン独裁を忌避した。スイス・ジャコバン派の抑圧を逃れてイタリアに亡命したが，革命派からは親オーストリア＝反革命分子，反革命派からは親フランス的ジャコバン主義者と見られ，双方から逮捕拘禁された。Jean Jacquesルソーの影響を強く受けて民

主＝共和主義思想の元に「反革命よりも革命」を政治的信条とし，ナポレオン帝政によるスイス占領と保護貿易制度の強要に反抗した。

最初の経済学書である『商業的富について』(1803年)[9]は，ナポレオン体制批判のために書かれ，A.スミスの忠実な弟子としてスミス経済学を指導原理とする自由放任主義を説いた。その後，経済学を離れて歴史学に没頭し15年の研究の後16巻に及ぶ『中世イタリア諸共和国史』(1807-18) をまとめた。

ナポレオンが敗北し神聖同盟とブルボン復活王朝の支配下ではこの反動態勢に反対し，エルバ島から脱出したナポレオンを支持して民主主義派の旗手となった。1815年のヨーロッパ商業恐慌とイギリス製造業労働者の窮乏とは歴史学者としてのシスモンディを経済学者に再転換させることに与り，『経済学新原理』を生み出した。晩年の20年余は31巻の『フランス史』(1821-44年) をまとめた歴史家であり，1842年69歳で没した。

1819年の『経済学新原理』[10]では，古典学派の批判者として古典学派理論の告発者の論鋒を示している。国富の増大は，所得→支出→消費→生産→所得という循環を繰り返しながら進行するという時間的継起関係を捉えている。生産物は消費者を得て所得となるが，資本蓄積と生産増加が急激に，しかも過大に挑まれると所得と生産は不均衡になり，再生産は不可能になる。

民主主義は，機械制と大農制とで特徴付けられる資本主義によって脅かされることを警鐘し，大資本擁護策としての自由放任主義を批判し，小生産擁護策としての国家干渉を支持した。中世史の研究が若き日の信条の改宗を迫った。

恐慌は資本主義の不可避的な産物であり，自由競争による富の無制限な増大を助長する政策の誤りによって発生する。小規模な自作農とギルド的手工業制小商品生産の世界への復帰を主張した。

小ブルジョア社会主義を標榜するロマン主義経済学の開祖であるとともに恐慌に関する過少消費説の一原型の主唱者と見なされている。

【注】
1) Harberler, G., *Prosperity and Depression, a Theoretical Analysis of Cyclical*

Movements, 1937, 5th ed., 1964.
　　　（桑原晋訳『景気不景気論』実業之日本社　1944年，松本達治他訳『景気変動論』上・下，東洋経済新報社　1966-67年）
2 ）Keynes, J. M., *The General Theory of Employment, Interest and Money*, Macmillan, London 1936, *The Collected Writings of John Maynard Keynes*, Vol.Ⅶ, Macmillan St. Martin's Press, London 1973.
　　　（塩野谷祐一訳『雇用・利子および貨幣の一般理論』（ケインズ全集第7巻）東洋経済新報社　1983年）
3 ）Malthus, T. R., *An Essay on the Principle of Population*, London, 1798, 2nd ed., 1803, 6th ed., 1826.
　　　（高野岩三郎・大内兵衛訳『初版人口の原理』岩波文庫　1935年，吉田秀夫訳『人口論』全4冊〔各版対照訳〕春秋社　1948-49年）
4 ）Malthus, T. R., *Principles of Political Economy considered with a View to Their Practical Application*, London, 1st ed., 1820, 2nd ed., 1836, rep. ed., New York, Kelley, 1951.
　　　（小林時三郎訳『経済学原理』全2冊岩波文庫　1968年）
5 ）K. マルクスは1857年史上初の世界恐慌の勃発に促され，経済学研究の総括に着手した。経済恐慌の議論は広範囲に展開されたが，主要な『資本論』第三巻第三篇の推敲半ばで，1883年3月14日65歳で永眠し，未完のまま残された。
6 ）Marx, K., *Das Kapital*, Bd.Ⅰ, 1867, Bd.Ⅱ, 1885, Bd.Ⅲ, 1894.
　　　（向坂逸郎訳『資本論』Ⅰ，Ⅱ，Ⅲ　岩波書店　1967年　606頁）
7 ）*ibid*. 303頁
8 ）長守善訳『経済的財価値の基礎理論』岩波文庫，昭和7年。
9 ）Sismondi, J. C. L. S. de, *De la richesse commerciale, ou principes d'économie politique appliqués à la législation du commerce*, 2 vols., 1803.
10）Sismondi, J. C. L. S. de, *Nouveaux principes d'économie politique, ou de la richesse dans ses rapports avcc la population*, 2 tomes, Paris, 1re éd., 1819, 2e éd., 1827.
　　　（菅間正朔訳『経済学新原理』全2冊世界古典文庫　日本評論社　1949-50年）

第9章　近代景気循環理論

　近代（modern area）とはフランス革命以後，現代までの期間を指すが，近代経済学という日本特有の呼称は1870年代の限界革命以後の非マルクス系の経済学を区分するものである。また他方で，日本では明治維新後の近代国家成立以後を近代としている。

　経済学の近代は1815年のウィーン会議を分水嶺として区分している。絶対主義法治国家の成立と市場経済体制と貨幣大権の確立をもって近代としている。絶対主義王朝の多くは，その後民主主義的要因を膨張させながら民族主義国家へと分裂して現代に至っている。

　景気理論の分野では，恐慌循環論から景気循環論への転換によって，近代景気理論の華やかな競演時代が開闢した。この時期の景気学説は循環要因への注目を増幅しながら展開され，原因説を中心とした外生理論を充実させ，内生的理論の創始的学説も生み出された。現代理論との脈絡から，重要ないくつかの理論を取り上げよう。

1　収穫循環理論

❶　太陽黒点説

　William Stanley Jevonsによって主張された[1]収穫説である。太陽黒点の増減と小麦価格変動との相関に注目し，天候状態が収穫に影響し，収穫による価格変動は一般事業活動の好不況を引き起こすと考え，10年半の周期をもつ太陽活動を主因とする収穫循環説を確立した。中心・周辺国定理であるシンガー＝プレビッシュ命題のように途上国・先進国間の国際貿易を経由して，一次産品の価格変動は世界景気にも大きく影響する。

　太陽の黒点（Sunspots）は太陽表面の黒く見える点であり，人間の顔の面皰

に似ている。太陽表面のガス爆発により他の部分よりも低温になると、黒く見える。この黒点が多い時は、太陽活動が旺盛な時で、地球の平均気温への影響は少ないながら高温化する傾向があると言われる。農産物の収穫はおおむね豊作になり、価格は低下する。黒点が少ないときは太陽活動が低調な時で、農産物の収穫はおおむね凶作となり、価格が高騰する。産業構造が第1次産業中心の時代には黒点の周期的増減は、そのまま経済社会の景気循環を形成した。

気候変動と社会変動の相関を指摘する研究は多い。下図は太陽黒点数と気温および歴史上の事件をプロットしている。

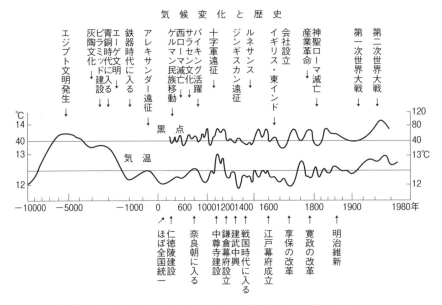

（資料）　高橋浩一郎『生存の条件』毎日新聞社，1982年，207ページ。

気候変動や社会的事件とも相当な相関関係が認められる。

現在までの研究によると、太陽黒点数の増減は11年周期で推移しているが、時折、マウンダー極小期やダルトン極小期のような異常期が観察されている。1630年～1740年の90年間は平均気温が2℃低い黒点極小期であった。この期間

第9章　近代景気循環理論

の1645年～1715年がマウンダー極小期で太陽黒点数は歴史的に見ても大変少ない期間であり，黒点数の増減周期が乱れて延びてくると，このような極小期が発生することが知られている。1800年～1820年がダルトン極小期で，この異常期に先行して黒点数周期が14年に延びていた。黒点数が極小のマウンダー期には北半球の平均気温が－0.6℃，ダルトン期には－0.5℃変化している。

　日本では両期間ともに－2.5℃の低温化が推計されている。200年～600年に1回のマウンダー極小期があり，マウンダー極小期に先行して太陽黒点数増減周期は13年に延びていたことが推計されている。

　世界史的には，1270年頃から太陽活動極小期に入っており，それ以前は中世活発期であった。平均気温の面から推測されることは1200年頃までが中世温暖期で，以後近年の1900年頃までが小氷期である。日本の冬気温のデータから観察されることは，ほぼ180年周期で寒冷期が発生し，その中に太陽黒点極小期が必ず発生することである。超長期的には寒冷期10万年の後に温暖期1万年があり，2015年現在は，温暖期1万年の終了間際に達していると考えられている。

　近年の観測では，1936年以後11年周期が6回観測されている。ところが1996年6月からの周期が延びて2009年までの12.6年になった。また，最近の太陽観測では通常の2重極構造が2012年からは4重極構造に転換していることが分かった。2007年から100年に1回程度の周期の乱れが観察されているが，これはマウンダー極小期ではない模様である。ＮＡＳＡの観測でも2006年のボトムから2011年にはピークになる第24周期であったが，この周期は乱調になりつつ継続している。日本の天文学研究では2007年のボトムが2009年に延びたと指摘している。温暖化などの地球環境問題の影に，地球寒冷化傾向を指摘する天文学者もいる。景気周期の乱調も同時発生している。太陽黒点説を否定する根拠はまだ希薄である。

❷　降雨量説・金星運行説

　Henry Ludwell Mooreはアメリカの経済学者であり，計量経済学の開拓者的存在である。1869年にメリーランド州に生まれ，27歳でジョンズ・ホプキンズ大学の学位を得た。そのまま母校の講師となり，その後スミス・カレッジの

教授に就任しコロンビア大学の教授を務めた後，1929年60歳で病気のため退職し，89歳で亡くなっている。抽象的経済理論の統計的テストと経験法則の発見に先駆的努力を傾注した。42歳の時，統計的経済学研究の創始的著作 Laws of Wages, 1911. を公刊した。最大の功績は景気循環の統計的研究の2作[2)3)]と最後の著書 Synthetic Economics, 1929. である。この書はL.ワルラスの均衡分析の動学化と定量化を意図した研究であり，経済変数間の関数関係を統計的・実証的に計測し理論と実証とを総合しようとした労作である。個別的需要関数の統計的導出が初めて試みられ，今日の計量経済学の基礎を構築したと評価されている。この研究は弟子のHenry Shultzによって受け継がれ発展をみている。

H.L.ムーアは降雨量説の他にも，8年周期で地球に接近する金星の運行とアメリカの綿花の作況との相関関係を統計的に研究し，金星運行説も唱えている。これは景気が循環現象であることを認めて，周期的運動が明確な天文世界に原因を求めた初歩的手法であるが，現在では金星運行と景気との有意な相関は認められない。

1914年の著書では，降雨量の周期が農産物収穫量の周期的増減と一致し，農産物価格と収穫量との相関が密接であることを明らかにし，景気循環は降雨量の循環的変動を原因としていると説明した。

H.L.ムーアの研究を詳細に辿ると，1870年～1910年期間のミシシッピー川流域の降雨量と9種類の作物の単位面積当たりの収穫量とが強共変し，アメリカ経済のこの期間の総合物価指数が収穫量と逆相関になっていることを統計的に明示したことが評価される。これらの3系列の周期は8年であった。この研究から，農業こそが製造業と商業の基礎であり，作柄の循環法則は景気循環の法則になると主張した。

収穫量と景気との連動性に4年のラグがあると考えたが，農業部門の価格変動が経済全域に波及する時間としては長すぎるし，価格変動の影響は多岐にわたるので，特定的な景気への影響も測りがたい。機械的な周期を説明するために説得力に欠ける自然現象の周期性に訴えたことは理論的発展過渡期の特徴であり，理論の自ずからの限界を画した。

第9章　近代景気循環理論

2　内生的循環理論の創始

❶　暖炉の類推（加速度原理）

　Albert Aftalionの学説である。景気循環は暖炉に石炭を焼べることに例えられる。寒いと感じると石炭を暖炉に追加投入するが，直ぐには燃え上がらないので寒さの解消には時間がかかる。その間石炭をどんどん投げ入れることになる。やがていっぱいに投入された石炭に火がまわって燃え盛ると熱すぎる状態となる。石炭が燃え切った時にはまったく我慢ならない熱さになる。適温の状態は持続が難しく，燃やしすぎ→適温→寒気→石炭の過剰投入→燃やしすぎ，という繰り返しを避けられない。この事情は，まさに景気循環を類推させる。

　フランスの経済学者であるアルベール・アフタリオンは，ブルガリアのルーセに生まれ1906年32歳でリール大学教授に就任し49歳から22年間にわたってパリ法科大学教授を務め71歳からは名誉教授となっている。学位論文はシスモンディの研究であり，景気理論に関する研究は主著 *Les crises périodiques de surproduction*, 2 tomes, 1913.（『過剰生産による周期的恐慌』）で大成され，過剰投資説の実物面を重視する景気理論を構築した。

　消費財に対する需要増大から価格騰貴が発生すると好況になり，消費財の供給増加は生産財の増加を待って実現される。生産財の増加には技術的な迂回体制構築期間が必要である。生産増加が可能となると消費財の生産量は飛躍的に拡大するが，消費財需要がそれほど増大しないと景気は転換し，恐慌に突入する。暖炉の類推を補足すれば，寒さが消費財で，石炭が生産財，石炭が燃え盛るまでの時間が迂回生産体制の構築期間である。A.アフタリオンの景気理論は，後代のJ.ロビンソンが主張した「資本の懐妊期間」や「投資の加速度原理」の原型として，先駆的な意義を認められている[4]。

　A.アフタリオンは後半生で貨幣論・為替論の研究を展開した。53歳の時の著書 *Monnaie, prix et change*, 1927, 3rd ed., 1950.[5]では貨幣心理説・為替心理説を提唱した。第1次大戦後の世界経済は貨幣逃避や投機を目的とする国際短期資本移動を激発し，為替相場を変動させ，国内物価の変動を誘発した。人々が外国為替を需要する動機は特定商品への購買力，あるいは外国通貨による債

務支払，為替投機，資本逃避による効用である。個々人のこのような期待は外国通貨の限界効用に依存する。したがって為替相場の変動要因は，①為替量，②国際貸借，③資本移動，④質的要因，⑤外国通貨への需要，⑥通貨流通状況，⑦物価趨勢，⑧為替投機状況，⑨財政事情，⑩国家政策などである。

　A.アフタリオンは第1次大戦後の欧州諸国のインフレーション過程を実証的に分析し，限界効用説による貨幣価値論を構築した。為替相場の変動については個人の心理的評価を重視する質的・量的要因で説明し予想の役割を強調した。

❷　景気循環論の父─Михаил Иванович Туган-Барановский

　М.И.トゥガン・バラノフスキーは非業の死を遂げた夭折の天才ニコライ・コンドラチェフの師である。幸いにも弟子の悲劇を目撃することなくレーニンのマルクス理解と鋭く対立しながら1919年に64歳で没した。

　トゥガン・バラノフスキーはロシアの経済学者である。自然科学，法律学を学んだあと経済学に転じた。ペテルスブルク大学，ペテルスブルク工業研究所，キエフ大学の教授を歴任した。1910年にペテルスブルク大学法学部の学生となったN.コンドラテチェフはトゥガンの政治経済学セミナーに出席し，「政治経済学における目的論的要素」と題する研究論文を提出している[6]。

　トゥガンは，農村共同体ミールを基礎とするロシア固有の社会主義を標榜するナロードニキ経済論を批判し，合法マルクス主義者[7]としてK.マルクスの分析型に従いつつ，ボェーム・バヴェルクの限界効用価値説をロシアに導入した。ロシア協同組合運動の理論的支柱ともなっている。

　イギリス恐慌史とロシア工場史の分析から古典学派の販路説とマルクスの再生産表式を折衷し，独自の表式を創案して景気循環を説明し「景気循環の父」としての地位を確立した。すなわち，生産の社会的配分が比例的ならば，生産はそれ自身の市場を創出できるが，所得分配の偏倚による大衆の過少消費がこの比例性を歪める場合は社会的生産物の均衡生産が困難になる。比例性が成立し得なくなり，貸付資本の蓄積システムによって固定資本への周期的な新投資が指向されると，圧迫された過少消費が恐慌を引き起こすことになる。技術進

第9章 近代景気循環理論

歩によって生産手段の生産は拡大し，資本主義は新規市場を創出しながら発展し，激烈な恐慌を反復させる。

トゥガンの1894年の書『イギリスにおける産業恐慌』[8]第2部第3章でのみ繰り広げられた分析では，資本主義の転覆は最終消費需要の欠如によるのではなく，所得分配の不平等による生産部門の均衡発展の阻害から発生すると説いた[9]。

トゥガン・バラノフスキーは恐慌の原因を資金不足あるいは不均衡投資に求める説明を深化させ，景気循環に関する内生的説明方式を試みる貢献をした。理論は投資の過程を中心に展開され，曖昧で不徹底な労作ながらも，不況期に蓄積される貸付可能資金が，発作的な固定設備の更新と拡張に向かうことで過剰投資に見舞われて，周期的恐慌を引き起こすと解明した。

結論的に，失業と流動的・潜在的形態の過剰人口である産業予備軍は無くなることはなく，資本主義経済を廃棄することによってのみ消滅すると考えた立場は，厳格なマルキストであった。しかし，資本主義の不可避的崩壊というマルクスの命題には異議を唱えた[10]。

J.A.シュムペーターは「彼の研究の歴史的功績となるものは，‥‥彼の理論が流動的貯蓄の蓄積とその解放との交替という観点でなされており，一人の有能にして真剣な研究者においてさえ，前途に富める出発点から袋小路の行き詰まりに至る道がいかに近きものであるかを示す一例としてのみ価値があるに過ぎない。」[11]と酷評している。

❸ M. Bouniatianの過少消費説

Mentorブニアティアンはフランスの経済学者である。周期的恐慌を解明しようとして，イギリス恐慌の史的研究を展開し，1908年に*Geschichite der Handelskriesen in England 1640-1840*を公刊した。また，*Wirtschafts-krisen und Überkapitalisation*, München, 1908（『経済恐慌と過剰資本化』）において，循環変動の外生要因と内生要因を区別し，過剰投資説を展開している。

競争経済に固有な要素として，消費者と生産者の時間的・地理的距離の長さ，情報の有無や不確実性，投機，企業家期待，群集心理，金融システムなどの経

済恐慌への作用を強調した。

さらに，14年を経て大著 Les Crises économiques, Paris, 1922をまとめた。周期的経済恐慌は，「過剰資本化」，すなわち過剰投資が主因で発生する。この過剰投資の誘因は価格変動である。始発要因は豊作や外需であり，好景気は財価格と利子率を高めるのでその部門への投資の殺到が引き起こされる。第1次価格変動は累積的に拡大し，拡大部門の所得増大は資本化される。所得分配は歪められ，過剰投資によって拡大した供給はそれだけの消費の拡大がなくなると，価格低落へと転じる。恐慌時の不足は一般購買力の不足であり，過剰資本は遊休し，あるいは破壊される。

❹　A. A. C. Spiethoffの過剰投資説

Arthur August Casparシュピートホフは1873年に生まれ，ベルリン大学，ジュネーブ大学を卒業し，1907-8年にはベルリン大学私講師，プラハ大学講師を経て1918年から19年間にわたりボン大学の経済学教授を務めた。ドイツ新歴史学派の中心的経済学者Gustav von Schumollerの高弟で助手も勤めた。K.マルクスからトゥガン・バラノフスキーへ継承された不比例説を発展させて過剰投資による恐慌理論を開発した[12)13)]。

資本財産業の運動が景気循環の主因である。好況時に技術革新による投資機会が増大し，中間財と固定資本財とが不均等に拡大しながら相互に需要を波及し合う。他方で労働力不足と消費財不足が遍在し収益率の低下と共に好況が崩壊する。不況はアンバランスな資本財の過大拡大と消費財生産の不足という部分不均衡の所産である。

過剰生産は必然的に発生するが，恐慌は必然ではなく起こらない場合もある。財には収益財，間接消費財，直接消費財の3種がある。機械，工場などの生産設備と鉄道，水道，家屋などの耐久設備が収益財であり，収益財生産のための鉄，石炭，セメント，木材などが間接消費財である。これら二財には生産過剰が発生しやすい。景気上昇期の初期には中間財である間接消費財の購入に当てる自由資本（営業資本）が豊潤であるが，上昇期の末期は資金も枯渇し間接消費財も不足する。同時に相互補完関係にある財も使えなくなるので滞貨が発生

第 9 章　近代景気循環理論

し，局所的過剰生産となる。

　1925年の論文[14)]では，実証的に統計的・歴史的資料に満たされた循環のモデルを与えている。発明や貨幣退蔵が重要度を増したものの，理論的分析は変質しなかった。J.A.シュムペーターの賞賛を別として，A.A.C.シュピートホフの論文「恐慌」に対する評価は高くはないが，この理論は1907年の恐慌によって実証されたものと見なされている。

❺　Thorstein Bunde Veblenの過少消費説

　T.B.ヴェブレンはアメリカ中西部ウィスコンシン州の片田舎で1857年にノルウェー移民の子として生まれ，ミネソタ州のノルウェー人開拓地で育った。成長期の言語，文化，習慣の疎外感は，その懐疑的で皮肉な機知に富んだ思想形成に影響したと見られている。アメリカにおける限界主義理論の父となったJohn Bates Clarkがいたミネソタ州カールトン・カレッジを卒業後，教職を得るが閉校による離職を強いられ，兄の進路を頼ってジョンズ・ホプキンズ大学とイェール大学の両大学院に学び，哲学，社会学，人類学，歴史学，経済学などを修めた。30カ月在籍のイェール大学では社会進化論者William Graham Sumnerから多くの感化を受けた。1884年に「因果応報説の哲学的基礎」という論文で哲学博士号を授与された。

　大学院卒業後7年間職がなく，1888年に結婚し妻エレン・ロルフとともに田園生活を送った。1891年コーネル大学に学士入学し，ようやく1892年35歳のときJ. L. Laughlinの推薦で，新設のシカゴ大学の研究助手に就いた。1906年までの14年間の在勤時代に主著 The Theory of the Leisure Class : An Economic Study in the Evolution of Institutions, New York, Macmillan, 1899, Modern Library ed., 1934[15)]や The Theory of Business Enterprise, New York, Scribner's Sons, 1st ed., 1904, 2nd ed., 1932, Mentor Book ed., 1958[16)]を著した。この時期はアメリカ経済の社会構造や機能の変動期であり，都市労働者の争議や農民反抗が頻発し急進的社会改革思想が民衆を煽動した。1920年頃までに独占企業の支配が決定的となり，このような社会転換はヴェブレンのライフ・テーマになった。

83

学問上の異端と風変わりで狷介な性格が禍して1906年にはスタンフォード大学准教授へ，さらに1910年にはミズーリ大学の年俸2,400＄の非常勤講師へ移った。結局，大学の世界には馴染めず，1918年には政府の調査事業や雑誌 *Dial* の主筆・編集のため，ニューヨークに赴いた。1920年には前年に創設されたニュースクール，後の私立夜間大学である新社会科学学院の教授になった。この年二度目の妻のアンヌ・ブラッドレーが精神病により死亡した。わずか6年の再婚者同士の薄幸な生活だった。1927年以後の晩年はカリフォルニア州パロアルトの鶏小屋を改造した山荘に隠棲し，1929年8月3日，貧困に悩みながら心臓病により孤独な死を遂げた。その2カ月余後に大恐慌が勃発した[17]。

　晩年期のアメリカ経済社会はHerbert Hoover政権の有閑時代であり，懐旧のノスタルジアの帰着的時代である。当時としては至福の芳醇に満ちていた[18]。

　初著『有閑階級の理論』は哲学的な社会学的考察であり，当時の富裕層の消費を寄生的性質のものとして糾弾した。金ぴか時代の富豪達の生活様式は衒示的消費と衒示的余暇により金銭的競争や代行消費に陥った見栄の世界であり，見せびらかしの奢侈は未開の酋族の風習であるポトラッチと同列である。それらは人間本来の労働作業本能の発露を阻害する。ヴェブレンの批判の反響から，奢侈は悪趣味とされ，余暇は怠惰の誹りを受けたので，当時のアメリカ社会では奢侈も余暇も逼塞せざるを得なくなった。

　経済学の主著『営利企業の理論』は，シカゴ大学時代に *Journal of Political Economy* などに寄せた多数の論説，「過剰生産の誤謬」（1892年），「婦人の衣装の経済学」（1894年），「なぜ経済学は進化論的科学でないか」（1898年），「所有権の端緒」（1898年）などに基づいている。

　ヴェブレンの社会経済思想は二元論を特徴にしている。人間の経済生活面の製作本能と金銭的競争，産業と企業という二元によって経済制度の進化過程を追及し，資本主義社会の経済・社会・文化の諸現象を統一的に説明した。

　『営利企業の理論』では，財貨をつくる目的の労働作業本能に基づく「産業」が営利・利殖の手段としての金銭的競争に身を焦がす「企業」によって浸食されていると批判した。収奪と生産が近代資本主義の本質として探究された。

第9章　近代景気循環理論

『技術者と価格体系』[19]では，後のJ. K. Galbraithの『新産業国家』で提示されるテクノクラートによる生産の統制が論じられている。これらの観点からヴェブレンは制度学派経済学の創始者といわれ，進化論的経済学をめざしたと解釈されている。

景気循環に関するヴェブレンの貢献は，『営利企業の理論』の第7章の長い章 The Theory of Modern Welfare「現代における福祉の理論」の中で展開された。好況時の繁栄と不況時の停滞が軽微で，短期の回復を数回示しながら慢性的不況に転化する傾向があることを指摘している。

この根本原因は「産業が事業的基礎のうえに，価格の観点から利潤を目的として管理される」ことにある。「真の，あるいは正常的と言えるような，企業界の恐慌，不況と景気高揚は，例えば凶作のような偶発事象の結果ではない。それらは企業の日常的な経過のうちに現れてくる。不況と好況とは多かれ少なかれ相互に結びついている。」[20]

不況から抜け出すにつれて，一部は需要の現実的増加によって，また一部は需要増加への旺盛な期待によって，野心的企業は事業の企図を拡張して，関連性の薄い産業部門の価格さえ押し上げる。本質的には心理学的な要素である，事業に関する楽観的攪乱の伝播は極めて迅速である。好況時の累積的な上昇過程では「過度の資本化」が発生する。信用拡張も累積的に増大し，信用の広範な分岐が発生する。やがて，生産費の増加，賃金の高騰，予想利潤の低落によって好況は終わる。事業利潤率の減退は信用機関の不安定性を増し，事業の破綻は連鎖的な破綻を導き，殺人的な価格引下げ競争を通じて不況と資本化を永続させる。

設備投資による産業効率化から得られる利潤は，営利企業の金融による金銭的利潤には及ばない。資本化という新概念は独占力や各種の営業特権，「のれん」という無形資産の収益力への投資であり，企業の吸収・合併や独占化を実現する企業金融の本性である。貸付信用を背景とした資本化利得の増大を求める営利企業の行動が好況，恐慌，不況という景気循環を引き起こす。

ヴェブレンの理論は，論文 "The Overproduction Fallacy," *Quarterly Journal of Economics*, July 1892や『営利企業の理論』の中の叙述，特にJ. A. Hobsonの『失業問題』に言及した注釈を根拠として，過少消費説として分類されているが，積極的な理論的貢献を認められてはいない。景気現象が深刻な獰猛性を出さなかった時代の限界でもあった。生涯と思考とに不遇がつきまとい，一己の閃光が不思議な耀きを残している。

❻ Joseph Alois Schumpeterの革新説

1950年1月7日〜8日の未明に脳卒中により不帰の人となった世紀の巨星，J.A.シュムペーターは67年の生涯のすべてにおいて，偉大な経済学者であった。シュピートホフの追悼文は「ジョゼフ・シュムペーターは一度も初学者であったことはなく，初めから早熟の天才であり，すでに翼を十分に伸ばしきった巨匠として学問の檜舞台に登場した」と讃えた[21]。

J.A.シュムペーターは1883年2月8日にオーストリア・ハンガリー帝国のオーストリア領モラヴィア地方（現在のチェコ領）トリューシュで生まれた。織物製造業者の父A. Schumpeterとウィーンの南にあるヴィンナー・ノイシュタートで医師の娘として生まれた母J. Margueriteとの間の一人息子である。4歳のとき父が死に，オーストリア・ハンガリー軍の陸軍中尉フォン・ケラーと再婚した母とともに一家でウィーンに住んだ。1906年に両親が離婚するが，それまでの間，義父のもとで多感な時代を貴族的な環境の中で過ごした。ウィーン・テレジアニウムに10歳で入学し18歳で優等成績を収め卒業した。その後ウィーン大学法学部に入学し，1906年にはローマ法と教会法の二法律についての法学博士を授けられた。この学位を受けるため，経済学については1904年からEugen von Böhm-BawerkやFriedrich von Wieserに師事した。

1905年にDie Methode der Index-Zahlen「指数の法則」を初めとする三篇の労作を月刊誌 *Statistische Monatsschrift* に発表し，博士号をとって間もなく，Über die mathematische Methode der theoretischen Ökonomie「理論経済学の数学的方法について」を発表している。これは「数学」という言葉を使っているすべての文献を渉猟し数学という用語の適用の有効性を論じている。傑出した論考であり，A.A.クールノー，W.S.ジェボンズ，M.E.L.ワルラスの数

理経済学を的確に捉えている。

　1908年25歳にして大著『理論経済学の本質と主要内容』[22]を発刊し，L.ワルラスに学んだ静学的均衡理論体系を論じた。均衡理論を中心に，オーストリア学派の帰属理論とそれらを用いた静学的叙述を展開している。その後の動学的構想の輪郭についても利子論や企業者利潤の素描に既に胚胎されている。静学体系では捉えきれない資本主義の動態を解明するために，『経済発展の理論』[23]が4年後に出版され，この書によってJ.A.シュムペーターは世界的な経済学者となった。

　『経済発展の理論』では，資本主義経済の発展が2面的な過程として描かれている。まず革新企業家による均衡破壊過程（創造的破壊）としての積極的段階と経済体系の適応過程，次いで均衡回復過程としての消極的段階とそれへの経済体系の適応過程の2面である。全体の理論体系は循環理論と発展理論から構成されている。

　生産物価値は労働価値と土地価値とに過不足なく分解され，利子も利潤も存在し得ない均衡状態が循環理論によって説明される。この部分は資本主義経済の発展の原初状態と適応過程の叙述である。経済局面は均衡の近傍状態であり，一定条件の下で経済が踏襲的な慣行軌道を循環的に反復している状態として叙述される。ワルラス的一般均衡状態が分析の中心的柱であり，静学分析が採られている。循環的流れ（circular flow）の中の経済は本質的に反復的で，完全競争が成立し，価格は平均費用に等しく，各種資源の完全雇用も実現している。

　銀行の信用創造（Geldschaffung durch die Banken）によって資金供給があると，企業家の生産諸要素の新結合の遂行（Durchsetzung neuer Kombination）や技術革新（Innovation）による均衡破壊過程が発現し，この過程の多くは新企業の創設という形で始まる。革新の遂行者である企業家は，創意，権威，先見の明，指導力に富み，変化を好む精神と革新に踏み切る勇気に満ち溢れた少数の企業者である。彼らは新結合によって旧結合を競争過程から淘汰し，凌駕していく。新結合とは，新商品・新生産方法・新市場・新資源・新組織の5要素を含む変革である。新結合の遂行に必要な生産手段は，新旧の競争過程で新結合によっ

て旧結合から剥ぎ取られ，生産手段の転用（Andersverwendung von Produktionsmitteln）によって賄われる。経済発展は好況・不況という景気回転を伴って進展する。このような発展の創造的破壊の過程と動学的問題としての信用，資本，利子，利潤，景気循環などを統一的に解明することが発展の理論の役割と捉えている。

結局 J.A.シュムペーターの理論体系の最終的完成は『景気循環論』[24]に結実する。この書については後述に委ね，生涯の記録に戻ろう。

1906年ウィーン大学卒業後，1907年エジプト政府財政顧問を務め，1909年の秋からはオーストリア最東地ブコヴィナ地方の首府にあるチェルノヴィッツ大学の准教授に就任した。経済学の恩師ボェーム・バヴェルクの斡旋による向背である。ウィーン大学の全学部はあらゆる手段を講じてシュンペーターの母校での受け入れを拒んだ。1911年にはオーストリア・スティリア地方の首府にあるグラーツ大学に招聘され，勅令により正教授になった。28歳の最年少の唯一の経済学の正教授であったが，この大学における2年間は学部の拒否的な態度により居心地の悪い経験となった。

1913年から14年には交換教授としてニューヨークのコロンビア大学の客員教授として滞在した。コロンビア大学は名誉博士号を授与して顕彰した。31歳の時であり間もなく第1次世界大戦（1914–18）が始まった。グラーツ大学には1918年まで留まった。

この時期に，『学説史と方法論史の諸段階』[25]（1914年），『社会科学の過去と将来』[26]（1915年），『租税国家の危機』[27]（1918年），「帝国主義の社会学」[28]（1919年），が発表されている。異分野の著作であり，これらはやがて未完の記念碑的大著『経済分析の歴史』[29]の下地を形成することになる。

第1次世界大戦の終戦後，1918年から1919年に，オーストリア共和国のカール・レンナー内閣の大蔵大臣に就任し，1919年に辞職した。1921–24年には民間銀行のBiedermann Bankの総裁になった。1924年にビーダーマン銀行が経営危機に陥り巨額の債務を負うとともに総裁を解任された。戦後の困難な時期に政治や実業の世界も経験したが，振り返るとこの時期の活動は，すべて失敗

第9章　近代景気循環理論

に帰した。1925年42歳の時に，ボン大学から招聘を受けて再び教授として学究生活に復帰した。1932年にハーバード大学の招聘を受けて夏学期を最後に，アメリカに移住するまで，この職に居たが，この間，1927-28年と1930-31年の2度に亘って，ハーバード大学への出張講義を行っている。

　ボン大学教授時代にも旺盛な著作活動は衰えることなく継続され，その7年間に『経済発展の理論』第2版改訂版（1926年）を初め，多数の論考を *Die Wirtschaftstheorie der Gegenwart*（1927年）などに発表している。

　ハーバード大学での教授および研究生活は1950年1月に突然の死によって途絶するまで18年間に亘って続けられた。1939年の『景気循環論』はまさにシュムペーター経済学の集大成の労作である。18年間のハーバード大学時代には常に黄色のメモ用紙（yellow slips）を持ち歩き，何か思いつくとその紙片に書き留めていたと伝えられている。講義の最中にも書き留めることが多かったらしく，また講義の中ではしばしば「わがパパ，マルクス」と表現することが口癖だったことからもマルクスへの造詣が窺われる。最も広範な人気を得た異色の書『資本主義・社会主義・民主主義』[30]は資本主義がその成功のゆえに滅んでいくと論じた。

　死後4年を経て三度目の伴侶Elizabeth Boody Schumpeter夫人によって出版された『経済分析の歴史』や20年を要した『貨幣の本質』[31]は，脱落も惜しいこれらの黄色メモのコラージュからまとめられた。シュムペーターの最終講義は1949年に「景気循環分析への歴史的アプローチ」[32]と題された講義であった。

　景気循環に関する「景気循環の説明」[33]（1927年），「資本主義の不安定性」[34]（1928年），『景気循環論』（1939年），と最終講義「景気分析への歴史的アプローチ」（1949年）は，シュムペーター体系の完結を企図した景気循環論への集中である。

　『経済発展の理論』の体系は『景気循環論』においても根本的に変わっていないが，この書は豊富な歴史と統計資料とを再解釈しており，壮大な景気絵巻のような趣と風味がある。新結合は革新（innovation）へと拡大し，革新による

経済過程の変化や諸結果，様々な反応のすべてが経済発展と捉えられている。

コンドラチェフ長期波動（55年周期），ジュグラー中期循環（9～10年周期），キチン短期循環（40カ月周期）の3波同時併存の複合循環仮説が設定された。景気交替を引き起こすものは革新の群起であり，好況と不況の議論は新企業の集団的出現による攪乱とその攪乱を吸収する過程として捉えられる。不況は新しい均衡を実現する過程である。好況時に群起した新企業と既存企業とが，減少する購買力をめぐって鬩ぎ合い，競争によって淘汰されて残存できた企業が新しい与件に適応し，損失の発生から開放されると安定的な均衡が実現し，次の好況への条件が醸成される。不況は好況期の企業者利潤を実質所得の増大として消費者に移転する過程となる。

資本主義経済の発展は，経済進歩を自動化し発展の原動力である企業者職能の発現を無用なものとする。封建的な資本主義擁護階級は追放され，敵対的な新興知識階級を増強して，ブルジョアジーの資本主義的精神を喪失させ，資本主義の内部的崩壊が進展し，崩壊する。このような最終帰着点は，『資本主義・社会主義・民主主義』の中で詳説され，動学的独占論の展開はまさにマルクスそのものである。稀代の天才の「創造的破壊」は，経済学分野を超えて広く経営分野での思潮を形成することにも与った。

❼　Rudolf Hilferdingの商品過剰説

マルクス系恐慌論は特異の発展を見せた。М.И.トゥガン・バラノフスキーとR.ヒルファディングは，資本のもとでの無政府性生産による再生産均衡の破壊と過剰供給の発生を認め，不均衡恐慌論を展開した。K.J.カウツキー（Kautsky）とН.И.ブハーリン（Бухарин）は，過少消費説恐慌論を，E.プライザー（Preiser）とH.グロスマン（Grossmann）は資本構成の高度化による利潤率低下法則を強調して資本高度化説恐慌論を，O.バウアー（Bauer）とP.M.スウィージー（Sweezy）は賃金上昇説恐慌論を，それぞれ発展させた。マルクス主義経済学の正統派恐慌論は消費制限説系の恐慌論と見なされている。特にドイツの政論家R.ヒルファディングの『金融資本論』[35]はこの学派の中心的理論となった。

第9章　近代景気循環理論

　R.ヒルファディングは1877年ウィーンのユダヤ系豪商家に生まれた。ウィーン大学医学部を卒業し開業医となった。学生時代から社会科学に興味を持ち，マルクス主義の研究に染まりOtto Bauerらと学生社会主義団体を組織した。生涯医師をしながら経済学に造詣の深い政論家としてドイツ，オーストリアにおけるマルクス主義理論の発展に寄与した。1902年にKarl Johann Kautskyの誘いでドイツ社会民主党の機関誌 *Neue Zeit* に寄稿し始め，間もなく1906年からベルリンの党学校の教師となり，1907年～1915年には党の機関誌 *Vorwärts* の編集員となりアドラーと共同編集の *Marx-Studien* を公刊した。第1巻はBöhm-Bawerks Marx-Kritik, 1904[36]を執筆所収している。第3巻が『金融資本論』*Das Finanzkapital*, 1910. である。1915年からはオーストリア・ハンガリー帝国の軍医として第1次世界大戦に従軍し，敗戦後，1917年ドイツ独立社会民主党機関誌 *Freiheit* の編集長を経て1922年ドイツ社会民主党に復帰した。1924年以降党の機関誌である *Gesellschaft* の主筆として活躍した。1924年には社会化委員会委員，蔵相を，1928年～29年には再度蔵相を務めた。1927年，党のキール大会報告「組織された資本主義」はドイツ社会民主党の理論的支柱になった。やがてナチスの台頭と共に党は没落しワイマール共和国崩壊を機に1933年から亡命した。亡命中に，非合法紙にナチズム弾劾とスターリン主義批判を展開したが，1941年にフランス・ペタン政府によって逮捕され，パリの獄中で死亡したと伝えられている。享年64歳，波乱の人生であった。

　『金融資本論』は5編から構成されている。第1編では，資本信用を媒介に銀行と産業が密接な関係を結ぶことを説く。第2編では，株式会社・有価証券取引所による資本の活性化によって，株式発行業務を通じてこの関係はさらに緊密になること，第3編では，独占の成立によって両者は一体化して金融資本を形成すること，第4編では，成立した金融資本が恐慌の推移に与える影響を，第5編では，保護関税政策，資本輸出が金融資本によって実現されることを，それぞれ解明している。

　この書はK. J. カウツキによって「マルクスの『資本論』の続刊」と呼ばれ，独占資本主義段階の各種の経済現象をマルクス体系に理論的に編み込むことを

目指していた。資本主義的再生産構造が独占資本を中核として再編成され，対外的に植民地獲得政策や帝国主義政策が展開されることは，すべて産業資本ではなく金融資本が生み出していると論じた。

恐慌学説によると，恐慌の一般条件として，①価値貯蔵手段としての貨幣の存在による販路閉塞，②無政府的な資本主義的生産，③資本主義的生産の利潤搾取目的と労働者消費の生産依存とによる生産と消費の分離，を指摘している。

これらの資本主義の欠陥により，需給均衡が破壊され，価格原則が攪乱し，資本構成の高度化による利潤率低下，信用の関連的変動により恐慌と景気循環が発生すると説いている。

独占化する産業資本と銀行資本とが癒着した「金融資本」こそが高率関税による国境閉鎖と資本の海外輸出を強行する元凶であることを明らかにし，後のレーニン（В. И. Ленин）の『帝国主義論』(1952年）へと継承される理論となった。

【注】
1 ）Jevons, W. S., "Commercial Crises and Sun-Spots," *Nature*, Vol.19, 1878, repr. in *Investigations in Currency and Finance*, ed., by H. S. Foxwell, London, Macmillan, 1st ed., 1884, New York, Kelley, 1964.
2 ）Moore, Henry Ludwell, *Economic Cycles : Their Law and Cause*, New York, Macmillan, 1914.（蜷川虎三訳『経済循環期の統計的研究』大鎧閣 1926年）
3 ）Moore, Henry Ludwell, *Generating Economic Cycles*, New York, Macmillan, 1923.
4 ）アフタリオンの景気変動に関する論考は多いが，注目すべき文献としてAftalion, Albert, "da Réalité des surproductions Générales," *Revue d'Economie Politique*, 1908-9. および "The Theory of Economic Cycles based on the Capitalistic Technique of Production," *Review of Economic Statistics*, 1927, pp.156-70. がある。
5 ）Aftarion, A., *Monnaie, prix et change*, 1927, 3rd ed., 1950.
（松岡孝児訳『貨幣・物価・為替論』有斐閣1937年）
6 ）Barnett, Vincent, *Kondratiev and the Dynamics of Economic Development : Long Cycles and Industrial Growth in Historical Context*, Basingstoke, Macmillan, 1998.（岡田光正訳『コンドラチェフと経済発展の動学』世界書院 2002年 55頁）
7 ）合法マルクス主義（легальный марксизм）とは1890年代にロシアのインテリゲンツィヤの中のマルクス主義労働運動に便乗した一派を指す。彼らはツァー専制政府の許可する合法的な新聞や雑誌に論陣を張ったので合法マルキストと呼ばれた。ナ

第9章 近代景気循環理論

ロードニキ（народники）は小市民的ラディカリズムの体系としてのナロードニチェストヴォ（人民主義）の支持者で，農村共同体を将来の社会主義の母体と考え，インテリゲンツィヤに社会進歩の原動力を期待した。

8) МихаилИвановичТуган-Барановский, *Промыщленныекрцзцсывсовременной Англии*, 1894. *Studien zur Theorie und Geschichte der Handelskrisen in England*, Jena, Gustav Fischer, 1901.
   （救仁郷繁訳『英国恐慌史論』ぺりかん社 1972年）
9) この書はA. H. Hansen が *Business Cycles and National Income* で独創的労作と賞賛したことが，T.W.ハチスンの『近代経済学説史』下巻，130頁の注にある。
10) МихаилИвановичТуган-Барановский, "Der Zusammenbruch der Kapitalistischen Wirtschaftsordnung," *Archiv für Sozialwissenschaft*, 1904.
11) Schumpeter, J. A., *History of Economic Analysis*, London, George Allen & Unwin Ltd., 1954.（東畑精一訳『経済分析の歴史』1～7 岩波書店 1960年 2370頁）
12) Spiethoff, A. A. C., "Vorbemerkungen zu einer Theorie der Überproduktion," *Schmollers Jahrbuch*, Bd.26, 1902.
13) Spiethoff, A. A. C., "Die Krisentheorien von M. v. Tugan-Baranowsky und L. Pohle," *Schmollers Jahrbuch*, Bd.27, 1903.
14) Spiethoff, A .A. C., "Krisen," *Handwörterbuch der Staatwissenschaften*, hrsg. von L. Elster, A. Weber, und F. Wieser, 4. Aufl., Bd.6, Jena, Gustav Fisher, 1925；"Business Cycles," translated by J. Kahane, *International Economic Papers*, No.3, London Macmillan, 1953.（望月敬之訳『景気理論』三省堂 1936年）
15) 小原敬士訳『有閑階級の理論』岩波文庫 1961年。
16) 稲森佳夫訳『企業の理論』南北書院 1931年。
    小原敬士訳『企業の理論』勁草書房 1961年。
17) 宇沢弘文『ヴェブレン』岩波書店 2000年。
18) 大恐慌直前のやや豊かな懐かしい時代の社会様相は，G.C.アレン著・藤久ミネ訳『オンリーイエスタデイ』筑摩書房，1993年の中に生き生きと描かれている。
19) Veblen, T. B., *The Engineers and the Price System*, New York, Viking Press, 1922.（小原敬士訳『技術者と価格体制』未来社 1962年）
20) *The Theory of Business Enterprise*, New York, Scribner's Sons, 1st ed., 1904, 2nd ed., 1932, Mentor Book ed., 1958, p.183.（小原敬士訳『企業の理論』146頁）
21) 篠原三代平『長期不況の謎をさぐる』勁草書房 1999年 98頁。
22) Schumpeter, J. A., *Das Wesen und der Hauptinhalt der theoretischen Nationalökonomie*, Leipzig, Duncker und Humblot, 1908.（木村健康・安井琢磨訳『理論経済学の本質と主要内容』日本評論社 1936年）
23) Schumpeter, J. A., *Theorie der wirtschaftlichen Entwicklung*, München und Humblot, 1. Aufl., 1912, 2. Aufl., 1926.（中山伊知郎・東畑精一訳『経済発展の理論』岩波書店 1937年）
24) Schumpeter, J. A., *Business Cycles：A Theoretical, Historical, and Statistical*

Analysis of Capitalist Process, 2 vols., New York, McGraw-Hill, 1939.（吉田昇三監修，金融経済研究所訳『景気循環論』有斐閣 1958－64年）
25) Schumpeter, J. A., "Epochen der Dogmen und Methodengeschichte," *Grundriβ der Sozialökonomik*, I. Abt., Tübingen, Mohr 1914, pp.19-124.（中山伊知郎・東畑精一訳『経済学史：学説ならびに方法の諸段階』岩波書店 1950年）
26) Schumpeter, J. A., *Vergangenheit und Zukunft der Sozialwissenschaften*, Schriften der Sozialwissenschaftlichen Akademischen Vereins in Czernowitz, Heft 7, München und Leipzig, Duncker und Humblot, 1905.（玉野井芳郎監修訳『社会科学の過去と未来』ダイヤモンド社，昭和47年）
27) Schumpeter, J. A., *Die Krise des Steuerstaates*, Graz und Leipzig, Leuschner und Lubensky, 1918.（木村元一訳『租税国家の危機』勁草書房 1951年）
28) Schumpeter, J. A., "Zur Soziologie der Imperialismus," *Archiv für Sozialwissenschaft und Sozialpolitik*, Bd. 46, 1919.（都留重人訳『帝国主義と社会階級』岩波書店 1956年）
29) Schumpeter, J. A., *History of Economic Analysis*, New York, Oxford University Press, 1954.（東畑精一訳『経済分析の歴史』全7冊，岩波書店 1955－62年）
30) Schumpeter, J. A., *Capitalism, Socialism and Democracy*, New York, Harper, 1st ed., 1942, 3rd ed., 1950.（中山伊知郎・東畑精一訳『資本主義・社会主義・民主主義』全3冊，東洋経済新報社 1951－52年）
31) Schumpeter, J. A., *Das Wesen des Geldes*, Aus dem Nachlaß herausgeben und mit einer Einführung versehen von F. K. Mann, Göttingen, Vandenhoeck und Ruprecht, 1970.
32) Schumpeter, J. A., "Historical Approach to the Analysis of Business Cycles," *Conference on Business Cycles*, New York, NBER, 1949.
33) Schumpeter, J. A., "The Explanation of Business Cycle," *Economica*, Vol.7, 1927.
34) Schumpeter, J. A., "The Instability of capitalism," *Economic Journal*, Vol.38, 1928.
35) Hilferding, R., *Das Finanzkapital*, 1910.（岡崎次郎訳『金融資本論』全3冊，岩波文庫 1955－56年，林要訳『金融資本論』全2冊，国民文庫 1961年）
36) Hilferding, R., Böhm-Bawerks Marx-Kritik, 1904.（塚本三吉訳『労働価値説の擁護』改造文庫 1930年，玉野井芳郎・石垣博美訳「ベーム・バウェルクのマルクス批判」同訳『マルクス経済学研究』法政大学出版局 1955年，さらに*Neue Zeit*に掲載された6編の論文も翻訳所収されている。）

第10章　貨幣的景気循環理論

1　累積過程への途

　景気循環学説の中で，圧倒的勢力をもつパラダイムが貨幣的景気循環理論で，物価を分析の中心におく理論から次第にＧＤＰや雇用水準，利子を中心とするアプローチへと変化した。この動向は，近年の景気循環モデルへの転換を促しながら，新ウィクセル学派の累積過程論とオーストリア学派の利子率系理論とが成立する道程でもある。それぞれの発展を人とともに辿ろう。

❶　Irving Fisherの物価分析

　アービング・フィッシャーはアメリカの近代経済理論の開拓者で，指導的な経済学者・統計学者である。イェール大学で学び，1898年からイェール大学教授となり68歳まで37年間その職にいた。1935年以後は引退し12年間の晩年期は静かに過ごした。数理経済学と周辺問題に理論的関心を集中させ，物価問題の対策に実践的関心をもった。記念碑的処女作 *Mathematical Investigations in the Theory of Value and Prices*, 1892.[1] は，効用関数を無差別曲線による分析で解明し，アメリカで初めて一般均衡論の定式化を成功させた。さらにこれを拡延した *The Nature of Capital and Income*, 1906.[2] では近代所得理論の基礎を切り開いた。

　代表作 *The Rate of Interest*, 1907.[3] および改訂版，*The Theory of Interest*, 1930.[4] では，時間選好要因と投資機会要因とによる利子率決定理論を構築し，利子率と限界費用超過収益率（資本の限界効率）とによって投資決定理論を提示した。物価問題については *The Purchasing Power of Money*, 1911.[5] で交換方程式による貨幣数量説を展開し，*The Making of Index Numbers*, 1922. では物価指数の理想算式を創案した。さらに，*Stabilizing the Dollar*, 1920. や *100% Money*, 1935. ではドルの安定策，補正ドル方策などを提唱した。

実質と名目に絡む問題は，*The Money Illusions*, 1928.[6)] で，景気循環については *Booms and Depressions*, 1932. や *Stable Money*, 1934. で分析している。
　景気は交換方程式の攪乱によって発生する。交換方程式は次式である。P は物価指数，T は取引数量，M は貨幣数量，M' は預金通貨数量，V は貨幣の流通速度，V' は預金通貨の流通速度である。

$$PT = MV + M'V'$$

フィッシャー版の貨幣数量説と呼ばれる交換方程式は，安定的な均衡が崩れて，次の均衡に至る過渡期過程で M と M' との関係が壊れて景気を発生させる。崩壊の原因は利子率の特殊な運動である。貨幣錯覚によって，好況時の物価騰貴，不況時の物価下落の状況で利子率の調整は緩慢で適正性に欠ける。
　貨幣供給により物価が騰貴する時，利子率はなかなか上昇しないので，利潤は増加する。投資機会は増大し，投資は費用を超過する収入の率（rate of return over cost）が利子率を超えている限り増え続ける。貸付増加により M と M' との適正なバランスは崩れ物価騰貴はさらに激化する。やがて貸付資本は枯渇し貸付は困難になり，利子率もようやく暴騰する。利潤は急減し投資機会も消滅する。物価の動きは反転して低落に転じる。これが，恐慌である。物価低落の後追いをしながら利子率も低落し，M と M' との適正比率が回復されて，不景気は終わる。
　投資機会，貸付資本需給，時間選好は三つ巴で市場利子率に影響するが，市場利子率の調整にはラグと貨幣錯覚による不適正性が避けられず，これによって景気は回転する。資本の均衡理論を開拓したI.フィッシャーは景気循環の解明には届かなかったが，資本理論の発展に必要なすべての理論を揺籃に収めてK.ウィクセルの方向付けに委ねたことが評価されている。

　❷　Johan Gustaf Knut Wicksellの累積過程

　スウェーデン学派の先駆者クヌート・ウィクセルは1851年にスウェーデンのストックホルムに生まれ，ウプサラ大学で数学を学んだ。学生時代から急進的社会思想家として知られ，人口問題や貧困問題への関心から1885年に経済学に転じ，その後の5カ年間をイギリス，フランス，ドイツ，オーストリアに留学

第10章　貨幣的景気循環理論

した。1889年の春にボェーム・バヴェルクの『資本の積極理論』に出会い，経済学への本格的取組みを決心した。1893年に処女作『価値・資本および地代』[7]を公刊した。この書ではL.ワルラスの一般均衡論にボェーム・バヴェルクの資本論を組み込もうと試みながら，分配の限界生産力説を創始し，資本の限界生産力と利子率との不一致を明らかにして資本の特異性を主張した。1893年の主著『金利と物価』[8]は貨幣的経済理論という新分野を開拓し，累積過程の理論を提示する記念碑的論考となった。実物資本の貸付に関わる自然利子率と貨幣資本の貸付に関わる貨幣利子率との乖離が貯蓄・投資の均等を破り，物価変動を引き起こして好況・不況の累積過程を生み出すと解明した。1895年に「租税負担の理論」[9]で経済学博士の学位を獲得し，ウプサラ大学講師，ルンド大学准教授を務め，1904年に正教授となり1916年に停年退職した。

1908年57歳の時には正教派の宗教感情を損ねて禁錮刑に処せられたほど熱烈で率直な社会悪への抵抗者となり，言論と宗教の自由，個人の平等を主唱した。引退後も旺盛な研究を展開し，高度の理論的抽象に留まらざるを得なかった自身の経済学を後悔した。「歴史を学べ，経済生活の発展を学べ」とアドバイスしたと伝えられている。講師時代の『財政理論研究』（1896年）や人口論，租税論，為替論などの分野の諸論考を集大成した『国民経済学講義』[10]二巻（1913～22年）も死後に大きな注目を浴び，世界的名声を博した。

K.ウィクセルの『金利と物価』は貨幣利子率と貯蓄・投資関係，貨幣利子率と物価，さらに経済全般との動学的関連を解明した画期的業績で，オーストリア学派の貨幣的景気理論を創始した。他方ストックホルム学派（北欧学派）の貨幣論伝統を確立するとともに，J. M. Keynesにいたるウィクセル・コネクションを生み出した。

K.ウィクセルの景気理論は1907年の論考「景気循環の謎」[11]においても論じられ，過剰投資説に分類されている。

利子率には自然利子率（正常利子率）と貨幣利子率（市場利子率，あるいは金利）とがある。自然利子率は実物資本の限界生産力であり，貨幣利子率は現実の資金貸借利子率である。均衡状態において，2つの利子率が均等である限り，貯

蓄と投資とは均等し貨幣の中立性が維持されて物価は安定する。

　これらの利子率が乖離し，自然利子率が高くなると，信用創造が拡大し投資機会も増大し，生産過程の迂回化が強化される。生産財部門の拡大により消費財部門では消費財価格が騰貴し，やがて生産財価格も騰貴する。全般的な物価騰貴と利潤増加の期待は，この経済動向を相当期間持続させ累積的な進行過程を示し，好景気の上昇運動となる。

　逆の場合の攪乱現象は正反対である。貨幣利子率が高まると，資金需要は減少するため信用創造は収縮し，生産財の収益価値は低落しているので投資機会も少なくなる。生産の迂回化は衰退し，実物資本の収益価値も低落する。生産財価格の下落がやがて消費財価格の下落も引き起こし，物価下落と利潤減少の期待が累積的に進行し，不景気の下降運動となる。

　『国民経済学講義』では「さらに深化した研究は，経済学の全領域においてなお最も暗い領域，すなわち景気循環および恐慌の理論に多くの光をおそらく投じるであろう」と述べている[12]。

　K.ウィクセルの累積過程（kumulativer Prozess）理論は貨幣数量説を批判し，物価安定の条件を生産活動全域に求め，期待を導入した過程分析の方法を創始した。オーストリア学派の貨幣的景気論や北欧学派の期間分析は，ウィクセル理論から大きな影響を受けている。

❸　J.M.ケインズの『貨幣論』[13]

　John Maynard Keynesは『ケインズ全集』はじめ，個々の著作について多くの研究と解釈とを注ぎ込まれた不世出の経済学者である。出生からエピソードまでその華やかな人生を彩って余りある。

　J.M.ケインズは1883年6月5日に英国ケンブリッジのハーヴェイ・ロード6番地に生まれた。父John Neville Keynesはケンブリッジ大学で経済学と論理学を講じるフェローであり，母Florence Ada Keynesは文筆活動をする傍らで，晩年ケンブリッジ市長も務めた人である。2男1女の長男として生まれた。

　ケンブリッジのハーヴェイ・ロードにあったケインズ邸はヴィクトリア期の

第10章　貨幣的景気循環理論

中産階級の華やかな社交の場であり，文人墨客，哲学者，芸術家などが集い，思春期のメイナードに多大な影響を及ぼした。生涯のエリート崇拝主義を「ハーヴェイ・ロードの前提」と呼んでいる。イートン校時代，数学賞を得たのを契機にケンブリッジ大学キングズ・カレッジ数学科に進み1905年に卒業した。1905年の数学優等試験の成績は24人中の12番である。才能に溺れて努力しなかったためである。この時，数学は自分に適した学問ではないと悟り，数学者として大学に残ることを断念した。文官試験のため経済学を学び，1906年合格し，1906年から1908年までインド省に勤務しながら，確率論と貨幣論を研究した。1908年A.マーシャルの個人的好意による尽力でキングズ・カレッジの奨学金を得て翌年フェローに就任した。1909年には「指数論」The Method of Index Numbersでアダム・スミス賞を受けている。A.マーシャルの好意については，幼少期に父の友人であったマーシャル教授家によく出入りしていたメイナードが，特にマーシャル夫人Mary Paleyに可愛がられたという経緯もある。

　ケンブリッジ大学の学生時代に所属した「The Society」はメイナードの一生の思想を基礎づけた交友関係である。これは学生の中で特に知性の優れた者を集めた1820年代から続く内密の会で，外部から「The Apostles」（使徒の会）と呼ばれ，1903年に加わっている。この交友関係は卒業後，「Bloomsbury group」に発展して，英国20世紀の芸術運動の一翼を担うことになった。彼は，この会で出会ったGeorge Edward Mooreの知性尊重主義思想に深く傾倒していった。功利主義哲学から分析哲学へと思潮は過渡期にさしかかり，19世紀の道徳観や人間観は批判的に捨て去られつつあった。理性と知性の認めるものだけが残った。

　フェロー就任後ケンブリッジ大学で金融論を担当し，1913年の著書*Indian Currency and Finance*, London, Macmillanが機縁となって通貨問題に関わることになり，第一次世界大戦勃発とともに1915年から1919年まで大蔵省に勤務し同盟国間の金融問題を担当することになった。パリ講和会議では大蔵省主席代表・大蔵大臣代理を務め，連合国の対独賠償要求の天文学的数字に反対した。この反対は実らずヴェルサイユ講和条約調印直後に辞任し，これを批判して

The Economic Consequences of the Peace, London, macmillan, 1919. を上梓した。

　1925年ディアギレフ・バレー団のプリマドンナ，ロシア人リディア・ロポコヴァ（Lidya Lopokova）と結婚した。メイナード42歳，リディアは再婚である。コンドラチェフともロンドンで会談し，ロシア景気研究所の研究成果についても熟知していたと推測される。ロシア文献への精通にはリディアの貢献が窺える。1927年頃から執筆し始めた大著『貨幣論』は1930年に公刊された。メイナードの景気理論はこの書によって確立された。その後マクミラン委員会の委員として大恐慌下のイギリス金融問題と失業について論じた。1929年のウォール街から発した大恐慌に直面し，当時，ケンブリッジ大学の財務担当としてこの時の株価大暴落に巻き込まれずに大学財務を再建したことは，良く知られている。

　委員会におけるA.C.ピグーとの論争から，次第にA.マーシャル的新古典派経済理論へ疑問を深め，新古典派雇用理論を批判して1936年主著 *The General Theory of Employment, Interest and Money*, London, Macmillan. を発表し，近代経済学史上未曾有の大革命をもたらした。この理論的大変革は「ケインズ革命」と呼ばれる。大恐慌に対する積極的経済対策としてケインズ政策の名で知られる「公共投資政策」は大恐慌下のアメリカで，F.D.ローズヴェルト大統領のＴＶＡが知られている。ローズヴェルトとケインズは短い会談をしているが，「大統領があのように経済学に疎い人とは思わなかった」というケインズの述懐が残されている。第二次世界大戦中は1940年大蔵省顧問となって努力し，1941年イングランド銀行理事，1942年6月には貴族ティルトン卿に叙せられた。1944年にはイギリス代表団を率いてブレトン・ウッズにおける連合諸国通貨会議に臨み，1945年国際通貨基金および国際復興開発銀行総裁に就任し，翌年の設立総会に出席した。帰国して2週間後の1946年4月21日サセックス州ティルトンの山荘で心臓麻痺のため急逝した。享年62歳であった。

　分析哲学から「合成の誤謬」を継承し，功利主義哲学批判から不確実性社会の着想を得た。所有と経営の分離が進む資本主義観と大衆心理の期待形成を含

みこんだ「新しい経済学」の生成は，現代経済学の枢軸的理論として，その後彫琢と拡充を加えられている。

景気循環については不朽の名著『貨幣論』の中で，次式で示される物価方程式を中心にして展開されている。

$$\pi = \frac{E}{O} + \frac{I-S}{O}$$

π は一般物価水準，O はある期間の社会の生産量，E は社会の貨幣所得，I は新投資の価値，S は個々人の貨幣所得と経常消費への貨幣支出との差額である。

この式から，O を両辺にかけて変形すると

$$\pi O = E + (I-S)$$

生産物の総価値は生産費総額に投資と貯蓄との差額を加えたものである。この物価方程式は，極めて単純化された前提で組み立てられている。社会では一定の組成の生産物バスケット，あるいは単一財が生産されており，物価水準の安定は E，O，$(I-S)$ の安定によって実現する。

安定は，銀行利子率の操作によって達成可能となる。景気循環は $(I-S)$ を変動させる利潤インフレーションと E を変動させる所得インフレーションとを伴う。E は貨幣賃金率 W と雇用量 N の積で置換されるのでこれらの両変数によって変化する。N の変化は人口成長により，O の変化は技術進歩と資本ストックの増減によってもたらされる。過剰投資は銀行の信用創造によって実現し，海外発展による投資機会の増加は景気循環の発端となり得る。この投資機会は次第に狭隘になり，資本主義は慢性的停滞と不況に悩むことになる。

2　利子率中心論

1930年代のオーストリア学派（ウィーン学派）のミーゼス，ハイエク，レプケ，ストリーグル，ロビンズ，ハーバラーやケンブリッジ学派のホートリー，ケインズ，ハンセン，サミュエルソン，ヒックス，ハロッド等の所説は利子率を中心に置きながら景気循環の貨幣的理論を彫琢していった一群として解釈できる。

ケインズ以後は動学理論への転換を予知しながら,モデルによる理論的解明を目指す現代理論の基礎を形成する過程であった。ここでは,ミーゼス,ハイエク,ストリーグル,ロビンズ,ハーバラー,ホートリー,ケインズ,ハンセンまでを取り上げる。その後は次章に委ねる。

❶　Friedrich August von Hayek の貨幣的過剰投資説

オーストリア学派の巨星F. A. vonハイエクは,1899年5月8日ウィーンに生まれた。父Augustは内科医で,後にウィーン大学植物学教授を務め,母はFelicitas Juraschek Hayekである。フリードリッヒは三人兄弟の長男で,弟達はそれぞれウィーン大学解剖学教授,インスブルック大学化学教授となった。

フリードリッヒはウィーン大学卒業後オーストリアの官吏となり,1927年からオーストリア景気研究所所長に就任し4年間その職を務めながら,1929年にはウィーン大学講師も兼務した。1931年,ロンドン大学客員教授に就任し渡英した。その後引き続きロンドン大学の正教授として1950年までを過ごした。1950年にシカゴ大学教授となって渡米し,アメリカ自由主義経済学の中心的存在となった。1962年に西ドイツのフライブルク大学教授に転じて1970年までオーストリア学派の正統後継者として論陣を張った。1974年にはG.ミュルダールとともにノーベル経済学賞を受賞した。受賞講演は「知識のみせかけ」である。1992年3月23日フライブルクで92歳の生涯を閉じた。古典的自由主義の伝統にとって,またオーストリア学派の経済学にとっても主導的な存在であった。

第2次世界大戦以前(〜1939年)は,オーストリア学派の第3世代の俊秀として貨幣的景気理論や中立貨幣論を展開し,経済的自由主義者として活躍した。第2次世界大戦(1939年〜1945年)の頃から社会哲学に関心を移し,1947年には国際的な自由主義者団体であるMont Pelerin Societyを39人の自由主義経済学者とともに創立し,初代会長となって新自由主義の指導者として活発な言論活動を展開した。20世紀最大の思想家としても評価されている。このモン・ペルラン協会は現在4,000人以上の会員を擁している。

景気循環現象は永年にわたってハイエクの関心を惹きつけたテーマである。まず *Geldtheorie und Konjunkturtheorie*, 1929[14] において景気循環の主因とし

て貨幣的要因を究明した。次いで，*Prices and Production*, 1931, 2nd ed., 1935 [15] においては景気循環を構成する実物生産構造の継起的変化の分析に向かい，景気理論のコンパクトな体系を構築した。さらに，理論の彫琢は*Profit, Interest and Investment*, 1939 [16] においてもなされ，実質賃金の低下による迂回過程短縮化の「リカード効果」を導入して理論的修正を図っている。生産構造の問題は，*The Pure Theory of Capital*, 1941 [17] で論及を深めている。

　好況は生産構造の迂回化であり，不況はその短縮化である。信用創造の増加によって生産財需要が増大すると，生産財価格と消費財価格との格差が発生し消費財需要を減じることなく生産財生産の拡張が進展する。生存基本量が社会的に所与で制約するために消費財価格が騰貴し始め，生産財価格の騰貴を超えると生産構造は短縮化し始める。景気は転換して不況となる。

　景気の安定には，貨幣の中立性を維持することが必要である。成長経済において生産性上昇に基づく生産量の増加があっても，貨幣量を原則として不変に維持すれば物価は下落し，実質賃金，実質所得は上昇して調整される。このような安定化が望ましいと主張した。

❷　Wilhelm Röpkeの貨幣的過剰投資説

　ウィルヘルム・レプケはドイツの経済学者，社会学者である。1899年に王宮都市ツェレ近傍のシュヴァルムシュテートの田舎医者の息子として生まれた。6歳〜9歳の民衆初等学校時代の不毛な教育を埋めるために13歳までの5年間はヨハネス・シャーデの私塾で学び，少年期の知的基盤を十全なものとした。2年の飛び級を実行して中等教育を王立ギムナジウムで受けた。1917年ゲッティンゲン大学に入学し，法学と国家学を学んでいたが，冬学期直前に応召され士官候補生として軍務についた。翌年3月カーンブレの戦闘で負傷し，11月にようやくゲッティンゲン大学で勉学を再開できた。1919年にチュービンゲン大学に移り，冬学期にはマールブルク大学に移った。ドイツでは学生登録を自由にどの大学にもできる。マールブルク大学は有数の伝統校で，建学400年を経て当時2,000人の在学生がいた。レプケは1921年に歴史学派のトレルチ（L. E. Walter Troeltsch）教授のもとで学位論文「ドイツ・カリ鉱業における作業能率

―ハノーファー・カリ鉱業を中心に―」をまとめ「最優秀」の評価を得た。1922年には早くも教授資格論文『景気変動』を提出し，夏にはマールブルク大学の私講師に加えられたが，直後にベルリンの外務省から賠償問題検討委員会委員の委嘱を受け，1922年末にベルリンに赴くまでこの地にいた。その後グラーツ大学，イェナ大学の教授を務めた。1933年ナチスの支配に反抗してドイツを去ってトルコに亡命しイスタンブール大学に身を寄せた。ケマル・パシャによる青年トルコ党革命が取組む大学改革の担い手として招聘を受けたからである。

　レプケの三部作はこのイスタンブール時代に構想された。1937年以降ジュネーブ大学国際問題大学院の教授に就任し，戦後1950年に西ドイツ政府経済顧問となった。1961年3月～4月には来日して「自由社会における経済秩序」「世界秩序と世界経済」「計画経済と自由経済」などの論題で数度の講演をしている。1966年67歳の生涯を閉じた[18]。

　人間中心の自由主義を標榜し，その自由主義は戦後の西ドイツの経済復興の指導理念となった。指令経済を本質とし現代社会を脅かす国家管理型の集産主義（Kollektivismus）を排撃した。超歴史的要因である市場経済の秩序原則を発揚する経済人道主義（第3の道）に向かうことが理想であると説いた。

　レプケの景気理論は貨幣的過剰投資説として分類される。1922年の教授資格論文[19]「景気変動」の論考によると，景気変動の主因は需要の価格弾力性が相違しているという経済的要素である。技術進歩に伴い生産の迂回化が拡大すると，生産財の比重が大きくなり，生産財需要の変動が景気動向を規定するようになる。

　各財の需要の価格弾力性は異なっているが生産財の弾力性は概して大きく，その需要変動が景気動向を決定する。さらに，景気動向には客観的要素の主観化，つまり社会心理の反映の場である証券取引所の株式相場動向が強く影響し，証券取引所の相場動向が景気先導役（primär）を果たす。この役割は景気の下方転換期には特に顕著である。社会の経済主体は総じて大衆心理への依存が高く，過剰生産と過剰投機を回避することは難しい。消費者も不安な大衆心理に

第10章　貨幣的景気循環理論

乗って異常な消費購買に走りやすく，景気に影響する変化を生じやすくする。投機と幻滅の交錯は景気波動を増幅する。

　レプケの景気理論は景気診断の必要性を説いて，診断から政府政策による治療としての景気政策を論じた異色の論考であった。景気政策は6ページの短い論及ながら，E.ツフトフェルト（Egon Tuchtfeldt）によって「現代景気政策の創始者のひとり」と称されるほどの熟慮の政策論の展開が見られる。景気政策の眼目は景気変動の平準化であり，今日の財政政策や支出政策を論じたわけではない。さらに社会主義体制のような人間による「経済機構の操舵」は拒否されている。このようなパラダイムから後の消費者民主主義論が生み出されることになる。これまでの理論的分類が正鵠を得ているかは幾分疑わしく思われる。心理説と分類できる内容がある。

❸　Ralph George Hawtreyの純粋貨幣説

　最も一貫的に貨幣的攪乱に景気循環の主因を求め続けた論者はラルフ・ジョージ・ホートリーである。景気変動の諸原因の研究と副題を付された *Good and Bad Trade : An Inquiry into the Causes of Trade Fluctuations*, London, Constable 1st ed., 1913, rep. ed., New York, Kelley, 1962.[20] がその立場を明確に示している。純粋貨幣説としてA.マーシャルの現金残高数量説[21]の流れを受け継いでいる。1930年代までの10冊以上の著書は金融と景気を主題としているが，その中で重要な著作は4著作 *Currency and Credit*[22], *Monetary Reconstruction*[23], *Trade and Credit*[24] 及び *Incomes and Money*[25] である。

　R.G.ホートリーは1879年にイギリスに生まれ，ケンブリッジ大学を卒業後，1903年から1945年まで海軍省ついで大蔵省に勤務した公務員である。その間1928-29にはハーバード大学で経済学を講じた。1946年から1948年には王立経済学会会長をつとめ，1947年から1952年には王立国際事情研究所教授，キャサム・ハウス教授を歴任した。1959年には母校トリニティ・カレッジの名誉フェローの地位に就いた。1975年に享年97歳で没した。

　「一頃，経済学者たちは貨幣と富とを同一視する誤謬から自分たちを守るこ

とに熱心であったが，そのために，経済諸現象における貨幣の影響を衒学的にほとんど無視してしまう誤謬に落ち込んでしまった」と主張した。

　不況は金融機関による貸出し利子率の引上げによって発生する。預貸率の緊縮を目論むこのような貸出し利子率の引上げは，在庫保有費用の増大に繋がるので，在庫減少が起こる。なぜならば，在庫は比較的容易に変化させることができるため，貸出し利子率の動きに感応的に反応できるからである。特に卸売業者は大量の借入資金を用いて事業を展開しているので，貸出し利子率の変化にはより鋭敏になる。したがって，貸出し利子率の引上げは，生産者への発注量を減少させ，これが生産量の削減や価格低下を強制する。全般的な借入需要が縮小すると，現金残高が減少し，購買力も減る。消費需要は減退し，在庫は増大する。在庫増加とともに生産者への発注はさらに減少し，銀行貸出しも一層減少する。終には失業が発生し，賃金率も下がる。卸売物価下落は消費者物価下落へと次第に波及し，不況は広範囲にわたって浸透する。

　不況の進展とともに，物価下落はやがて消費需要を増加へと転じさせ，卸売需要も増加に転じて，ようやく生産水準と雇用量の回復へと向かう。物価水準が低価格状態に留まっている間は借入需要が増加しない。次第に預貸率が回復して貸出し利子率も一般利潤率や自然利子率にまで引下げられていくが，依然として失業と遊休設備とが存続している。

　景気の底から好況への転換と浸透は，これらの逆の道筋を経過して進展する。金融機関の貸付利子率の引下げにより信用創造が増大すると，賃金支払いを通じて現金残高を増加させる。消費需要が増大し利子率感応的な在庫需要が増加する。生産発注が増えて生産が増大し，卸売物価の上昇から消費者物価の上昇へと波及する。これは消費者所得を増大させて購買力を増やす。こうして好況への累積的過程が進展する。しかし早晩，金融機関の流動性逼迫により貸出し利子率が上昇し，商品在庫の増加傾向が始まり景気は反転して後退の累積的過程を辿ることになる。

　R.G.ホートリーの純粋貨幣説は卸売と小売を含めて商人階級が経済体系内で圧倒的な決定的要所を占めている。景気循環は信用政策，銀行政策が導き，

賃金支払いと信用貨幣政策との間の長いtime-lagが金融機関の預貸率の均衡水準からの攪乱を余儀なくするために発生すると考えた。

R.G.ホートリーの体系において，総産出財（消費財・サービス・固定資本）への総有効需要は総貨幣所得であり，それは総生産費に他ならない。この均衡体系の中で所得と現金残高とは取引条件に応じて一定の関係があるが，諸条件の変化によりこの一定関係は変化し，均衡の攪乱が引き起こされる。

景気対策として公開市場操作による貨幣所得の増加を提唱した。また，『貧民法委員会の少数派報告書』[26]の中で，固定資本の創造に用いられたであろう貯蓄を投資市場からクラウディング・アウトしたとして，「景気対策としての公共事業政策を素気なく退けた」[27]ことは注目しなければならない。

❹　ハンセンの長期不況論

Alvin Harvey Hansenはアメリカ・ケインジアンの総帥である。1887年サウスダコタ州ヴィボーグに生まれた。1915年ウィスコンシン大学卒業後，1918年母校で博士号を受けている。その後，ミネソタ大学，スタンフォード大学などを経て，1937年から1956年までハーバード大学リタウワー行政大学院の教授を務めた。財政学，金融論，貨幣論，景気変動論などを講じ，国務省，ＦＲＢ，社会保障委員会等に関係して現実の経済政策の立案にも携わった。退任後も名誉教授として活発な学問的活動をし，1975年88歳で没した。

1930年代末に経済成熟・長期停滞の理論を提起して，内外の学界に大きな刺激を与えた。景気循環論に関しては，*Business Cycle Theory*, 1927. や*Fiscal Policy and Business Cycles*, 1941. 及び*Business Cycles and National Income*, 1951. がある。

A.H.ハンセンはJ.R.リグルマンの建築循環の研究を再評価し，詳細な大恐慌の研究を展開して，17年～20年周期の建築循環の影響を見出している。一般的には，ハンセンの景気理論は革新説に分類されるが，貨幣供給と景気循環との関連を分析し，近代貨幣論を構築しようと試みた*Monetary Theory and Fiscal Policy*, 1947. の論考は，高貯蓄率経済の貯蓄吸収のための公共支出の増加，投資刺激的租税政策を提唱している。

景気については三循環図式を採用し，主循環，小循環，建築循環の3波動を用いて複合的な景気動向を導出する。長期停滞を脱却するキー・ファクターは民間投資の起動的，能動的役割であり，それを動かす戦略変数としての利子率が重視されている。ケインズ理論の拡充発展系として当然な方向性を踏襲しながらも，人口増加率の逓減，フロンティアの消滅，依存消費による資源の浪費，技術革新の枯渇などにより，慢性的不況と大量の慢性的失業を抑制することは難しく，長期にわたる経済停滞を免れ得ないと論じた。この補整的投資政策は財政学の近代を刻す分水嶺となった。

　ハンセンの長期停滞論はその後，Harold Glenn Moultonの研究により実証的に批判され，George Terborghもフロンティア消滅が経済発展の阻害要因とは認められないし，技術進歩の枯渇は考えにくいと論じて，反証した。第二次世界大戦後のアメリカ経済の躍進の陰で長期停滞論は存在感を希薄にさせたものの，近年の主要先進経済には，再びこの理論の妥当する局面が長期にわたってみられるようになっている。

❺　ミーゼスの利子率乖離論

　Ludwig Edler von Misesは1881年にオーストリアのレンベルク（現在のロシア領ルヴォフ）に生まれた。ウィーン大学卒業後，母校の助手，助教授を務め1909-34年ウィーン商工会議所経済顧問を経て，1934-40年の6年間はジュネーブの高等国際研究総合研究所（Institut Universitaire de Hautes Études Internationales）教授となった。第二次世界大戦勃発後，1945年にアメリカに移住しニューヨーク大学大学院客員教授となり，46年に帰化した。1973年92歳で没した。

　主著『貨幣及び流通手段の理論』[28)]は，ボェーム・バヴェルク体系では不十分であった貨幣理論体系を完成させた。貨幣理論は交換理論であるという立場を確立し，限界効用論に立ちながら貨幣の歴史的連続性を重視した。K.ウィクセルの利子率理論を経済恐慌の分析に適用した注目すべき試みも評価されている。銀行の信用創造が生産構造に影響し，自然利子率と貸出し利子率との乖離，信用の不安定性による生産財価格と消費財価格の相対的変化を追求し，

第10章　貨幣的景気循環理論

ウィーン学派の流れを踏襲しながら貨幣的景気理論の発展に重大な役割を果たした。

景気循環は銀行の恣意的な信用創造によって発生すると断言し，景気循環を阻止するには金本位制が最善であることを力説した。

銀行家の信用創造は，実業家が利用できる新規資本を増加させ，長期的にも短期的にも実物利子率を下落させ好況を加速的に助長する。しかし，営利的な貸出し利子率の引上げは逆に不況を引き起こし深刻化させる。

第2の名著『人間行為』[29]は経済学をpraxeology（人間行為学）の上に体系づけている。交換論的諸問題は人間行為学から切り離すことはできないと主張し，人間行為の自由を維持できる市場経済が最善であるとして，計画経済への強烈な反対論陣を張った。

❻　ストリーグルの貨幣的過剰投資説

Richard Ritter von Striglは，1891年2月7日現在のチェコ共和国モラビアに生まれ，ウィーン大学で学んだ。後にオーストリア学派のL. vonミーゼスやJ.A.シュムペーターなどの有望な経済学者の一群を排出したボェーム・バヴェルクの私的セミナーに少壮気鋭の若者として参加を許された。第一次大戦後，1923年に中欧の諸大学の伝統的教授免許であるHabilitationを受け，1928年には特命教授資格を認められるまでになったが，実生活ではオーストリア失業保険庁の高官として生計をたてざるを得なかった。穏やかで洗練された聡明な人柄であり，体系的な説明と着実な議論に冴えをもっていたと伝えられている。

第一次大戦後ウィーン大学を卒業し，その後のウィーン学派を背負うことになる一群の経済学者達に主要な影響を及ぼした。1942年11月1日オーストリア・ハンガリー王国ウィーンで51歳の早すぎる生涯を閉じ病死した。ストリーグルの経済理論観は実証研究なしに純粋理論の探求が可能であると捉えたが，当時の歴史学派全盛期の大戦間期には受け入れられる土壌がなかった。ストリーグルの人生はドイツのウィーン侵攻以来ウィーン学派が辿らざるを得なかった宿命の縮図でもあった。

景気循環理論の面では，"Die Produktion unter dem Einfluss einer Kredit-expansion," *Schriften des Vereins für Sozialpolitik*, Vol.173, 1928. 及び*Kapital und Produktion*, Wien, Springer, 1934. によってNeo Wicksellian schoolに属する貨幣的景気論者として注目を浴びた。本質的には貨幣的過剰投資説であるが，強制貯蓄の存在を否定する特異な立場をとっている。遊休設備と失業が存在する不況期には，利子率下落によって刺激された資本財投資の増加による生産の迂回化があっても，消費の絶対量は減少しないケースがある。また，好況期の信用創造による消費財価格の上昇は地代や年金などの契約所得を減少させるが，強制貯蓄がなくても価格上昇による生産者利得の増加と自発的貯蓄の増大によって消費の絶対的減少が回避される場合も考えられる。

景気は消費の相対的な増加減少にかかわらず，投資の過熱によって進行する。その投資に刺激を与える戦略変数が利子率である。特に，不況の整合的な理論としてストリーグルの学説は現在においても高く評価されている。

好況が崩壊すると，銀行は信用拡張を停止し，併せて信用収縮に努めて資金回収に入る。貨幣は保蔵され不胎化された現金資金が増大する。その結果としてのデフレーションは投資の阻害要因として作用する。利潤率は貨幣利子率以下に低落し，信用喪失と悲観的将来期待が資本市場への資金流出を妨げる。投資の阻害と促進によって景気が回転することを示した点で貢献があった。

❼ ロビンズの貨幣的景気論

Lionel Charles Robbinsはイギリスの経済学者であり，特に経済学方法論[30]の分野で周知の新古典学派の泰斗である。反ケンブリッジの学風確立を図って，A.マーシャル，J.M.ケインズと激しく対立し，ロンドン経済大学（LSE）を大陸系のローザンヌ学派やオーストリア学派の伝統を汲む異色の移入拠点として特化させた。

ロビンズは1898年11月22日にミドルセックス州シンプソンで生まれ，1920年にロンドン・スクール・オブ・エコノミクス（LSE）に入学し，H.ラスキの指導下で政治学を修めた。後にE.キャナンとH.ダルトンに師事して経済学を学んだ。W.S.ジェボンズとP.H.ウィクスティードを信奉しL.ワルラス，V.パ

レート，E.F. vonボェーム・バヴェルク，K.ウィクセルらの影響を強く受けたが，当時イギリスで支配的なマーシャル派とは一線を画した。1923年にＬＳＥを卒業しW.H.ベヴァリッジの研究助手を務めながらオックスフォード大学New Courageの講師を兼務した。1925年にＬＳＥの教授となり1929年に経済学部長に就任した。1941年ウィンストン・チャーチル戦時内閣の内閣官房経済部門局長になり，戦時経済運営の舵取りをし，戦後計画の主導者としても活躍した。1943年のホット・スプリングス会議，1944年のブレトンウッズ会議のイギリス代表団となり，1945年には米英金融協定交渉に携わった。1945年に公務員を辞してＬＳＥに復帰し1961年に再度政府に参画するまで経済学部長として職責を果たした。1961年に高等教育委員会委員長に就任し1963年ロビンズ・レポートによって大学教育の拡大を提言し，1964年までこの任に留まった。1968年には大学拡充政策の一環として新設されたスターリング大学学長に就任した。

これより先，1959年には一代貴族に叙せられBaron Robbins（ロビンズ男爵）になった。1962-1967年ブリティッシュ・アカデミー会長，1968-74年ＬＳＥ理事会理事長を務め，1984年5月15日ロンドンで85歳の生涯を閉じた。

A.マーシャルの高弟A.C.ピグーの『厚生経済学』の基数的効用理論を論駁し，序数的効用理論の浸透に与った。ロビンズ以後のＬＳＥ伝統の中でJ.R.ヒックス，N.カルドア，A.P.ラーナーらの新厚生経済学の確立およびアメリカのP.A.サミュエルソンの消費選択理論への展開はロビンズ伝統の成果である。

1934年の *The Great Depression* はケインズ批判を意図した大恐慌分析であったが，ケインジアンの隆盛とともにロビンズ自身の影響力も弱体化していき，ロビンズの関心も経済学史分野に傾いていった[31]。

『大恐慌』では，先行するインフレーションがこの不況の直接原因であり，干渉排除により市場を自由に競争的にし，適切な修正に向かわせることが最善の対策であると論じている。すなわち，失業の存在は労働組合の独占力による高賃金要求によって発生したので，労働組合の干渉を排除して労働市場の自由な自動調整作用を復活させれば解消すると論じた。しかしながらこの見解はア

メリカ経済, イギリス経済の不況実態とは大きな懸隔があった。

　自然利子率と貸付利子率との乖離があれば, 過剰投資が発生し信用の拡大と収縮により, 生産過程の迂回が伸縮し景気は転換する。大恐慌期は先行するインフレにより消費財価格が騰貴し資本財に対する過剰投資に陥った。銀行からの現金流出が激増し貸付利子率が引き上げられて好況は恐慌へと逆転したと論じた。ロビンズの景気論はまさにオーストリア学派を髣髴させるものである。

❽　ハーバラーの総合と分類

　Gottfried von Haberlerは1900年7月20日にオーストリアのウィーンで生まれ, 1923年ウィーン大学学士, 1925年ウィーン大学博士号を取った。ウィーン大学では, F. vonヴィーザーとL.E. vonミーゼスに師事した。初著は指数理論に関する研究成果で1927年の *Der Sinn der Indexzahlen* である。1927年から2年に亘りロックフェラー財団の奨学金を得てイギリス, アメリカを遊学しロンドン大学, ハーバード大学で学んだ。1928年〜1932年の間はウィーン大学で講師として経済学と統計学を講じた。1932年にオーストリアを出国してハーバード大学の講師となり, 主著の労作 *Der international Handel*, 1933. を公刊した。1934年〜1936年ジュネーブの国際連盟金融財政部に勤務して, 景気変動理論の研究に専心した。その成果が名著 *Prosperity and Depression, A Theoretical Analysis of Cyclical Movements*, 1937.[32] である。この著作は国際連盟によって初版が刊行されて以来5次の改訂を経て, 景気循環理論の集大成といわれる名著になっている。1936年に招かれてアメリカに渡り, 1971年に退職するまでハーバード大学経済学部の教授を務めた。戦時中は連邦準備制度に協力して1943年にはワシントン連邦準備銀行と協働し政策立案に携わった。戦後は国際経済学会の初代会長になるなど広く学界の重鎮として活躍した。

　GATTからの委嘱により1958年に起草した「ハーバラー報告」は影響力の強い業績である。1971年退職後, ワシントンD.C.のアメリカ企業研究所の専任研究員となり, 1995年94歳で病没した。

　『景気変動論』は景気循環諸理論を解説し, その分析を通じて景気変動の諸原因と性質について優れた総合的説明を行った。オーストリア学派の出身では

第10章　貨幣的景気循環理論

あるが，自由貿易，変動為替相場，マネタリズムを支持し，乗数・加速度原理も取り入れ，ケインズ以前と以後の諸理論を架橋し，体系化する総合理論を構築していると見ることができる。

　景気変動は貨幣的な拡張と収縮により，インフレーションとデフレーションに悩まされながら，価格体系が不均衡に陥ることで転換し，継続する。経済社会を均衡安定に導く価格メカニズムの乱調が過剰投資を引き起こし，不均衡過程としての景気変動を継起させると説いて，貨幣的景気学説の一端を形成した。

【注】

1) Fisher, Irving, *Mathematical Investigations in the Theory of Value and Prices*, 1892, rev. ed., 1926. (久武雅夫訳『価値と価格の理論の数学的研究』裳華房 1933年)
2) Fisher, Irving, *The Nature of Capital and Income*, 1906. では，予想を導入した。
3) Fisher, Irving, *The Rate of Interest*, 1907. で時間選好が強調された。
4) Fisher, Irving, *TheTheory of Interest*, 1930. (気賀勘重・気賀健三訳『利子の理論』岩波書店 1935年)
5) Fisher, Irving, *The Purchasing Power of Money*, assisted by H. G. Brown, 1911. rev. ed., 1926. (金原賢之助・高城仙次郎訳『貨幣の購買力』改造社 1936年)
6) Fisher, Irving, *The Money Illusions*, 1928. (森川太郎訳『貨幣の幻覚』大同書院 1930年)
7) Wicksell, Johan Gustaf Knut, *Über Wert, Kapital und Rente*, 1893. (北野熊喜男訳『価値・資本及び地代』日本評論社 1937年)
8) Wicksell, Johan Gustaf Knut, *Geldzins und Güterpreise : Eine Studie über die den Tauschwert des Geldes bestimmenden Ursachen*, Jena, Gustav Fisher, 1898. (豊崎稔訳『金利と物価』高陽書院1937年／北野熊喜男・服部新一訳『利子と物価』日本評論社 1939年)
9) この論文は Wicksell, Johan Gustaf Knut, *Finanztheoretische Untersuchungen*, 1896. の第1編として用いられた。全3編から構成されるこの書は，『価値・資本及び地代』で展開された限界効用理論とL.ワルラスの一般均衡論，ボェーム・バヴェルクの資本論に基づく生産・分配理論を財政学の分野に適用しようとした野心的論考である。
10) Wicksell, Johan Gustaf Knut, *Vorlesungen über Nationalökonomie auf Grundlage des Marginalprinzipes*, 2 Bde., Jena, Gustav Fisher, 1913-22. (堀経夫・三谷友吉訳『国民経済学講義』高陽書院 1938-39年)
11) Wicksell, Johan Gustaf Knut, "Krisernas Gata," *Stats ø konomisk Tidsskrift*, 1907, translated by C. G. Uhr, "Enigma of Business Cycles," *International Economic Pa-*

pers, No.3, London, Macmillan, 1953.
12) Wicksell, Johan Gustaf Knut, *Vorlesungen über Nationalökonomie auf Grundlage des Marginalprinzipes*, 2 Bde., Jena, Gustav Fisher, 1913－22, 2 Bde., S.217ff.
13) Keynes, J. M., *A Treatise on Money*, 2 vols., 1930.（鬼頭仁三郎訳『貨幣論』同文館，1932－34年）
14) Hayek, F. A. von, *Geldtheorie und Konjunkturtheorie*, Hölder-Pichler-Tempsky A. G., Wien-Leipzig, 1929.（野口弘毅訳『景気と貨幣』森山書店 1935年）
15) Hayek, F. A. von, *Preise und Produktion*, Wien, Springer, 1931；*Prices and Production*, London, Routledge and Kegan Paul, 1st ed., 1931, 2nd ed., 1935.（豊崎稔訳『価格と生産』高陽書院 1939年）
16) Hayek, F. A. von, *Profit, Interest and Investment*, London, Routledge and Kegan Paul, 1939.（加藤寛・林直嗣・細野助博訳『利潤・利子および投資』『ハイエク全集 2』春秋社 1989年）
17) Hayek, F. A. von, *The Pure Theory of Capital*, London, Macmillan, 1941.（一谷藤一郎訳『資本の純粋理論』全2冊，実業之日本社 1944年，改訂版1952年）
18) 藤本建夫『ドイツ自由主義経済学の生誕——レプケと第三の道』ミネルヴァ書房 2008年．はレプケの経済学の解析的大著で重厚な研究集積を背景にした比類なき碩学の論考である。この書からレプケの生涯をたどった。
19) Röpke, W., *Die Konjunktur. Ein systematischer Versuch als Beitrag zur Morphologie der Verkehrswirtschaft*, Jena, 1922, S.V-Ⅶ.
20) R.G.ホートリーの分析は，銀行を欠く経済から始まり，信用，銀行政策および外国貿易を考慮する複雑化を施して進められる。景気循環の平準化は貨幣ストックの調整でなされることになる。
21) 現金残高数量説はケンブリッジ交換方程式として知られている所説である。A.マーシャルが創始しA.C.ピグーが交換方程式として$P=kR/M$，と定式化した。Pは小麦で測った通貨量kは即時的購買力として保有しようとする貨幣量の割合，Rは小麦で測った社会の全資力，Mは法貨単位数量である。J.M.ケインズは，$n=pk$を用いた。nは貨幣供給量，pは消費単位の価格，kは消費単位である。消費単位は標準的な年間諸消費財量である。更に$M=kY$と表現されて適正貨幣量の定式と解釈されるようにもなった。Mは貨幣供給量，kはマーシャルのk，YはＧＤＰである。
22) Hawtrey, R. G., *Currency and Credit*, London, Longmans, 1st ed., 1919, 4th ed., 1950.
23) Hawtrey, R. G., *Monetary Reconstruction*, London, Longmans, 1st ed., 1923, 2nd ed., 1926.
24) Hawtrey, R. G., *Trade and Credit*, London, Longmans, 1928.（経済同攻会訳『景気と信用』同文館，1931年）
25) Hawtrey, R. G., *Incomes and Money*, London, Longmans, 1967.
26) Hawtrey, R. G., *The Minority Report of the Poor Law Commission*, 1909, p.260.
27) Hutchison, T. W., *A Review of Economic Doctrines 1870－1929*, Oxford, The

Clarendon Press, 1953, p.397.（山田雄三・武藤光朗・長守善訳『近代経済学説史』下巻，東洋経済新報社，昭和45年，155頁）
28) Mises, L. E. von, *Theorie des Geldes und der Umlaufsmittel*, 1912, 2. Aufl., 1924. Translated by Baston, H. E., *The Theory of Money and Credit*, New York, 1935, new ed., 1953.（東米雄訳『貨幣および流通手段の理論』実業之日本社，昭和24年，日本経済評論社，1985年）
29) Mises, L. E. von, *Nationalökonomie. Theorie des Handelns und Wirtschaftens*, Genf Union, 1940, *Human Action : A Treatise on Economics*, Edinburgh, William Hodge, 1949.（村田稔雄訳『ヒューマン・アクション―人間行為の経済学』春秋社，2008年）
30) Robbins, L. C., *Essay on the Nature and Significance of Economic Science*, London, Macmillan, 1932.（辻六兵衛訳『経済学の本質と意義』東洋経済新報社 1957年）
31) Robbins, L. C., *The Great Depression*, London, Macmillan, 1934. 学説史分野では *Robert Torrens and the Evolution of Classical Economics*, 1958. および *Autobiography of an Economist*, 1971.（田中秀夫監訳『一経済学者の自伝』（自伝文庫）ミネルヴァ書房 2009年）が注目されている。
32) 松本達治・加藤寛・山本英太郎・笹原昭吾共訳『景気変動論』上・下，東洋経済新報社 1966年は1964年の第5版の翻訳である。

第11章　景気学説の科学的研究伝統

貨幣的な変動原因に基づく理論は，オーストリア学派の独擅場と見えるが，多くの学者の説く景気原因は複雑多岐にわたる。貨幣的側面の対岸には実物的側面があり，古典派の学説では，貨幣は実体経済のヴェールに過ぎないと捉えられた。貨幣がヴェールの域に留まらなくなった経済の深化は輻輳的な貨幣現象として景気を解明する方向へと碩学たちを誘ったが，他方では，相変わらず実体経済の動向が景気の本質であると考える守旧派もいた。本章では，様々な諸子百家の学説を科学的研究伝統[1]という視点から再検討し，現代に至る研究伝統の稜線を鳥瞰することにする。

1　過剰投資説

over-investment theoryと総称される系統は，消費財生産に対して生産手段を産出する資本財生産が過度に膨張して2部門経済の部門間不均衡を引き起こすことに景気変動の主因を求める学説である。F. A. von Hayekらの貨幣的過剰投資説，A. A. C. Spiethoff, G. Casselの非貨幣的過剰投資説，A. Aftalion, C. F. Bicherdike, J. M. Clark, R. F. Harrodの加速度原理がある。

①　貨幣的過剰投資説

ハイエクの三角形で馴染み深い迂回生産過程は資本主義的生産構造を示している。本源的生産要素に近い高次の生産段階から，最終消費財に近い低次の生産段階へと迂回しながら生産が進行する。迂回化は中間生産物の膨張をもたらす。ボェームの生存基本が内包されているので社会経済的資本と定義することもある。

各段階の生産期間を1年とし，次図に示すように，本源的生産要素Aの8単

位を投下して第Ⅰ段階の中間生産物8単位を生産する。第Ⅱ段階では，この8単位の中間生産物に本源的生産要素Bの8単位を投下して16単位の中間生産物が生産される。この生産構造によって40の最終消費財が生産される。

貨幣は本源的生産要素と逆に低次段階から高次段階へと流れ，消費財40，資本財（中間生産物）の総価値80の交換に使用される貨幣量は120である。生産の迂回度は資本財・消費財比率の2である。絶対的生産期間は5年で，平均生産期間は $\{(8\times5)+(8\times4)+(8\times3)+(8\times2)+8\}\div40=3$，で3年になる。

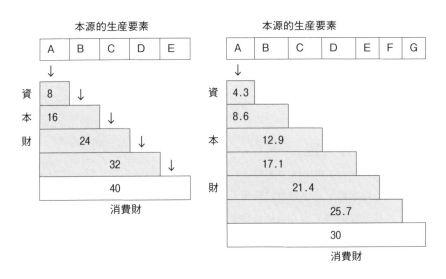

ここで，自発的な貯蓄により消費が30に減じ，貯蓄10が生産過程に投資されると生産過程の迂回度は増加し，資本深化になる。資本財は90，消費財は30，迂回度は3になり，使用貨幣量は120で変化はない。生産段階は6段階になるが，消費比率が変化しなければ，この均衡状態は安定的に継続できる。

自発的貯蓄ではなく，銀行の信用創造によってこの投資が賄われると資本財需要が増大し，消費財生産部門から資本財生産部門へ生産要素が吸引される。生産要素の価格は騰貴し，消費財生産は縮小する。迂回度が3であるためには

第11章　景気学説の科学的研究伝統

40の信用創造が必要であり，使用貨幣量は160に増加する。生産構造は下図のようになる。

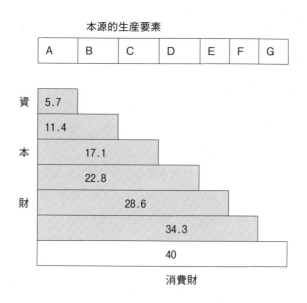

　40の貨幣を所有する消費者は貨幣量の25％を持つことになり，以前の状態からインフレによる強制的な消費水準の切り詰めを余儀なくされる。つまり，強制貯蓄を強いられる。好況は銀行の信用創造が拡大し続ける間は継続するが，貨幣利子率はやがて信用縮小に直面して均衡利子率を下回ることが困難となり，合わせて消費財部門の相対的な有利さが生産要素の部門間移動を加速させ資本財部門の生産構造の崩壊を引き起こす。これが恐慌である。生産構造の再編成と再安定化への期間が景気沈滞期である[2]。

　迂回生産過程は，資本深化，資本浅化（capital shallowing），資本拡張，資本縮小の圧力の中で最適生産構造を模索して，迂回度を変化させる。コンチェルティナ（手風琴）効果が作用する。これらの伸縮変化を強制する元凶が，マネーサプライの変化，あるいは信用創造の増減である。

② 非貨幣的過剰投資説

G.カッセル，トゥガン・バラノフスキー，Arthur August Casparシュピートホフは，過剰投資説の典型的な提唱者である。彼らの所説では，間接消費財産業への過大な資本投下が景気交替現象の究極的原因である。間接消費財産業とは，鉄や石炭，セメント，木材のような，固定資本設備の生産のための生産財を産出する産業である。この所説は不比例説 disproportionality theory とも呼ばれているように，一般化された隘路説である。均斉的投資が，必要な資本財に投下されない場合は，一部の資本財が不足し，更なる景気拡大のボトルネックとなるので投資恐慌が発生する。

シュピートホフの分析では，技術革新のような新しい投資機会の発生により，間接消費財（基礎的原材料）産業と収益財（工場設備，機械，鉄道，発電所のような固定資本設備）への資本の過剰投下が景気交替現象の核心とされた。不況期には，資本投下減退，鉄消費・鉄生産・貸付利子の低下が発生する。景気上昇初期には，これらの間接消費財部門と収益財産業部門の減退は止まり，微弱な上昇運動が開始される。本格的な好況期には資本投下，特に株式投下は激増し，鉄消費は最高潮に近づく。加熱期から絶頂期には鉄消費は最高水準を突破し，貸付利子率水準は騰貴する。資本欠乏と資本調達の困難が顕在化し，貸付利子率の高騰で株式相場は沈滞に転じる。鉄消費も沈衰し住宅建設は減少する。終に，恐慌に至ると信用は崩壊し，支払い停止が頻発し景気は不況へと転落する。

信用崩壊は不況期の留保遊休資金の枯渇による。好況絶頂期に労働力と消費財の不足が起こり，膨張した資本財の完全利用が不可能となり，賃金率高騰と貯蓄率の低下は営利資本の不足となって資本欠乏を現出させる。さらに消費財価格の高騰は生産諸要素の逃避と消費財産業部門への移動を促す。不況の底では賃金，原材料価格の低落により，新投資が促されて回復過程へと向かうことになる。

③ 加速度原理

加速度（acceleration）は，速度の変化分のことである。投資需要は生産量と

第11章　景気学説の科学的研究伝統

いう速度にではなく，その変化である加速度に依存すると定式化する理論が加速度原理である。

　一日に10台の車を創る生産設備ラインが10あれば，一日の生産量は100台であり，これらのラインの耐用年数が10年であれば，一年あたりの設備投資は，10％の補填投資（更新投資）だけの1ラインで恒常的に推移する。過剰投資の可能性はない。

　車に対する消費需要が10％増大すると，一日の生産量も110台にしなければならないが，その増加分に投資決意が反応すると，その年の設備投資は2ラインとなり，100％の投資増大が発生する。更新投資1ラインと新投資1ラインが必要になるからである。ラインの設置にかかわる誘発需要も2倍になり，経済体系は好況に突入する。消費需要の変化よりも遙かに大きな変化が投資需要に引き起こされるという命題が加速度原理（acceleration principle）である。新投資と消費需要の増加分との比率が加速度係数である。この場合は10％の変化が新投資100％を引き起こすので，10である。

　速度と加速度の間には $V = V_0 + \beta t$ の関係があるので，加速度係数 β と時間 t の積の分だけ速度 V は初速度 V_0 から増大する。すなわち，消費需要が10％ずつ増え続けるならば5年後には10の生産設備ラインは60にまで拡大し，年生産量は36,500台から219,000台になり，消費増大は年58,784台にまで拡大する。明らかな過剰投資が存在する。新投資は調整されて減退し不況が到来する。

　加速度原理が明示的に定式化されたのは，J.M.クラークの1917年の論文であるが[3]，この原理を景気の転換点の解明に用いたT.N.カーバーの小論は重要な貢献である[4]。消費財価格の騰貴を端緒として，それによる利潤増加があると投資財価格は高騰する。この「価値の法則」によって好況時の過剰投資が発生し，累積的過程は「生産財の新しいストックが増大させた消費財流出が市場に現れはじめるまでは存在しない」という断言が注目された。

　この理論的系譜はL. A. Bickerdike, A. Aftalion, M. Bouniatian, M. Fannoらの理論群を辿っている。その後J. M. Clark, S. Kuznets, A. C. Pigou, R. F. Harrod, らが本格的に景気変動理論の枢要要因に据え，W. C. Mitchell, D. H.

Robertson, A. Spiethoffらの景気理論においては寄与要因として循環の説明に加えられた。

2 過少消費説

おそらく，経済学の歴史と共に古い学説がunder-consumption theoryである。T. R. Malthus, J. C. L. Sismondi, K. Mark, J. A. Hobson, P. M. Sweezyに至る多様なバリエーションを内包する学説であるが，共通する論点は，国民所得の一部が貯蓄され最終消費財需要が不足するために一般的過剰生産が不可避となり景気が交替するという主張である。

J.A.ホブソンは，*The Evolution of Modern Capitalism*, 1894. において資本主義体制の根本的な欠陥として，所得分配の歪みを指摘し，これによって過少消費が恐慌を引き起こすと論じた[5]。

アメリカ・マルクス主義者P.M.スウィージーの分析では，資本家行動に景気の原因を帰している。すなわち，資本家は富裕になろうとする欲望をもち，利潤の蓄積を選好して個人消費を抑制する傾向があり，蓄積から逓増的に投資し，逓減的に賃金に分配する。さらに労働節約的な生産様式の採用へと向かう。

結果として賃金と消費は投資に比べて増加率が低くなる。他方で，生産過程の技術的な規定関係から一定の消費財増加率・投資増加率の比率が存在する。

現実増加率と規定的増加率との乖離による内在的傾向として過少消費が発生する。要するに，資本家階級の搾取により労働者階級の賃金と消費は均衡水準を下回り，資本家階級に委ねられた剰余価値の分配分は搾取されて減少した消費を満たすほどには消費に回らないために，国民経済全体の一般的過少消費が存在することになる[6]。

恐慌の唯一の恒久的な救済策は社会改良によって階級対立を止揚し，労働者階級を搾取から解放することである。

3 新機軸説

Innovation theoryは20世紀の巨星，J.A.シュムペーターの理論である。

第11章　景気学説の科学的研究伝統

1939年の大著『景気循環論』は，安定とは遠い革新的変化と飛躍，模倣的沈滞と収縮という光と影に満ちた資本主義の歴史を絵巻物語のように描き出している。

　資本主義経済の発展過程は，均衡から均衡への遷移であり，まず銀行の信用創造による貸付によって融資を受けた革新的企業家が新結合を実行することで開始される。企業家の新機軸は，技術革新，生産組織の改善，新生産物の発明，新販路開拓などによる新結合の遂行であり，ある時期に群起する傾向があるので，これらによる景気変動も不可避的に発生することになる。

　残念なことに，当時の過度に演繹的な経済学の横溢とケインズ革命の狂信的風土が新機軸説の壮大なドラマを受け入れなかった。近年，系全体の進化に係わる高次元力学過程の分析であるH.ハーケンのシナジェティクスを用いて，投資の不均衡，投資の周期運動を「シュムペーター時計」として解明する論及がなされている[7]。

　この新機軸説に代表されるG.メンシュおよびJ.A.シュムペーターの技術革新仮説は，他方のC.フリーマンの雇用仮説，E.マンデル・N.B.フォレスターの資本量仮説，W.W.ロストウの相対価格仮説の3仮説と同様に，コンドラチェフ長波の説明理論としても注目されている。

　コンドラチェフは，1926年にイギリス，フランス，アメリカにおける物価指数，確定利子付有価証券利回り，賃金，外国貿易額，輸出入額，銑鉄・鉛・石炭の産出高についての1780-1920年の長期時系列データから約50年周期の長期循環を発見したことは先に見たとおりであるが，この波動の動因として技術革新，金量，フロンティアなどに訴えることは外生説であると批判し，資本主義経済に内在するメカニズムの存在を指摘したものの，動因の限定は明確ではなかった。今日では，均衡破壊の衝撃となって変動エネルギーを経済体系に与える要因が技術革新であるという主張がネオ・シュムペータリアンの主張になっている。

　ネオ・シュムペーター学派は，新機軸を二つのタイプに分類する。A.スミスの驚愕とともに注目された分業は工程革新 process innovation であり，生産

性増大を通じて生活水準の漸次上昇による富裕化を実現した。他方，製品革新（product innovation）は雇用創出，派生的需要誘発の両効果をもって競争優位と独占利潤機会を与える。G.メンシュ，N.ローゼンバーグ，C.フリーマンらはイノベーション群起化仮説を明快に発展させ，A.クラインクネヒトはシュムペーターの新機軸がプロダクト・イノベーション（製品革新）であると指摘した[8]。

『経済発展論』の新機軸説はシュムペーター・マークⅠであり，技術発明活動は外生要因とされた。『資本主義・社会主義・民主主義』では内生化され，制度化された大規模なR＆Aによって創出される発明・新技術となり，知識の成長を取り入れたシュムペーター・マークⅡに変質した。J.シュムクラーの実証分析は，投資と特許の時系列相関を明らかにしている[9]。

私は，技術進歩には5局面から構成される「技術進歩循環」があることを主張した[10]。ヒックス中立的技術進歩（phaseⅠ）→ハロッド中立的技術進歩（phaseⅡ）→技術進歩停滞（phaseⅢ）→新機軸普及（phaseⅣ）→ソロー中立的技術進歩（phaseⅤ）という循環によって新機軸が長期波動の推進力となる。資本係数と労働係数を両軸にとる平面に5局面が展開される。

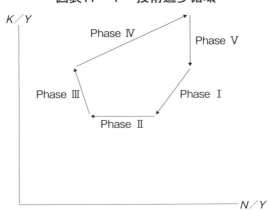

図表11−1　技術進歩循環

4　心 理 説

　景気は訓詁学的には「気」であるから，経済社会の人々の「思い」を反映する。景気はそろそろ中倒れして失速するのではないかと陰鬱な将来への不安が横溢すれば，人間の経済行動は大いに影響される。近年の神経経済学や行動経済学は，経済行動をする主体として，新古典派のホモ・エコノミカスの前提に疑義を抱き，まさに不合理な意思決定や非論理的な行動もあり得るという人間像を理論の前提に採用して，いわばルネサンスを果たしている。その意味では，景気循環の説明要因として，心理的な反応を強調した学説は古くて新しい研究伝統である。

　近年の時系列対応の中で，将来の不安についても，確率的に把握できる「危険」とそのような把握が不可能な「不確実性」を峻別している。リスクは保険の対象になるが，不確実性は捉えどころがない。景気現象についても，数学的期待値という形式で把握できる将来については「期待」あるいは「合理的予想」とし，数学的期待値としては捉え難い漠然とした将来は想定外とする合理的期待学派の経済理論が華やかに開発されている。

　Rational-Expectationist（Ratexian）にとって，情報に通じた現代人の経済行動は将来について合理的に推計された期待値を前提として展開されている。そのような世界では，政府の景気対策も，人々の将来展望の中に読み込まれて想定内の事象として対応されるので，政策無効命題が成立してしまう。

　景気を悪くしたいと望む人はいないが，景気が悪くなるかもしれないと期待する人は当然存在する。将来期待は様々な模様の中に人間行動に影響する心理要因を生み出してくる。J. M. Keynes, F. Lavington, A. C. Pigou, F. W. Taussigが代表的論客であるが，W. C. Mitchell, D. H. Robertson, W. Röpke, A. Spiethoffも重要視している。ケインズのアニマル・スピリット論は近年，George Arthur Akerlof, Robert Schiller, Eugene F. Fama, Paul Degrauweらのノーベル経済学賞トリオの論考によって復活している。

　アニマル・スピリットは「動物的な勘」と曲解されると謬見に煩わされる。これは医学用語でハーヴェイの血液循環説以前の千数百年の長きに渡って支配

的なガレヌス（Galen）の精気論に由来する。人間の性格が体液で決まると説くヒポクラテスの体液説を継承し，人間の気質はNatural spirit, Vital spirit, Animal Spiritの3精気から構成されると説く。自然精気は肝臓で取り入れられ，血液と共に心臓に至り，そこでプネウマによって生命精気に変わり，脳では動物精気となって神経によって全身の諸器官に回ると考えられた。したがって，高度な文化的精神的活動源がアニマル・スピリットなのであり，企業者精神，とりわけその英雄的創造心には類まれなほどのアニマル・スピリットが満ちているということである[11]。

最近の定式化では，景気心理説は以下のように提唱される。

$Y=C(Y,\varepsilon)+I(i,\varepsilon)+G, 0<\delta C/\delta\varepsilon, 0<\delta I/\delta\varepsilon.$

上式は一般的な均衡方程式で，YはＧＤＰ水準，Cは消費，I投資，iは利子率，ε心理要因，Gは政府支出，である。心理要因εの数値が小さいほど社会全体がペシミスティックで憂鬱，不安，悲観に支配されており，数値が大きいほどオプティミスティックで幸福，安心，楽観に支配されていることを示す。偏微分係数の正は，楽観に支配されていけば，消費も投資も増大し，国民経済は好況になることを意味する。このε要因がどのように形成されるかは不明である。

最近の臨床心理学では，外部の状況が人間心理に影響するのではなく，人間の神経系列による情報処理システムが外部状況にどのように反応するかで心理の陰陽が決定される。εの意図的な操作については実験経済学の関心を引いているものの，未開のままである。A.C.ピグーは1927年 *Industrial Fluctuation* の中で「楽観の錯誤と悲観の錯誤との相互作用」について述べている。心理水準によって妥当な予想が混乱し，時に冒険や失望に走る傾向があることを指摘した。しかしながら，経済社会の大衆心理だけで景気を説明することは難しい。この学説はあらゆる景気理論と両立できる。感情や期待の伴わない経済行動は考えにくいからである。

【注】
1）Imre Lakatosの「科学的研究プログラム」が「学派」に関する概念として主張され，

第11章　景気学説の科学的研究伝統

知識の成長という側面から，理論上の「学派」が形成され増殖する経過が解明された。この視点を発展的に再構築したLarry Laudanは理論の内的構造として融合された方法論を軸に，理論の目的と方法が「理論複合体」として問題解決に向かって発展していくと説いた。この包括的理論群が「研究伝統」を形成し，進化した結果こそが，現代の経済学諸理論の基盤となっている。経済学方法論については次の文献を参照されたい。

　　Lakatos, Imure, *The Methodology of Scientific Research Programmes*, Cambridge, Cambridge University Press, 1978.（村上陽一郎他訳『方法の擁護』新曜社，1986年）

　　Laudan, Larry, *Progress and Its Problems : Towards a Theory of Scientific Growth*, London, Routledge & Kegan Paul, 1977.

　　Pheby, John, *Methodology and Economics : A Critical Introduction*, The Macmillan Press Ltd., 1988.（浦上博逵・小島照男訳『経済学方法論の新展開』文化書房博文社　1991年）

2) Hayek, F. A. von, *Prices and Production*, 1931, 2nd ed., 1935.
（豊崎稔訳『価格と生産』高腸書院，1939年）

3) Clark, J. M., "Business Acceleration and the Law of Demand : A Technical factor of Economic Cycles," *Journal of Political Economy*, March 1917. Collected in *Readings in Business Cycle Theory*, London, 1950, pp.235-60.

4) Carver, T. N., "A Suggestion for a theory of Industrial Depression," *Quarterly Journal of Economics*, May 1903, pp.497-500.

5) Hobson, John Atkinson, *The Evolution of Modern Capitalism : A Study of Machine Production*, 1894, 3rd ed., 1926.（住谷悦治・阪本勝・松沢兼人訳『近代資本主義発達史論』弘文堂，昭和3年）

6) Sweezy, P. M., *The Theory of Capitalist Development*, 1942.
（都留重人訳『資本主義発展の理論』新評論，1967年）

7) Weidlich, W. and G.Haag, *Concepts and Models of a Quantitative Sociology : The Dynamics of Interacting Population*, Springer-Verlag, GmbH & Co., KG, 1983.
（寺本英・中島久男・重定南奈子訳『社会学の数学モデル』東海大学出版会，1986年）

8) Kleinknecht, A., *Innovation Patterns in Crisis and Prosperity—Schumpeter's Long Cycle Reconsidered*, New York, St. Martin's press, 1987.

9) Schmookler, J., *Invention and Economic Growth*, New York, Harvard University Press, 1966.

10) 小島照男「技術進歩循環」『城西国際大学紀要』第1巻第1号，1993年，pp.19-33。

11) Keynes, J. M., *The General Theory of Employment, Interest, and Money*, London, Macmillan, 1936, pp.161-2.

　　かつて翻訳者の塩野谷九十九先生が集中講義でレイヨンフーブッドのケインズ論を論じられたときに，たまたま，このanimal spiritを「血気」と訳された苦心談をお話し下さった。すべての質問によどみなく解説された一週間のご講義は研究者の魂

をふき込んでくださった名講義であった。私はようやくその後11年を経過して，この精気論に遭遇でき，この語の訳は「血気」で抜群だと感じている。現代の翻訳はご子息の塩野谷祐一氏の手に引き継れたものであるが，「三男に祐一と命名したので同僚からおかしいと言われた」という話もしてくださった。その年に先生は脳出血で倒れられ，闘病の8年を経て1983年不帰の人となられた。私は九十九先生のような講義がしたいと努力してきたけれど，40余年後の現在も遠く及ばない。日暮れてなお，道遠しである。2015年に塩野谷祐一氏の訃報に接した。時空を超えて父子の語らいが続きますようにと祈念している。

第12章　景気循環モデル

　J. M. Keynesの『一般理論』以後の経済学説は，大数学時代と呼べるような数学モデルによる理論構築の時代によって変革された。経済学分野の論題は数理モデルによって解明されることになり，景気循環論も数理モデル化の疾風怒濤期を迎えた。これらの理論は，ＧＤＰや雇用量の変動が投資の変動によってもたらされるという視点から，体系内部にある循環波動生成のメカニズムを解明するためにモデルによる思考法に訴えた。

1　黎明期の数理モデル

　記念碑的な嚆矢は，P. A. Samuelsonの1939年の論文 "Interactions between the Multiplier Analysis and the Principle of Acceleration," *Review of Economic Statistics*, May 1937. である。J.M.ケインズによる経済学の方法に関する革命後の景気循環論の大勢を決定した。これは定差方程式によって乗数効果と加速度原理の総合を図り，投資のＧＤＰ創出効果とＧＤＰの投資誘発効果の相互作用によって景気循環を説明しようとするモデルである。この着想をR.F.ハロッドの経済成長理論と結合させたJ. R. Hicksの *A Contribution to the Theory of Trade Cycle*, 1950年が新しい景気循環論を構築した。現在，サミュエルソン＝ヒックス型モデルと呼ばれる。

①　サミュエルソン・モデル

$$Y_t = C_t + I_t + G_t \tag{1}$$

$$C_t = \alpha Y_{t-1} \tag{2}$$

$$I_t = \beta (C_t - C_{t-1}) \tag{3}$$

ケインズの『一般理論』で馴染み深い，均衡体系である。(2)式は消費関数で，

αは限界消費性向であり，前期の所得水準に応じる消費とされている。(3)式は加速度係数βによって消費変化分に応じた誘発投資になっている。これは加速度原理そのものである。ハロッドはrelation（相関率）と呼んだが，マクロ経済体系は相互依存体系であるのでたくさんの相関率に満ちている。この命名は無用の混乱を招いた。

単純化のために政府支出G_tは毎期一定と仮定し，(2)，(3)式を(1)式に代入して整理すると

$$Y_t = \alpha(1+\beta)Y_{t-1} - \alpha\beta Y_{t-2} + \bar{G} \tag{4}$$

これを通常の手順で，特性方程式に変形し，2次方程式の特性根を得る。αとβの可能な数値に応じて特性根は実根か複素根かになる。複素根の場合は振動解となり，絶対値の大きさにより，発散振動か減衰振動かが決まる。可能な振動は下図に示す5種類である。サミュエルソンは減衰振動の〔B〕のケースが現実的であると考えた。

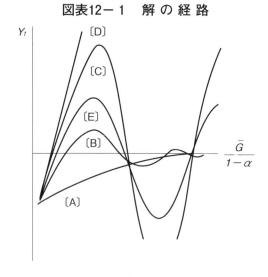

図表12－1　解の経路

このモデルは，経済変数の相互作用で振動が発生することを証明し，データの数字を用いて経済状態の予測という計量経済学的なシミュレーションの可能

性を切り開いた。定差方程式を経済学に初めて明示的に持ち込んだサミュエルソン・モデルは、もともと理論空間に時間要素を曖昧にしていた経済学に時間要素を意識させたことから、ラグ理論とも呼ばれる。更に、これを敷衍したJ.R.ヒックスが本格的な景気循環モデルの構築へと向かった。

② **ヒックス・モデル**

$$E_t = (1-s)E_{t-1} + v(E_{t-1} - E_{t-2}) + A_0(1+g)^t \tag{1}$$

$$Y_t = (1-s)Y_{t-1} + v(Y_{t-1} - Y_{t-2}) + A_0(1+g)^t \tag{2}$$

E_tはt期の均衡国民所得、A_0は初期の独立投資、Y_tはt期の現実国民所得、sは限界貯蓄率、vは投資係数（加速度係数）、gは成長率である。均斉成長状態のE_tは一定の成長率gで増大する。脚添字はそれぞれ期を示す。

(1)式は均衡国民所得の構成式である。$(1-s)E_{t-1}$は消費支出、$v(E_{t-1} - E_{t-2})$は誘発投資で、サミュエルソン・モデルと異なり産出量の変化に依存させている。$A_0(1+g)^t$は、独立投資で、他の変数とは相関せずに発生する投資である。公共投資などの政府支出や民間経済部門の更新投資・補填投資・研究開発投資が含まれる。

E_tについては人口も、資本設備も、雇用量もすべて動学的に均斉な均衡成長を続けているので、次式が成り立つ。

$$E_t = (1+g)E_{t-1} = (1+g)^2 E_{t-2} \tag{3}$$

また、独立投資も同様の均斉成長をしているので、

$$A_t = A_0(1+g)^t \tag{4}$$

指数系の図示には一般的に縦座標に国民所得の対数値を採る半対数図を用いる。つまりAの縦座標の数値は、$\log A_t = \log A_0 + t\log(1+g)$である。この工夫を利用すると、ヒックス・モデルに登場する指数曲線はすべて直線で示せる。

成長している現実経済に、これ以下のＧＤＰ水準には落ち込まないという下降限界水準LL（独立投資A_t×乗数）および、すべての生産要素の完全利用のもとで可能な上昇限界水準FFを想定できる。上昇限界水準と下降限界水準を天

井と床に見立てれば，この限界水準の構成する「回廊」を現実の経済が動き回ることになる。ヒックス理論がビリヤード理論と呼ばれる由縁である。

(1), (2), (3)式から

$$E_t = [(1+g)^2 / \{(1+g)(g+s) - gv\}] A_t \tag{5}$$

(5)式は均衡国民所得水準が「超乗数」$\times A_t$ であることを示している。これは動学的均衡経路であり，上位均衡線 EE として「回廊」の中心に設定される。(5)式の右辺第一項をヒックスは super-multiplier と名付けた。

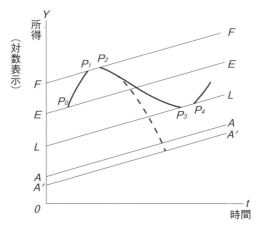

図表12－2　経済の回廊

現実の経済体系は何らかの変化要因，例えば一回限りの独立投資の増加により均衡成長経路から逸脱するとき，均衡からの乖離 γ_t は $\{(1)-(2)\}$ で捉えられる。

$$\gamma_t = Y_t - E_t = (1-s)\gamma_{t-1} + v(\gamma_{t-1} - \gamma_{t-2})，すなわち$$

$$\gamma_t = (1-s+v)\gamma_{t-1} - v\gamma_{t-2} \tag{6}$$

これは絶対的乖離であるが，均衡からの乖離率である相対的乖離 r_t を見ることもある。相対的乖離は，図上では上位均衡線 EE と現実経路 $p_1, p_2, p_3, \cdots$ との垂直距離で測ることができる。相対的乖離 r_t は γ_t / E_t であるから，次式で与えられる。

第12章　景気循環モデル

$$r_t = \{(1-s+v)/(1+g)\} r_{t-1} - \{v/(1+g)^2\} r_{t-2}$$

動学的均衡経路から外れた現実経済は γ_t の動きによって決定される経路を辿ることになる。γ_t の動きを決定する(6)式の2階定差方程式は s と v の数値に依存する。この論脈はサミュエルソン・モデルと同様である。型どおりの特性方程式の「根と係数の関係」から5種の経路が特定される。サミュエルソンは減衰振動を妥当とし，ヒックスは発散振動を妥当としている。

減衰振動のもとでは，現実経済はやがて均衡に復帰し，変動は収まってしまう。「揺木馬」モデルのように循環を発生させる内部構造と，経済体系に不断に与えられるショックを考えなければならない。発散振動の場合は一度発生した経済ショックはエネルギー恒存の法則の通りに吸収や抑制を受けずに恒存する。天井と床という回廊があれば永遠に体系の循環過程を継続させる。

人は安定を好み，すべての格物窮理は不安定や不均衡が解消することを論じていることに鑑みて，不断のショックと減衰振動を支持したいが，例えば近年のリーマン・ショックの影響が薄れてきているのは，この金融ショックが減衰振動であるからなのか，人間の努力による吸収・克服であるのか，依然として定かではない。数理モデルの解釈は多様であって構わない。

ここで不規則衝撃理論について，Ragnar Anton Kittil Frischの貢献を忘れてはならない。フリッシュは第1回ノーベル経済学賞の受賞者で，ノルウェーの経済学者である。計量経済学のパイオニアであり，最小二乗法にまつわる多重共線性の問題を指摘した。景気理論分野では，定差微分方程式の導入を試み，加速度原理と偶発的衝撃（erratic shocks）とによって景気循環現象を説明している。"Propagation Problems and Impulse Problems in Dynamic Economics," in *Economic Essays in Honour of Gustav Cassel*, 1939.（「動態経済学における波及問題と衝撃問題」）および *Noen trekk av Konjunkturloeven*, 1947.（『景気循環の原理』）は重要な論考である。現在では，フリッシュの揺り椅子理論として rocking chair modelの名で親しまれている。フリッシュは，この理論の創始的着想をK.ウィクセルの1907年の論文に帰して，「『もしあなたが棒で揺木馬を打つならば，木馬の運動と棒の運動とは非常に異なっているであろう』とい

う賞賛すべき類推を与えたのはウィクセルであった」と述べている[1]。経済体系内部に揺木馬のような構造があれば，経済に不断に襲い掛かる，戦争や飢餓，疫病，発明などのすべての衝撃が，同じ波動を引き起こすことになる。

2　非線形モデル

　加速度原理は，その提唱者と同数の批判者を抱える原理である。線形方程式群の単純性に疑義を発し，加速度原理も否定する論陣から新たな景気循環モデルが創始された。現在，カレツキ＝カルドア・モデルと呼ばれる理論である。

①　カレツキ・モデル

　ミハウ・カレツキ（MichałKalecki）はポーランドを代表する経済学者であり，努力の人である。1899年6月22日にロシア帝国治世下のウッジ（現在ポーランド）に生まれ，紡績工場主の息子として順境に育ったが，ワルシャワ理工科大学に入学後まもなく父親の事業失敗により中退し，転職を繰り返した。第一次世界大戦が勃発するとポーランド軍の一兵卒として従軍し，復員後ダンツィヒで工学を学ぶ機会を得たが父親の失業により再び中退を余儀なくされ，生涯の学生生活に終止符を打った。その後信販会社の統計調査事務係として勤務し，幾許かの蓄財を投じて新聞社を起業したが，短期間で破綻した。その後，経済新聞2紙に評論を投稿することで細々とした生計を立てていた。この頃にK.マルクスの再生産表式に関心を持ち，経済学研究を開始している。誰にも師事せず，1933年にはProba Teorij Konjunktury（「景気循環理論概説」）を発表した。この論文はJ.M.ケインズよりも先に有効需要の原理を論証したと評価する論者もいる秀作であった。迅速に英訳され，A Macrodynamic Theory of Business Cycles, *Econometrica*, July 1935. として2年後には英語圏に周知となった。この論考はスウェーデン学派の注目するところとなり，1935年にはスウェーデン奨学金を得てスウェーデンに渡った。帰国後，ワルシャワの経済研究所に勤務し，1937年にはパリのロックフェラー財団に勤務した。J.M.ケインズの『一般理論』公刊後の熱狂が冷めやらぬ中，この年，雄志を抱いてイギ

第12章 景気循環モデル

リスに渡った。

渡英直後はLSE（ロンドン大学）にいたが，間もなくケンブリッジに移りJ. M.ケインズやケインズ・サーカスの経済学者と交流した。初対面でのケインズの冷淡で高慢な態度がJ.ロビンソンによって証言されているが，誤解が解けた後も，カレツキ理論への理解は浸潤しなかった。その後，オックスフォード大学の統計研究所に職を得ている。1937年から1943年まで，ここを拠点として経済学，統計学の研究を続けた。1939年に第二次世界大戦が勃発しナチスドイツのポーランド侵攻があって帰国できなかったことも一因で，滞英期間を長引かせた。1944年～1947年の期間はカナダ・モントリオールにある国際労働機関事務所に勤め，戦後の1948年～1952年期間はポーランド派遣の国際連合事務局職員として経済安定課に勤めた。この間親しいマルキスト達が失脚していくのに失望し，ポーランドへの帰国を決意した。帰国後はワルシャワ中央計画統計大学（現ワルシャワ経済大学）で景気変動論を講じながら，社会主義政権下の経済計画委員会にアドバイザーとして参画した。O.ランゲ，C.ボブロフスキーらとメキシコ，インド，イスラエル，キューバの経済顧問も務めた。1970年4月18日にワルシャワで逝去した。享年70歳であった。繁栄と成長を続けていたポーランド経済は，彼の死後，急速に疲弊し未来を失って，やがて半世紀になる。

経済理論分野では，景気変動過程で労働者と資本家の間の分配関係が安定していることを「独占度」概念で解明した。カレツキの独占度は粗利潤率である。投資量を加速度原理ではなく利潤量に相関させる速度原理を取り入れ，投資による資本蓄積が利潤率と投資を圧迫することで，所得と投資の変動が引き起こされるというマクロ動学理論を構築した。これらの着想にしたがって，*Essays in the Theory of Economic Fluctuations*, 1939.[2] および *Studies in Economic Dynamics*, 1943. で景気循環分析を展開した。さらにこの年 *Political Quarterly* 誌10-11月号に発表したPolitical Aspects of Full Employment[3] は，政治的景気循環に警鐘を鳴らしながら，その解明に向かったモニュメント的論考となった。戦後の *Theory of Economic Dynamics*, 1954.[4] において更に理論の

彫琢が加えられ，不規則性衝撃理論による循環の説明も追加されている。不遇に満ちた歪んだ人生の暗夜行路を物ともせず，寡黙に慎ましやかに向学の志を貫いて残した論考のコラージュだけが今も燦然と輝いている。

カレツキ・モデルは次の体系である。

$$Y = E + W = C_W + C_E + I \tag{1}$$

$$E = (1-\alpha)Y \tag{2}$$

$$W = \alpha Y \tag{3}$$

$$W = C_W \tag{4}$$

$$C_E = \eta E \tag{5}$$

$$I = E - C_E = S \tag{6}$$

ノーテーションは次のとおりである。Yは粗国民所得，Eは非賃金取得者の粗所得，Wは粗賃金所得，C_Wは粗賃金所得からの消費，C_Eは非粗賃金所得からの消費，Iは粗投資，Sは粗貯蓄である。αは労働分配率で一定である。

体系から明らかなように，労働者は貯蓄しないので，稼得所得Wをすべて消費C_Wに支出する。この分析的枠組みは，J.M.ケインズの『一般理論』の均衡モデルと同様の体系である。

結局，国民所得Yは粗利潤所得Eからなされる投資Iに依存し，所得と消費の間にタイム・ラグがあると，投資と所得増加との間にもラグが生じることを考慮して，

$$Y_t = f(I_{t-\lambda}), \quad 0 < \delta Y / \delta I. \tag{7}$$

(7)式はカレツキの乗数方程式である。

また，投資財の発注量Dから完成後の引渡量Lまでに資本の懐妊期間θがあると想定する。

$$L_t = D_{t-\theta}$$

L, I, Dが一様に増大している図表12-3のような場合には，I_tはθ期前からの全受注の$1/\theta$を生産していることになる。これはほぼ$\theta/2$期前のDすなわち，$D_{t-\theta/2}$ に当たる。

$$I_t = D_{t-\theta/2}$$

(7)式の λ を，これを考慮して $\lambda+(\theta/2)=\tau$ で置き換えると
$$Y_t=f(D_{t-\tau})$$

図表12－3　投資発注量・投資・投資引渡量

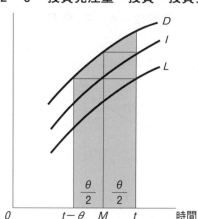

この投資発注量は利潤量に依存する。利潤量は一定の労働分配率のもとで非粗賃金所得，さらに粗国民所得に依存する。

$$D_t=\phi_e(Y_t) \tag{8}$$

ϕ_e はある資本蓄積量 e のもとで定まる関数 ϕ を意味している。この投資関数は所得水準そのものに従っているので，速度原理とみなされる。ϕ 関数の形状は様々であるが，カレツキが仮定したようにＳ字形とし，(7)式の投資乗数方程式 f 関数を線形と見做して不都合はない。

ある ϕ 曲線を仮定して，下図のように設定する。所得水準が Y_1 であれば，そのもとで投資発注量は D_1 となり，D_1 の投資発注は τ 期後に f 曲線上の Q_1 のもとで所得を Y_2 に増大させる。Y_2 のもとでの投資発注量は D_2 となり，τ 期後には Y_3 を産出させる。このような上昇過程を続けて B に収斂し，所得は完全雇用水準の A に向かっていく。A 以上の所得増大は不可能であるから，ここで更なる粗投資発注がなされ，減価償却以上の正の純投資は資本設備だけを増大させて資本の平均利潤を減少させる。投資抑制効果が現出し，ϕ 曲線自体

を下方に押し下げる。逆に下降限界の生存水準に近接した低位の一定水準の所得のもとで，負の純投資になると投資促進効果が現出してφ曲線自体を上方に押し上げる。

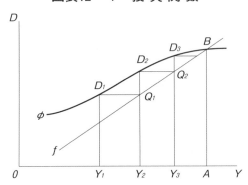

図表12－4　投資関数

非線形のこのような投資関数のもとで，景気循環理論が構築される。

E点では純投資がゼロであると仮定する。τ期後までは，所得増大とφ曲線の下方シフトが発生する。さらに純投資がある限りこの過程は続き，G点で純投資はゼロとなり，ようやくφ曲線の上方シフトが開始される。τ期後まではそれまでの負の純投資により所得は減少し続けるが，やがて，正の純投資が所得を押し上げてE点を回復する。経済体系がf線上にあれば変動の傾向は発生せずに均衡状態が続く。一般に経済体系は変動経路$EFGH$を巡る循環を繰り返す。図表12－5が変動経路である。

図表12-5　経済体系の変動経路

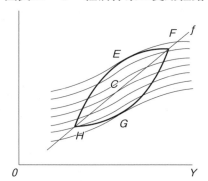

② カルドア・モデル

　Nicholas Kaldorは多彩な独創的理論家である。ハンガリー系のイギリス人で，1908年5月12日ブダペストに生まれ，父親は弁護士で富裕なユダヤ人家庭に育った。ハンガリー名はカールドル・ミクローシュ（Káldor Miklós）である。

　1918年ブダペスト大学管理下のモデル・ギムナジウムに転校し，1925年ベルリン大学に入学したが，18カ月後の1927年春に退学した。ハンガリー新聞の外国派遣通信員として働きながら渡英し，LSEに学び1930年に卒業した。L.ロビンズの推薦で研究生となり，1932年～1935年まで同スクールの講師補，1935年～1936年期間にロックフェラー研究奨学金を得てハーバード大学に学び，1941年LSEの講師に就任。翌年，准教授になった。1947年LSEを辞任し1949年まで国際連合のヨーロッパ経済委員会の研究・計画局局長として勤務した後，1949年ケンブリッジ大学キングズ・カレッジのフェロー（特別研究員）として大学に戻った。1952年以降リーダー（准教授）を務めた。1964年から4年間，イギリス労働党のアドバイザーとなり，その後再び1974年から2カ年務めている。1966年にケンブリッジ大学教授となり，1974年には一代貴族を得てBaron Kaldorと呼ばれた。1986年9月30日，ケンブリッジ州ポップワースエバラードで78歳の生涯を閉じた。

　研究領域は広く，不完全競争論，雇用理論，新厚生経済学，景気循環論，分

配論，生産関数からの技術進歩関数の導出など多面的である。非線形景気循環論の草分け的論考は，柔らかな数学モデルを用いて形式的にも親しみやすい議論を展開している。主要著作は *An Expenditure tax*, 1955.[5] である。

景気循環理論は，1940年3月号の *Economic Journal* 誌に寄せた "A Model of the Trade Cycle"[6] である。

カルドア・モデルは次の体系である。

$I = I(x)$ (1)

$S = S(x)$ (2)

Iは投資量，Sは貯蓄量，xは経済の活動水準である。経済の活動水準は雇用量で示される。資本設備一定の短期において，ある産出量あるいは実質GDP水準は一義的な雇用量と相関する。

(1)式の投資関数は経済の活動水準に依存する利潤量の増加関数である。正常なx水準のもとでの投資量と比べて，低位のxおよび高位のxのもとではいずれも限界投資性向dI/dxは小さくなる。遊休資本設備と過剰在庫，低い利潤期待もしくは生産諸要素の価格騰貴，資本財価格上昇，原材料・労働力不足，金融引き締めによる資金不足などにより，利潤量は低いからである。したがって投資関数は非線形のS字形になる。

(2)式は貯蓄関数である。労働者は貯蓄しないので，正常なx水準のもとでの貯蓄量と比べて，低位のxおよび高位のxのもとではいずれも，限界貯蓄性向dS/dxは大きくなる。つまり低位のxのもとでは僅かなxの低下に対しても貯蓄量の低下は大きくなる。貯蓄の切り崩し，失業保険給付の増大もある。高位のxのもとでは，生活余力が発生し，賃金上昇以上の物価上昇による利潤の増加がある。僅かなxの上昇に対しても貯蓄量は増大する。したがって貯蓄関数は非線形の逆S字形になる。

限界値は関数の接線の傾きである。貯蓄関数が逆S字形なので，低位xのもとでの関数の接線は切り立ってくる。すなわち限界貯蓄性向は大きい。投資関数がS字形であるのは，低位xのもとで関数の接線が緩やかになる。すなわち限界投資性向は小さい。

第12章　景気循環モデル

　これらの短期の投資関数・貯蓄関数は時間の経過に伴う活動水準xの変化に伴って長期的にはシフトする。固定資本設備が，投資による資本蓄積によって増加する好況期には，貯蓄関数は上方にシフトし，投資量が減少し資本蓄積が進展しない不況期には下方にシフトする。投資関数は資本ストック量Kの減少関数である。つまり，長期の投資関数は$I=I(x, K)$に変形される。好況期には資本ストック量が増加するので，投資は抑制され，投資関数は下方にシフトする。不況期には投資量の減退によって資本ストックは減少し投資は刺激されて，関数は上方シフトする。

　投資関数と貯蓄関数の相対的位置関係は様々であるが，$I=S$となる均衡状態は最大で3点で実現する。シフトしていく時に2点になる状況もある。しかしながら，それぞれの均衡は性質を異にして，局所的安定均衡と局所的不安定均衡とに分かれる。均衡から経済体系が大きく乖離した場合に元の均衡に復帰する大域的安定性（global stubility）について，カルドア理論は言及していない。

　まず，一般的なケースで考察しよう。下図のA, B, Cは$I=S$が成立する短期局所的均衡である。A, Bは安定均衡であるが，C均衡はxの上方乖離に際して$S<I$となるため経済体系は更にxを拡大させてC均衡に戻る力は作用しない。逆にxの下方乖離についても逆の力が作用してC均衡には戻れない。すなわち，C均衡は局所的不安定均衡である。

図表12－6　3つの均衡点

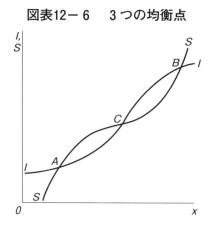

141

景気循環は第Ⅰ段階から第Ⅵ段階を示した図表12－7で説明される。第Ⅰ段階のB点のような高いxのもとでの好況においては実質所得の増大によってS曲線は上方シフトし，I曲線は資本蓄積の抑制効果が作用して下方シフトする。次第にBはCに近づき，第Ⅱ段階に達する。この景気過熱傾向は継続し，第Ⅲ段階になると$B+C$の均衡，つまりBでありCである重複均衡は局所的不安定性をもつので，更なるS曲線，I曲線のシフトにつれて，急激にxの水準を低下させてA均衡に向かって景気後退に突入する。

　恐慌の発生と不況への転落がこのAに向かう過程である。S曲線，I曲線のシフトはようやく停止するが，第Ⅲ段階のAのようなxの低い水準では余剰の設備が淘汰され投資機会が漸次蓄えられ，I曲線はやがて上方シフトを開始する。技術革新や新発明などの刺激があればこのシフトは急激になる。また不況期の実質所得の低下は早晩S曲線の下方シフトを発生させる。A均衡のもとでx水準は次第に上昇し始め，第Ⅳ段階を迎える。経済体系は景気の底を抜け出して回復局面に差しかかり第Ⅴ段階に達する。

　更に回復が進むと，A均衡とC均衡が近接し，終には$A+C$の重複均衡が成立して第Ⅵ段階になる。景気は拡張局面に突入してこの$A+C$均衡も局所的不安定性をもつので，拡張局面でS曲線，I曲線のシフトにより均衡から乖離すると，ブームは絶好調となって経済体系を一気にB均衡まで押し上げてバブルさえ発生させる可能性がある。

　景気変化のスピードのバリエーションまでもが含意される理論になっている。カルドア・モデルは最も影響力のある非線形景気循環モデルとして，その70年余にわたって景気循環理論を前進させることになる。

③　グッドウィンの循環的成長論

　Richard Murphey Goodwinは現実の経済体系が循環しながら成長している動態を直截的に理論化しようと試みた数少ない経済学者である。グットウィン・モデルは非線形理論のパイオニア的論考であるが，サミュエルソン＝ヒックス型の系譜として分類されることもある。所与の均衡水準としての**趨勢の上**

第12章　景気循環モデル

図表12-7　景気循環の6段階

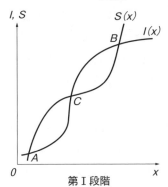

第Ⅰ段階

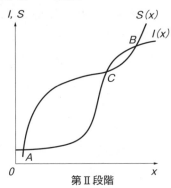

第Ⅱ段階

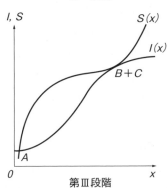

第Ⅲ段階

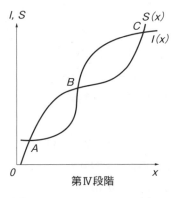

第Ⅳ段階

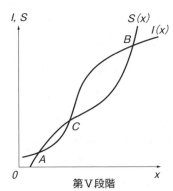

第Ⅴ段階

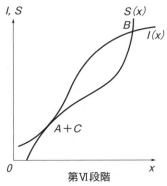

第Ⅵ段階

に，循環あるいは振動をのせた構造と見ることもできるからである。しかし，その野心と意図と非線形理論構造とに鑑みて，非線形モデルの源泉に位置づけることが適切である。グッドウィン・モデルは経歴にあるようにハーバード大学で物理学のインストラクターを務めた異才の持主だったことがなし得た成果でもあった。

　Goodwinは1913年2月24日アメリカ・インディアナ州ニューキャッスルで生まれた。ハーバード大学を卒業後，1930年代にはオックスフォード大学ローズ奨学生として研究留学し，帰国後1941年にハーバード大学の博士号を取得した。1942年から1945年期間，ハーバード大学で物理学インストラクターを務め，1945年～1950年までハーバード大学経済学助教授として教えた。その後1979年までケンブリッジ大学で経済学准教授，イタリアのシエナ大学に移って1984年まで，イタリア人以外の初の経済学教授を務めた。「終生の，常軌を逸した気まぐれなマルキスト」と自ら述懐しているようにイギリス共産党員でもあった。アメリカ時代もその類似勢力に加わり，反共条例後も変わらなかった。

　ペロン＝フロベニウス定理を経済学に応用した一人で，1949年に *Economic Journal* 誌に発表した「行列乗数」に関する論考は注目を浴びた。残念ながらこの論考の推論は誤りであったが，*The Dynamics of a Capitalist Economy: A multi-sectoral approach*, with L. F. Punzo, 1987. では再びこの問題に取組んでいる。主著の本格的な非線形理論ではロトカ・ヴォルテラ方程式を採用した弱肉強食モデルを展開した[7]。この理論は次章で取り上げる。

　モデル黎明期を際立たせた労作は1951年の *Econometrica* 誌第19巻，1月号に寄せた "The Non-linear Accelerator and the Persistence of Business Cycle," および "A Model of Cyclical Growth," 1952, in Lundberg, E., ed., *The Business cycle in the Post-war World*, Macmillan, London, 1955. である。

　風の向くままに生きて1996年8月13日83歳で没した。生涯をマルクスの経済循環理論を定式化することに捧げた異彩の数学者・経済学者であった。日本は例外だが，多くのマルキストは概ね冷遇された。

　グッドウィン・モデルは次の体系である。

第12章　景気循環モデル

$$\overline{K} = kY \tag{1}$$

$$C = \alpha Y + \beta \tag{2}$$

$$Y = C + \dot{K} \tag{3}$$

但し、$\overline{K}$は適正資本ストック、$\dot{K}$は現実投資量（現実資本ストック変化量）、Cは消費、YはＧＤＰ水準、kは加速度係数、α消費性向、βは基礎消費量を示す。

均衡状態では適正資本ストックが現実化しているので$\overline{K}=K$であり、(1)式は一般的な加速度原理関係になる。この体系から次式が成り立つ。

$$\overline{K} = \{k/(1-\alpha)\}\ \dot{K} + k\beta/(1-\alpha) \tag{4}$$

経済成長経路上で適正資本ストックが増大する拡張期と、均衡状態、資本ストックの過剰が顕在化する調整期に、非連続的な3種の加速度係数を想定すれば投資関数は非線形となる。それらを、拡張期の$\dot{K}_1$、均衡成長下の$\dot{K}_0$、調整期の$\dot{K}_2$、と示せば、

$$\overline{K} = \{k/(1-\alpha)\}\ \dot{K}_1 + k\beta/(1-\alpha) \tag{5}$$

$$\overline{K} = \{k/(1-\alpha)\}\ \dot{K}_0 + k\beta/(1-\alpha) \tag{6}$$

$$\overline{K} = \{k/(1-\alpha)\}\ \dot{K}_2 + k\beta/(1-\alpha) \tag{7}$$

これらの投資関数を$\overline{K} = \phi(\dot{K}) + \beta(t)$、とおいて位相図に図示したものが図表12-8である。資本ストックは、ここに示されるようなlimit cycle（極限周期軌道）$BCDE$を動き回ることになる。その結果ＧＤＰ水準yに振動が発生し、この振動から景気循環が説明される。それを示したものが図表12-9である。

経済成長をもたらす新機軸投資が、同時に必然的に景気循環を引き起こす。線形体系は過度に単純化された特殊な場合であり、振動の基礎的要素に直接言及することが難しくなる。非線形体系の採用が、様式的前進であり、現象の広範囲な分析を可能にした。非線形振動の最も根本的な内容は、振動数ゼロの円滑な変化が、正の振動数あるいは期間（振幅）をもつ変動に変換されるということである。

グッドウィンは、さらに投資財の平均生産期間を導入して、明示的に循環的成長経路に沿った経済体系の動学分析を展開している。

145

図表12－8　資本ストックのリミットサイクル

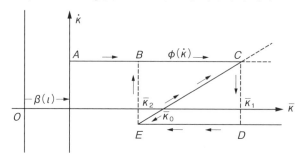

図表12－9　産出量水準の循環振動

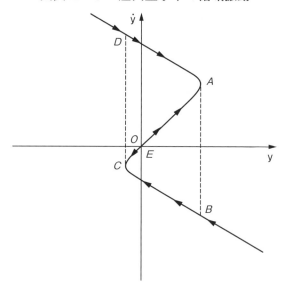

3　アンチノミー理論 (antinomy theory)

経済は成長しながら景気循環を繰り返している。経済成長をトレンドとして除去し，景気循環だけを抽出して理論化する立場と成長と循環とが分離しがた

第12章　景気循環モデル

く結びついている経済動態そのものを理論化する立場がある。モデルによる思考方法が浸潤するにつれて、後者の立場の理論化も進んだ。経済成長理論の創始者の巨星たちの理論がこれである。現在、ハロッド＝ドマー理論と呼ばれている。

①　ハロッド・モデル

　Sir Roy Harrodは日本の高度経済成長を実現させ得た理論を創造したイギリスの経済学者である。1900年2月13日Roy Forbes Harrodはロンドン・ノーフォークに生まれた。ウェストミンスター・スクールを経て、1918年志願従軍した後、1919年オックスフォード大学ニュー・カレッジに入学した。1922年卒業後、オックスフォード大学クライスト・チャーチ・カレッジの経済学講師に就任し、直ちにケンブリッジ大学キングズ・カレッジに留学してJ.M.ケインズのもとで2学期間経済学を専攻し、生涯を貫く深い影響を受けた。留学から戻り1924年～1928年に特別研究員となり、1929年～1937年、クライスト・チャーチの経済学講師を務めた。1933年 *International Economics* [8] を公刊している。1938年にはナッフィールド・カレッジの講師に就任した。第二次世界大戦中は総理大臣官房に勤務し、1943年に海軍省統計顧問になった。J.M.ケインズの後を受けて1945年3月号から1961年6月号まで *Economic Journal* 誌の共同編集者であった。戦後、1946年オックスフォード大学経済学講師に復帰し、1952年～1953年には国際通貨基金の経済委員、経済顧問を務めた。1967年以後はオックスフォード大学の評議員をしながら、王立経済学会会長など学会の要職を歴任した。ケインズ思想の継承者としてハーベイ・ロードの前提を信頼し、自由党員として立候補もしている。1959年女王から一代貴族勲爵士(ナイト)に叙せられSirの称号を贈られ、ハロッド卿となった。1978年3月8日ノーフォーク・ホルトで逝去し、78年の多彩な生涯を閉じた。

　景気循環理論の分野では、*Trade Cycle : An Essay*, 1936.[9] において、不完全競争理論を援用し、価格変動を超える大きな振幅をもつ利潤変動を説明した。戦後の主著である *Towards a Dynamic Economics*, 1948.[10] において、投資と

貯蓄の間の矛盾に景気変動原因を求め，また3種の成長率を創唱して，その相互間の矛盾を重要視する経済動学の基本方程式を構築した。この論考は経済成長理論の重要な礎石になっている。*Economic Dynamics*, 1973.[11] はハロッド理論の集大成となった。

ハロッド・モデルは次の体系である。

$$G_t = (Y_t - Y_{t-1}) / Y_{t-1} = \Delta Y_t / Y_{t-1} \tag{1}$$

$$S = sY \tag{2}$$

$$I = S \tag{3}$$

$$I = \Delta K \tag{4}$$

$$C = \Delta K / \Delta Y \tag{5}$$

ノーテーションは次の通りである。G は経済成長率，Y はＧＤＰ水準，S は貯蓄，s は平均貯蓄性向，I は投資，K は資本ストック，C は資本係数で，産出量1単位の増加にどれだけの資本ストックの増加があるのかを示す。行動方程式の性質のない，定義式だけのモデルである。Δ は一期間中の増減分を示す。この体系には調整変数がないし，定差方程式体系であるので限界概念の考慮もない。定義から「自明の理」が導き出される。

(1)式は t 期の経済成長率の通常の定義式である。すべての変数が同率で増加していくような「黄金時代経路」(golden age pass)[12] 上にあるならば，時間関係を無視しても構わない。

(2)式は貯蓄関数で事後的には(3)式が成立する。投資はすべて資本ストックの増加になるので，純投資であり，減価償却のための補填投資あるいは更新投資を含む粗投資は考慮外である。C は投資の加速度係数であり，ハロッドの用語で relation である。

結局，$G = I / C$ が成り立つので，経済成長率に関する基本方程式として次式が導出される。

$$GC = s \tag{6}$$

これは現実成長率（actual rate of growth）と呼ばれる。

この関係から，さらに理想的な経済状態における成長率を類推できる。まず，

C_r で必要資本係数を示す。これは生産技術上の諸関係から所与となる投資量を測れる。資本ストックの完全利用という最適状態で，経済成長に適正な投資量をつかめる。ハロッドの用語を直訳して保証成長率（warranted rate of growth）と呼び，この成長率を実現する所望貯蓄性向 s_d を用いて定義される。

$$G_w C_r = s_d \tag{7}$$

次に，経済社会では人口増加と技術進歩が発生している状態が一般的である。増加した労働を完全雇用できる経済成長が望ましい。人口 N の増加率 x および一人当たり産出量の技術進歩率 y を用いて，完全雇用成長率 G_n は，

$$\{N(1+x)(Y/N)(1+y) - Y\}/Y = x + y + xy \tag{8}$$

(8)式の右辺第三項は一般的に僅少であるので無視できる。社会的に要求される最適貯蓄性向 s_o を用いて G_n をとらえれば，

$$G_n C_r = s_o = x + y \tag{9}$$

ハロッドの自然成長率（natural rate of growth）が G_n である。技術進歩はハロッド中立型で，利子率一定で資本係数を変えない技術進歩である。G_n は社会的最適成長率でもある。

経済体系には，3種の成長率が存在し，その成長率を実現できる3種の貯蓄性向がある。同時にすべてが一致する経済至福状態（a state of economic bliss）は想定しがたいし[13]，ハロッドの取り組みの中で s_d や s_o を特定することはできなかった。これらは定義された所与の経済パラメータであるが，利子率との相関を前提とされたものの確定されることはなかった。景気循環は3種の成長率の不一致によって発生する。

$x+y$ が不明確で，s_d や s_o も不確定なハロッド・モデルは，G_w と G_n とが均等化するメカニズムがないので当然ながら不安定である。現実の経済が均衡成長経路にあると，経済体系は鋭利な刃の上に存在しているような状態であるので，この経路から外れると Harrod's knife edge と呼ばれる不安定性原理が作用して，乖離は累積的に拡大する。

半対数図に $G_w < G_n$ のケースと $G_n < G_w$ のケースを図示すると理解しやすい。$G_w < G_n$ のケースは，技術進歩や人口成長が資本ストックの完全利用を実現で

きる経済成長率以上に急速である。過少投資状態である。現実成長率 G が G_w と歩調を合わせていると慢性的失業が発生する。G が G_w より大きくなると，$C_r<C$ となり完全雇用になるまでは景気回復は続くが，G_n の天井に沿って動いていくにつれて資本設備が過剰になり賃金上昇もあって経済拡大は難しくなる。

　G は低下し加速度因子による誘発投資は減少し，G_n の経路から外れてしまうと $G<G_n$ になる。失業が再び深刻になり，経済は失速して後退局面に突入し，過剰設備を伴いながら貯蓄の慢性的不足から，G_w の維持も難しくなり，不況のどん底に向かって沈滞する。

　$G_n<G_w$ のケースでは資本ストックの均衡成長の方が労働人口成長を上回る過剰投資状態である。技術進歩による省力化も労働人口の間接的増加になるが，投資が促進され経済体系は過熱する。G が G_n と歩調を合わせていると労働力がボトルネックとなって成長率は次第に増大しにくくなる。さらに労働強化や賃金上昇によって G_w の水準に到達するが，この均衡状態は長く維持することは困難となる。経済体系は好況から転落して，過剰設備を顕在化させながら，後退局面に入り，さらに誘発投資停滞局面から景気の底に向かっていく。過剰設備が調整されるとようやく，現実成長率に改善の兆しが芽生え，景気は下位転換点を迎える。

　成長率の矛盾は労働力か資本設備かどちらかが，ボトルネック要因となって経済体系の状況を逆転させ，景気循環を引き起こす。経済体系はナイフの刃の上にいるような不安定な状態を解消できない。均衡が攪乱すると累積的な均衡からの乖離が発生し続け，調整の術はない。

② ドマー・モデル

　Evsey David Domar は1914年4月16日ロシア帝国のウッジ（現在はポーランド）に生まれた。奇しくもカレツキと同郷である。1916年ロシア領ハルピンに移住し，1930年高校を卒業して家庭教師となった。1936年にカリフォルニア大学ロサンゼルス校に入学し経済学を学び，1939年に卒業した。1941年にはミシガン大学で数学修士号を取得した。1941年～1943年期間はハーバード大学で

第12章　景気循環モデル

A.ハンセンのもとで研究助手を務め，1943年経済学修士を取得した。

1943年～1946年期間は連邦準備制度理事会（FRB）で働き，1947年ハーバード大学経済学博士号を得た。その後カーネギー工業大学（現在のカーネギー・メロン大学），シカゴ大学の経済学助教授を歴任した。1955年から3年間コロンビア大学で教え，1955年～1958年にはジョンズ・ホプキンス大学准教授となり，1958年からはMITの経済学教授であった。1997年マサチューセッツ州コンコルドで病没した。後期ケインズ派に属する理論経済学者でアメリカ・ケインジアンの一人として82歳の生涯であった。

経済成長理論の創唱者，開拓者である。ハロッドとは異なり完全雇用のための均衡成長に集中した。$American\ Economic\ Review$ 誌の1947年3月号に寄せたExpansion and Employmentにおいて，投資の産出能力増大効果であるσ効果を定式化して，新投資の均衡成長率を導出した。これはハロッドの保証成長率と同一概念であるが，両者は全く独立に先駆的定式化に至っている。主著 $Essays\ in\ the\ Theory\ of\ economic\ Growth$, 1957.[14] は論文集であるが，景気循環の分析は展開していない。

ドマー・モデルは次の体系である。

$$\Delta P = \sigma I \tag{1}$$
$$\Delta I = s \Delta Y \tag{2}$$
$$\Delta P = \Delta Y \tag{3}$$

ノーテーションは，P社会的生産能力，Yは国民所得，Iは投資，sは貯蓄性向，σは投資の生産能力係数，を示す。

投資の二重効果に着目した(1)式は，生産能力を増大させることを定式化している。σは資本設備の老朽化，廃棄，原材料や労働との不調和を考慮して，投資1単位の潜在的社会的平均生産力を示している。他方で投資は需要として乗数効果による所得創出効果をもっている。これが(2)式である。完全雇用を維持しながら均衡成長を実現するには投資の二重効果を調和しなければならない。これが(3)式である。投資成長率（$\Delta I/I$）と所得成長率（$\Delta Y/Y$）が同率gである均衡状態では，

$$g = \sigma s \tag{4}$$

(4)式がドマー・モデルの必要成長率の基本方程式である。現実成長率 $\hat{g}$ がこの g と一致しなければ経済体系は不均衡となり,景気循環が引き起こされる。

$\hat{g} < \sigma s$ の場合,現実投資率は均衡成長を実現できる水準に達していないので,経済体系は不完全雇用を発生し不況に陥る。

$\hat{g} > \sigma s$ の場合,現実成長率は均衡成長率以上であるので,経済体系は好況となり,インフレーションが発生する。

ドマー・モデルの σ はハロッド・モデルの C_r の逆数であり,必要成長率あるいは全能力成長率は保証成長率と同一概念である。しかも自然成長率とも均等する。このモデルも調整変数がなく σ も s も外生的所与のパラメータであるので,長期均衡は全く偶然にしか実現されない。

ハロッド・ドマー・モデルのスキームの概要は次の図表12-10で示される構造をもっている。

図表12-10 ハロッド・ドマー・モデルの構造

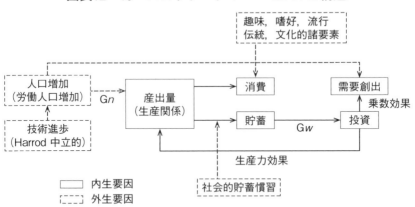

景気循環論が思考法と表現法を変えて,J.M.ケインズの方法論における革命によってパラダイム転換を試みた嚆矢的論考が本章の理論モデル群である。

1938年7月4日付のハロッドに宛てた書簡で,J.M.ケインズは次のように

第12章　景気循環モデル

述べている。

　「経済学は現にある世界に関連するモデルを選択するという技術のもとでモデルによって思考するという科学であり，そうである他はありません。なぜならば経済学は典型的な自然科学とちがって，その適用対象である素材があまりにも多くの点で時間を通じて同質的ではないからです。一時的な，あるいは変動する諸要因について思考したり，それらが特定の場合に引き起こす時間にわたる継起を理解したりする論理的な方法を発展させるために，一時的な，あるいは変動する諸要因から半永久的もしくは相当期間にわたって一定であるような諸要因を分離することがモデルの目的です。」(『全集』14, pp.296-7.)

　こうして景気循環理論は振動解を求める本格的な大数学時代を迎え，難解で複雑な数学モデル化に傾斜していく。非線形理論の円熟と微分方程式の時代が到来し，一挙に複雑なモデル分析が開花していくことになる。

【注】

1) この指摘は J. R. Hicks の『景気循環論』122頁，注(4)にある。
2) 増田操訳『ケインズ雇用と賃金理論の研究』戦争文化研究所，1944年。
3) 浅田統一郎・間宮陽介訳『資本主義経済の動態理論』日本経済評論社，1984年，第12章，141-147頁。
4) 宮崎義一・伊東光晴訳『経済変動の理論』新評論，1958年。
5) 時子山常三郎訳『総合消費税』東洋経済新報社，昭和38年。
6) この論文は Kaldor, N., *Essays on Economic Stability and Growth*, 1960. に所収された。また，Hansen, A.H. and R. V. Clemence, eds., *Readings in Business Cycles and National Income*, 1953. にも所収されている。
7) Goodwin, R. M., *Chaotic Economic Dynamics*, Oxford University Press, Oxford, 1990.（有賀裕二訳『カオス経済動学』多賀出版，1992年）
8) 藤井茂訳『国際経済学』実業之日本社，1943年。
9) 宮崎義一・浅野栄一訳『景気循環論』東洋経済新報社，1955年。
10) 高橋長太郎・鈴木諒一訳『動態経済学序説』有斐閣，昭和28年。
11) 宮崎義一訳『経済動学』丸善，1976年。
12) Robinson, John, *The Accumulation of Capital*, Macmillan, London, 1956, 3rd. ed., 1969.（杉山清訳『資本蓄積論』みすず書房，昭和32年）
13) Harrod, R. F., *Money*, Macmillan, London, 1969.（塩野谷九十九訳『貨幣』東洋経済新報社，昭和49年）

14) 宇野健吾訳『経済成長の理論』東洋経済新報社, 1959年。

第13章　現代景気循環モデル

1　数理モデルの二大潮流

　1930年代にJ.M.ケインズの『一般理論』によって与えられた「方法論における革命」は「モデルによる思考」という新しい方法論への転換を瞬時に成し遂げた。論理的演繹の確実性を重視して，モデルによる知識の獲得を目指しながらもデュナミス・エネルゲイア，あるいは潜在性と現実性の視点から，内的経験主義の内観と，現象の意味的理解のためのモデルを特定できるという直観力とに支えられた「理解」がケインズの経済学方法論である。

　現代の経済学理論は，天才の敷いたこの轍を忠実に踏破して進化している。しかしながら，理論の目的である現実理解とは懸隔を露わにしている。夥しい論考の氾濫は「制度化した経済学」を強固にしながら現実から遊離し，提示される証明は景気現象とは接点を持たない。J.ロビンソンの警鐘する「経済学の危機」に瀕して，経済学は景気現象を再び暗黒の海に投げ入れてしまった。専門家や亜流祖述家が跋扈する特殊な世界を本章で解説する。

　景気循環モデルは線形動学モデルと非線形動学モデルとに大別できる。スナップ写真のように時間の経過のない瞬間の経済状態は経済の静態であり，動画のように時間の経過とともに変化する経済状態が経済の動態である。静態を対象とするアプローチは静学であり，動態を対象とするアプローチが動学である。動学とは変数に日付がつく異時点にかかわる体系であり，より厳密に言えば，異時点における変数を不可欠な要素として含む汎関数方程式が時間にわたる行動を決定する体系を動学体系という[1]。適当な関数空間 $\{u\}$ 上の実数値関数または複素数値関数が汎関数である。線形モデルとは考察下の変数に関する説明変数を用いる構造方程式が変数の線形形式であるようなモデルである。線形形式とは定数を係数とする変数の一次項の和の形式であり，線形形式以外の

場合はすべて非線形形式である。直線形というよりもパターンという意味合いで「線形」あるいは「線型」と表示することが多くなっている。数学的観点から，本書は「線形」としている。

線形動学モデルの一般的な数学的構造は，期間変数を用いる定差方程式体系か，連続変数を用いる微分方程式体系かのいずれかである。離散型の期間分析では1変数の2階定差方程式（例えば，$Y_t + \alpha_1 Y_{t-1} + \alpha_2 Y_{t-2} + f(t) = 0$，型の方程式系）ないし2変数の1階定差方程式（例えば，$X_t = \beta_1 X_{t-1} + \beta_2 Y_{t-1} + f(t) = 0$，型の方程式系）が用いられる。連続分析では1変数の2階微分方程式系（例えば，$\ddot{Y}(t) + \lambda_1 \dot{Y}(t) + \lambda_2 Y(t) + f(t) = 0$，型の方程式系）または2変数の1階微分方程式系（例えば，$\dot{Y} = \mu_1 X + \mu_2 Y + f(t)$，型の方程式系）が用いられる。この他に高階の線形定差方程式，線形微分方程式，線形定差微分混合方程式も用いられる。

均衡モデルの場合には，関数に均衡条件を課す。不均衡モデルでは多様なラグを考慮して，いくつかの均衡条件を外し，代わりに誤差調整メカニズムを導入する。議論の簡単化のために，期間分析よりも連続分析が用いられることが多い。定差方程式は微分方程式に比べて解の領域が広いからである。

数理モデルの嚆矢は1933年のフリッシュ・モデルと1935年のカレツキ・モデルである。ケインズ以前の景気循環論が記述的で仮説的・質的・無時間的な不確定システムであったのに対し，これらの数理動学理論は具体的・数量的・時間決定的な確定システムを形成した。フリッシュ・モデルは次の体系である。

$$z(t) = \frac{1}{\varepsilon} \int_{t-\varepsilon}^{t} y(t) dt$$
$$y(t) = mx(t) + \mu \dot{x}(t)$$
$$\dot{x}(t) = c - \lambda (rx + sz)$$

ノーテーションは次のとおりである。$x(t)$はt時点の消費量，$y(t)$はt時点で開始された資本財生産，$z(t)$はt時点で継続する資本財生産活動（t時点の総資本形成），εは資本の懐妊期間，mは消費財1単位当たりの資本財減耗，μは消費財1単位当たりの必要資本ストック量，c，λ，r，sは常数の構造パラメー

第13章　現代景気循環モデル

タである。

　消費量の変動によって発生する資本財生産量の変動，すなわち投資変動は総資本ストックを変動させ，資源制約のもとで，資本財生産が完了して生産能力として消費財変動に対応できるようになるまで継続し，再び均衡するが，経済社会はランダムなショックに見舞われるためにこの過程が景気循環として繰り返される。

　フリッシュ・モデルは線形系の確率定差方程式モデルである。この振動解はランダム・ショックによって持続性をもつ。振動解は減衰系でシステムは基本的に安定であるという前提をおいている。このモデルからスルツキー[2]とクレル[3]の試みが引き出された。

　ケインズの『一般理論』の後，経済変動の主因としての投資が多くの注目を集めた。特に，ケインズの短期均衡体系を拡充して長期動学化を目指す観点から，その後のポスト・ケインズ派のパラダイムを創始したモデルはカルドア・モデルである。N.カルドアは，1930年代に体系的に深化され研究版図を拡大された力学系振動に関するクリロフとボゴリューボフの非線形振動論を経済学に適用しようとし，この1940年のモデルがパイオニア的な役割を果たした。

　カルドア・モデルはリエナール方程式（Liénard equation）を利用したモデルである。$\ddot{x}+f(x)\dot{x}+g(x)=0$，は一般的なリエナール方程式であり，リエナールの定理にしたがって一意的で安定な極限周期閉軌道をもつ。この極限周期軌道（limit cycle）の数学的定理を応用している。ファン・デル・ポール型（van der Pol）の微分方程式 $\ddot{x}+\lambda(x^2-1)\dot{x}+x=0$，はリエナールの定理を満たす特殊なリエナール方程式である。したがって，この方程式は安定的な周期解を少なくとも1つもち，この一意的な閉軌道は構造安定性をもつ。カルドア・モデルは安定的な極限周期閉軌道を背景にして投資関数の非線形性に着目して景気循環モデルを構築している。前章の図解法は数学的解法の難解を回避した工夫である。

　この着想は非線形経済動学のその後の発展を刺激し，1967年のR.M.グッドウィン・モデルとなって開花する。これはロトカ・ヴォルテラ型微分方程式

(Lotka-Volterra differencial equation) を資本主義経済の動態分析に利用したモデルである。ロトカ・ヴォルテラ型微分方程式は非線形微分方程式の特殊なもので，例えば次のものである。

$$\dot{x} = (\alpha - \beta y)x \tag{1}$$
$$\dot{y} = -(\gamma - \varepsilon x)y \tag{2}$$

x, yは非負，α, β, γ, εは正の定数である。(1)式はxの増加率（$\dot{x}/x$）がyの1次の減少関数，(2)式はyの増加率（$\dot{y}/y$）がxの1次の増加関数，となっていることを示す。xを野兎，yを狐とすると，狐の増殖は捕食される野兎を減少させ，狐の増加率に制約を課す。狐が減ると野兎が増殖し再び狐が増加へと転じる。このシステムは種の増減の時間的推移を明らかにするもので，弱肉強食モデル，あるいは捕食者・非捕食者モデルと呼ばれている。これは生態系の個体群動学の成果である。

ロトカ・ヴォルテラ型微分方程式の動点（x, y）の軌道は閉軌道で構造安定的であり，周期解を持つことが知られている。これを利用した景気循環論が1967年のグッドウィン・モデルである。

モデルの体系は次のように示せる。

$$\dot{v} = [1/\sigma - (\alpha + \beta) - u/\sigma]v \tag{3}$$
$$\dot{u} = [-(\alpha + \gamma) + \rho v]u \tag{4}$$

ノーテーションは，v労働雇用率，u労働分配率，σ資本の生産力，α労働生産力増加率，β労働供給成長率，γ, ρは実質賃金率（w）増加率関数として設定する$\dot{w}/w = -\gamma + \rho v$, のパラメータで正の定数である。

$(\alpha + \beta)\sigma < 1$, のとき，この体系はロトカ・ヴォルテラ型となり，動点である（v, u）の軌道は閉軌道であるが不安定である。明らかに，労働分配率の上昇は労働雇用率の増加を制約し，労働雇用率の増加は労働分配率を高める。閉軌道が不安定である証明はK.ヴェルピライによってなされている[4]。

こうして現代景気循環理論の二大潮流が形成された。すなわちFrisch－

第13章　現代景気循環モデル

Slutskyタイプの線形モデルとKaldor‒Goodwinタイプの非線形モデルである。アメリカ合衆国でマクロ経済変動の議論に採用されたアプローチはFrisch‒Slutskyタイプの線形確率差分方程式系モデルが多く，近年の合理的期待学派の均衡景気循環理論も線形モデルの系譜に属している。

　線形，非線形のどちらのモデルを選択するかについては資本主義経済に関する本質的認識が係わっている。資本主義経済は基本的に安定で，ショックがなければすべての振動は消滅して均衡に達するが，経済諸量に影響する不規則衝撃があるために経済諸量の循環的変動が発生するという立場からはFrisch‒Slutskyタイプの線形モデルが選ばれる。I. Adelmanの共同研究[5]やB. G. Hickmanの報告書[6]はこのような理論観を計量経済的研究で確証している。

　対照的にJ. M. Blattは，景気循環に関する計量経済モデルが暗黙的に極限周期軌道の可能性を排除しているので，実証検定によって安定な減衰系を明らかにしても驚くに及ばないと論じ，経済の根底的な均衡成長軌道は局所的に不安定であると主張した[7]。G. J. Schinasiは1940年のカルドア・モデルの改良モデルを示したが，経済変動に関する経験的諸研究を検討してこれらの2類タイプのどちらを選択するかを決定する客観的理由を見出していない[8]。

　R. W. ClowerとA. S. Leijonhufvudは宇宙論的考察を経済活動の調整形態に持ち込み，不安定性の発生領域を限る境界条件が経済体系の安定性を増す傾向を持つために体系全体に強力な適応力があり，資本主義的市場経済は極めて安定であるという宇宙観をもっている[9]。経済システムの均衡に関する動学的安定性の認識は景気循環理論にとって決定的な重要性をもっているが，現時点でも確定的な立証がない。

2　Frisch-Slutskyタイプの線形モデルの系譜

　線形定差方程式，線形微分方程式，あるいはそれらの混合型方程式を景気循環理論に適用した開拓的モデルはサミュエルソン＝ヒックス型モデルである。このモデルは単純な離散力学系の乗数・加速度因子モデルである。第12章の①で詳説したモデルの(4)式から得られる特性方程式は，すべての実数 λ に対して

$$f(\lambda) = \lambda^2 - \alpha(1+\beta)\lambda + \alpha\beta > 0$$

という条件を満たせば振動解をもつことになる。

このとき振動解は，$Y_t = \bar{G}/\alpha + Br^t \cos(\theta t - \varepsilon)$，である。ただし$B$は振幅，$\varepsilon$は位相で，ともに初期条件で決まり，$r^2 = \alpha\beta$，振動周期$\theta$は，$2\pi/\theta = 2\pi/\cos^{-1}[\alpha(1+\beta)/2\sqrt{\alpha\beta}]$，で与えられる。この解経路は均衡間の横断路である。J.R.ヒックスは特性方程式の発散解に上下制約限界線（天井と床）を与えて，その不安定な回廊（corridor of instability）という経済宇宙で持続的な循環運動を説明した。

変数が上下制約限界線に到達すると，変数が回廊の中間的な位相でもつ値に適合していた運動法則は成立しなくなる。このような非線形問題を断片線形化法（piecewise-linearization）で処理している。この方法は非線形特性を折線近似して，いくつかの線形方程式に変形する手法である。ただし，この方法は各線形方程式の位相面軌道を接続する条件が問題となるため，グッドウィンの1951年モデルでは，レイリー型非線形微分方程式が用いられこの解法として後に，リエナール図解積分法に訴える方法がとられた。

レイリー型非線形微分方程式は非線形非保存系の運動を表す方程式の一種で，非線形力$f(x, \dot{x})$，を復元力$g(x)$と減衰力$h(x, \dot{x})$とに分割したものである。この型の非線形振動系の微分方程式は定常振動が可能で，そのような振動が収束する一意的で安定な極限周期軌道の存在が知られている。近年のA. Medioの非線形問題の解法も参考にされる[10]。

A.W.フィリップスのモデルは1変数2階の線形微分方程式を用いたモデルである。これは連続系景気循環モデルの原初形態であり，次の体系である[11]。

$$C_t = cY_t \tag{5}$$

$$K_t^d = vY_t, \quad (v > 0) \tag{6}$$

$$I_t = \beta(K_t^d - K_t) = \beta(vY_t - K_t), \quad (\beta > 0) \tag{7}$$

$$\dot{Y}_t = \alpha(C_t + I_t + A_t - Y_t), \quad (\alpha > 0) \tag{8}$$

ノーテーションはそれぞれ，C消費，Y国民純所得，K^d所望資本ストック，K現実資本ストック，I投資，A外生的に決定される独立需要，c限界消費性向，

第13章　現代景気循環モデル

β 投資反応速度（調整パラメータ），v 所望資本ストック・産出量比率，α 供給調整パラメータ，脚添字 t は t 時点を示す。

　数学的処理として，(8)式を時間に関して微分し，(7)式の微分形を代入すると，次のような2階線形微分方程式を得る。

$$\ddot{Y}_t + \{\alpha(1-c) + \beta - \alpha\beta v\}\dot{Y}_t + \alpha\beta(1-c)Y_t - \alpha\beta A_t - \alpha\dot{A} = 0$$

　このモデルの解は1939年のサミュエルソン・モデルと類似する。微分方程式は時間を連続変数として扱うので，離散的な期間としての時間を扱う定差方程式の描く理論世界とは異なる。このフィリップス・モデルでも循環の持続を外生的な不規則衝撃によって説明する他ない。また上式の $-\alpha\beta A_t - \alpha\dot{A} = h(t)$，の項に確率変数をおくと確率論的景気循環理論になる。その意味でも，このモデルはまさに現代景気循環理論の源泉である。

　現代景気循環モデルを1930s～1980sの隆盛期を中心に線形モデルと非線形モデルに大別すると次表のように示せる。各陣営の代表的モデルを抽出してみると，それぞれ嚆矢的なモデルが同時代に開発されたものの，1960年代までは線形モデルが全盛期であり1970年代は合理的期待学派の線形モデルと極限周期軌道を利用する非線形モデルとが激しく鎬を削りあいながら，景気循環理論分野の覇権をかけて闘ぎ合い，1980年代の非線形モデル優勢時代へと雪崩れ込んでいった理論史が読み取れる。現代はまさに線形決定論的理論と非線形確率論的理論との対立の中で流れている。

　経済理論にも流行があり，それは10年周期のパレードであると論じる向きもある。主要な経済問題は10テーマぐらいで，それらが10年程度の時間をかけてパレードの先頭に躍り出ては，やがて次のテーマに変遷し，一世紀に10年程度の注目期が顕在する。景気循環理論も1970年代から80年代に経済学を席巻する主要テーマであったが，現在はパレードの後ろの部分で次の隆盛期を待っている状態である。理論の発展は着実に穏やかに進展する。不易を貫いて研究し続ける努力が次の隆盛期に注目され，脚光を浴びることになる。

図表13-1　現代景気循環モデルの分類

線型モデル	非線型モデル
R. Frisch（1933）	M. Kalecki（1935）
E. Slutsky（1937）	N. Kaldor（1940）
P. A. Samuelson（1939）	R. M.Goodwin（1951）
L. A. Metzler（1941）	H. Rose（1967）
J. R. Hicks（1950）	W. W.Chang & D. J. Smyth（1971）
A. W. Phillips（1954）	A. Wenig（1975）
J. Duesenberry（1958）	V. Torre（1977）
W. Krelle（1959）	H. R. Varian（1979）
H. P. Minsky（1959）	A. Medio（1980）
L. L. Pasinetti（1960）	G. J. Schinasi（1980）
A. W. Phillips（1961）	G. J. Schinasi（1981）
A. R. Bergstrom（1962）	G. J. Schinasi（1982）
D. J. Smyth（1963）	A. Medio（1984）
W. Vogt（1969）	G. Silverberg（1984）
T. J.Sargent & N. Wallace（1975）	A. Vercelli（1984）
R. E. Lucas Jr.（1975）	J. M. T. Thompson & H. B. Stewart（1986）
F. E. Kydland & E. C. Prescott（1982）	G. Gabisch（1987）
J. B. Long Jr. & C. I. Plosser（1983）	M. Woodford（1988）

　合理的期待を組み込んだマネタリスト・マークⅡと呼ばれる景気循環理論は，景気現象についてのミクロ的基礎に立脚して，最適制御理論における確率的最適調整問題を展開する。率直に総括すると，合理的期待学派は安定な体系と不規則衝撃とを結び付けて線形確率論的モデルを構築した。

　一方のR. E. Lucas Jr. & L. A. Rappingの1969年モデル，同年のE. S. Phelpsモデル，Lucasの1972年モデル，T. J. Sargent & N. Wallace 1976年モデル，同年のR. J. Barroモデルは，情報confusionあるいはフェルプシアン「島」経済モデルを用いて相対価格変動の識別に誤認や予測誤差が発生することをもって産出量の循環的変動を説明する。

　他方，完全情報を前提とし，F. E. Kydland & E. C. Prescottkの1982年モデ

第13章　現代景気循環モデル

ルやJ. B. Long & C. I. Plosserの1983年モデルは，外生的技術ショックである実物的ショック（生産性ショック）を主因とし，将来時間の分析的解決をめざす仮説であるロビンソン・クルーソー経済の枠組みを設定して，一般均衡景気循環モデルを構築した。これが，実物的均衡景気循環理論（Real Business Cycle Theory）である。

現代の理論研究は概ねこれらの二大陣営の対抗の中で展開されている。それぞれの崇高なパラダイムを拡張させながら，マネタリズムと新古典学派の新たな論戦が白熱している。エレガントで精密な大数学時代を彩りながら，形式的で不毛な「研究のための研究」を増殖し制度化された経済学ギルドを形成した。

忌憚なく言えば，生活感覚としての景気実態から理論は大きく乖離した。August Comteが陋巷の汚穢と凋萎した生活の陰鬱とに憤る社会的熱情に動かされて，貧困撲滅を標榜して経済学に活路を求めていったあの「暖かい心」は失われて久しい。経済学が発達すればするほど経済学は現実世界から遊離すると警鐘したJ.ロビンソンの「経済学の危機」は今日ますます深刻化している。

しかしながら，もっと超長期に事物と学問の深化を捉えるならばと，『21世紀の資本』のT.ピケティは挑発した。懐古すれば，限界革命という微分学が経済学にもたらされた時も，Vilfredo パレートが *Manuale di economia politica con una introduzione alla scienza sociale*, Milano：Società Editrice Libraria, 1906. において数理経済学を展開した時も形式的で不毛な数学時代と蔑まれたかもしれない。それは一時の純粋精緻化であって，その後の芳醇な経済学世界を形成するための「現実からの逃避」であった。禍福は糾える縄のごとしかもしれない。

経済変数の期待値を変数として組み込む合理的期待学派の景気循環モデルは，解法としていくつかの数学的方法がある。直説法，ミュース型未定係数法，ルーカス型未定係数法などである。1976年のサージェント＝ウォーレス・モデルに準じた単純モデルで直説法の手順を示しておこう。

$$M_t + \overline{V}_t = P_t + y_t \tag{9}$$

$$y_t = y_p + \beta (P_t - {}_{t-1}P^e_t) \tag{10}$$

$$M_t = \alpha y_{t-1} + \varepsilon_t \tag{11}$$

但し，M：貨幣供給量　V：貨幣流通速度（一定）　P：物価水準　y：実質産出量　y_p：完全雇用産出量　${}_{t-1}P^e_t$：$t-1$期になされるt期の期待物価水準　α, βは正の定数　εはホワイト・ノイズで，すべての変数は対数表示である。ホワイト・ノイズは白色攪乱で不規則変動を示す項である。平均ゼロ，分散一定の確率変数で相互に独立で系列相関がないものを総称する。

直説法はまず期待値変数を外生変数として，その他の内生変数について解く。すなわち，(9), (10), (11)式をP_t, y_tについて解く。

$$P_t = \alpha y_{t-1} - y_p - \beta (P_t - {}_{t-1}P^e_t) + \overline{V}_t + \varepsilon_t \tag{12}$$

$$y_t = \frac{1}{1+\beta} (\alpha \beta y_{t-1} + y_p - \beta {}_{t-1}P^e_t + \beta \overline{V}_t + \beta \varepsilon_t) \tag{13}$$

次に，内生変数についての解に基づいて変数の期待値を求める。(12)式の両辺の合理的期待値をとると，数学的期待値のオペレータEを用いて次式を得る。

$$EP_t = E_{t-1}P^e_t = \alpha y_{t-1} - y_p - \beta E(P_t - {}_{t-1}P^e_t) + \overline{V}_t - E\varepsilon_t$$
$$= \alpha y_{t-1} - y_p + \overline{V}_t \tag{14}$$

(13)(14)式から

$$y_t = y_p + \frac{\beta}{1+\beta} \varepsilon_t \tag{15}$$

これらの期待値を(11)(12)式に代入して解を導出する。

$$M_t = \alpha y_p + \varepsilon_t + \frac{\alpha \beta}{1+\beta} \varepsilon_{t-1} \tag{16}$$

$$P_t = -(1-\alpha) y_p + \overline{V}_t + \frac{1}{1+\beta} \varepsilon_t + \frac{\alpha \beta}{1+\beta} \varepsilon_{t-1} \tag{17}$$

このように内生変数をその過去値と他の内生変数の過去値，外生変数，確率変数だけの関数として表すことを誘導形式と呼ぶ。線形確率定差方程式の内生変数についての誘導形式に，将来値の期待が含まれる場合は，解は重複性をもち一意性がない。そのときは発散不可能条件を設定して解の安定性を仮定し一意性を保障する方法が一般的に用いられる。

3 Kaldor-Goodwin タイプの非線形モデルの系譜

　最近の微分方程式モデルでは，分岐理論（bifurcation theory）がよく用いられる。パラメータの変化に伴う状況の定性的位相的変化（生物学上の変態metamorphosis）を示すものが分岐である。

　位相点は時間とともにナヴィエ・ストークス方程式（Navier-Stokes equation）に従って，複雑ではあるが一意的な経路をたどる。臨界状態で発生した攪乱を含む流れに不規則性が加わると流体の不規則運動である乱流となるが，これは流体の速度場の偶然運動，すなわち確率過程である。流体の偶然速度uの分布の特性汎関数に係わる理論がホップ（E. Hopf）の分岐理論である。

　不規則性はNavier−Stokes方程式の非線形性が与える。ホップの分岐理論はパラメータの変化にともなって安定均衡が安定極限周期軌道を引き起こすメカニズムを示す。したがってHopfの分岐を研究することが極限周期軌道を探索する最も容易な方法である。

　非線形系モデルでは流体力学理論を応用する動きもある。第7章で述べた経済的レイノルズ数Rを利用する。このRの値に応じてRが小さい場合は，流れは滑らかな流線をもつ層流となり，Rが大きいときは時間的にも空間的にもきわめて不規則な乱流となる。層流から乱流への遷移は層流の不安定性に基づくものである。静穏なスジ状の一つの流れである層流が渦を巻くような乱流に遷移する条件を流体力学から解明し，景気循環現象の説明に用いる。V.トーレはHopf分岐を用いて，ＩＳ－ＬＭモデルにおける極限周期軌道の問題を考察している[12]。

　決定論的分析と確率論的分析の中間にカオス系理論（deterministic Chaos theory）が開発されている。近年カオス系として知られるに至った非線形微分方程式は，単純な構造ながら，線形モデルに確率項を加えたモデルと同じような複雑な動きを見せる。

　経済時系列データの変動は，趨勢除去後に不規則変動を示すものが多く，見かけ上，一つの単純な関数で近似できないと思われる場合でも，本質的には決定論的メカニズムをもっていることがある。不規則挙動の性質をもつ解を生じ

る決定論的方程式を取り扱う理論としては,エルゴード理論がある。線形確率モデルの不規則変動は外生的ショックによって発生するが,カオス系の不規則変動はモデル内部の決定論的メカニズムに基づく「構造的変動」である。最も単純なカオス系の動学系は,例えば次の形である。

$$x_{t+1} = 4x_t(1-x_t) \tag{18}$$

x_{t+1}を縦座標に,x_tを横座標に示す(x_t, x_{t+1})平面に2次元マップをプロットすると2次関数$x_{t+1}=4x_t(1-x_t)$,の関数形が現れる。このとき,この関数を,1次元アトラクターをもつカオス系動学方程式と呼ぶ。

この種のカオス系動学方程式については,リー・ヨークの定理が成立する[13]。すなわち,あるt時に,$J \subset \mathbf{R}$である区間関数$Fi:J$が連続であるとし,$a \in J$なるa点で,$b=F_1(a)$,$c=F_2(a)$,$d=F_3(a)$である諸点が,$d \leq a < b < c$,(あるいは$d \geq a > b > c$)を満たすようにaが存在すれば,正の整数k($k=1, 2, \cdots$)を周期とするJ集合内の周期点が存在する。つまり,このリー・ヨークの定理が成立する限り,カオス系動学方程式には周期解が存在することになる。シュッツァー・モデルはLi・Yorkeの定理を用いて循環変動の経路や不規則変動の経路の存在を論じている[14]。

さらに,カタストロフィの理論,ゆらぎの増幅によって発生する散逸構造の出現をともなう非平衡系における自己秩序化の理論(prigogine)[15],また不安定構造を示すすべての現象を統一する理論を開発しようとするシナジェティクス(synergetics)から概念と方法が導入されている。

現代の数理モデル分析は景気実態から遠く隔たっている。数学を存分に利用し尽くすことは現代の経済学世界では未だ難しい。その不完全燃焼の中で,振動しさえすれば景気理論だと主張することは虚実皮膜のうちに漂うに等しい。

次章では,現代景気循環理論を別の視点から解説する。本章の注には線形モデル・非線形モデルの分類表の論考の代表的な文献をリストアップしている。

第13章　現代景気循環モデル

【注】
1) Frisch, Ragnar, "On the Notion of Equiliblium and Disequiliblium," *Review of Economic Studies*, Vol.3, Feb., 1935 – 36, pp.100-106.
2) Slutsky, E., "The Summation of Random Causes as the Source of Cyclical Processes," *Econometrica*, Vol.5, 1937, pp.105-146.
3) Krell, W., "Grundlinien einer stochastischen Konjunkturtheorie," *Zeitschrift für die gesamte Staatswissenschaft*, Bd. 115, 1959, S.472-494.
4) Velupilai, K., "Some Stability Properties of Goodwin's Growth Cycle," *Journal of Economics*, 1979.
5) Adelman, I. and F. L. Adelman, "Dynamic Properties of the Klein-Goldberger model," *Econometrica*, Vol.27, No.4, 1959, pp.597-625.
6) Hickman, B. G. ed., *Econometric Models of Cyclical Behaviour*, Vols.1 and 2, NBER Studies in Income and Wealth No.35, Princeton U. P., 1972.
7) Blatt, J. M., *Dynamic Economic Systems : A Post-Keynesian Approach*, Armonk : M. E. Sharpe, 1983.
8) Schinasi, G. J., *A Nonlinear Dynamic Disequilibrium Model of Macroeconomic Fluctuations : A Theoretical and Empirical Study*, 1980.
9) Kỳn, O., and W. Schrettl, eds., *On the Stability of Contemporary Economic Systems*, 1979.
10) Medio, A., "A Classical Model of Business Cycle," in E. J. Nell ed., *Growth, Profit and Property*, Cambridge University Press, Cambridge, 1980, pp.173-186.
11) Phillips, A. W., "Stabilisation Policy in a Closed Economy," *Economic Journal*, Vol.64, 1954, pp.290-323.
12) Torre, V., "Existence of Limit Cycle and Control in Complete Keynesian System by Theory of Bifurcations," *Econometrica*, Vol.45, 1977, pp.1457-1466.
13) Li, T. Y. and J. A. Yorke, "Period Three Implies Chaos," *American Mathematical Monthly*, Vol.82, 1975, pp.985-992.
　　メリーランド大学のヨーク教授とは，1994年5月23－27日の期間，東京都立大学（現在の首都大学東京）で開催された「動学システムとカオスの国際学会」で面識を得た。その夜，大和瀬達二先生のグループの学者たちと共に大沢の京王プラザホテルでヨーク教授を囲み議論を交わした。大変気さくな温厚篤実なお人柄で私のレイノルズ数論文にも興味を示してくださった。「次はストックフォルムですか」と尋ねたところ，「研究領域が雑多なのでどの賞にもあてはまりません」と謙虚にお話し下さった。この経済レイノルズ数の論考はH.ローズ教授からもリクエストを受け，いろいろなご示唆を頂いた。このことが契機となり，ローズ教授の本を翻訳することになった。第二次世界大戦で従軍され日本軍との交戦で左足を撃ち抜かれた教授の日本嫌いを少しは解消できたように思う。
14) Stuzer, M. J., "Chaotic Dynamics and Bifurcation in a Macro Model," *Journal of Economic Dynamics and Control*, Vol.2, 1980, pp.253-276.

15) Prigogine, I., *From being to becoming*, W. H. Freeman, San Francisco, 1980.

プリゴジン博士は東京で講演し、「雲の形を予測できるまでになる」と力説された。自己秩序化は誰しもが経験していることである。例えば、バスケットボールのドリブル練習の時、初めは各人が自分のリズムでボールを突いているが、やがてコートには一定のリズムが発生してすべての選手を巻き込んで一体化していく。そのリズムから逃れようとする努力は空回りする。景気循環は経済社会のすべての主体をその自己秩序化周期に巻き込んでしまう。規模の大小によらず業種の相違によらず老舗も新企業も巻き込んでいく。この点で自己秩序化理論は景気循環を説明できるのではないかと期待を抱かせる。

線形モデル文献（表の掲載順）

❶ Frish, R., "Propagation problems and impulse problems in dynamic economics," in *Essays in Honour of Gustav Cassel*, London, George Allen & Unwin. 1933.

❷ Slutsky, E., "The summation of random causes as the source of cyclical processes," *Econometrica*, Vol.5, No.2, 1937, pp.105-146. この論文は1927年に発表されたが、英語圏で公表されるまで10年を経ている。

❸ Samuelson, P. A., "Interaction between the multiplier analysis and the principle of acceleration," *Review of Economics and Stutistics*, Vol.XXXI, May 1939, pp.75-78.

❹ Metzler, L. A., "The nature and stability of inventory cycles," *Review of Economic Stutistics*, August 1941.

❺ Hicks, J. R., *A Contribution to the Theory of trade Cycle*, Oxford, Oxford University Press, 1950.

❻ Phillips, A. W., "Stabilisation Policy in a Closed Economy," *Economic Journal*, Vol.64, 1954, pp.290-323.,

❼ Duesenberry, J., *Business Cycles and Economic Growth*, New York, McGraw-Hill, 1958.

❽ Krelle, W., "Grundlinien einer stochastischen Konjunkturtheorie," *Zeitschrift für die gesamte Staatswissenschaft*, Bd. 115, 1959, S.472-494.

❾ Minsky, H. P.," Alinear model of cyclical growth," *Review of Economic Statistics*, Vol.XLI, May 1959.

❿ Pasinetti, L. L., "Cyclical Fluctuations and Growth," *Oxford Economic Papers*, Vol.12, 1960, pp.215-241.

⓫ Phillips, A. W., "A Simple Model of Employment, Money and Prices in a Growing Economy," *Economica*, Vol.28, 1961, pp.360-370.

⓬ Bergstrom, A. R., "A Model of Technical Progress, the Production Function and Cyclical Growth," *Economica*, Vol.29, 1962, pp.357-370.

⓭ Smyth, D. J., "Monetary Factors and Multiplier Accelerator Interaction," *Economica*, Vol.30, 1963, pp.185-202.

⓮ Vogt, W., "Fluktuationen in einer wachsenden Wirtschaft unter klassischen Be-

第13章　現代景気循環モデル

dingungen," in G. Bombach (Hrsg.), *Wachstum, Einkommensverteilung und Wirtschaftliches Gleichgewicht*, Duncker und Humblot, Berlin, 1969, S.61-72.

⑮ Sargent, T. J. and N. Wallace, "'Rational' expectations, the optimal monetary instrument, and the optimal money supply rule," *Journal of Political Economy*, Vol.83, No.2, April 1975, pp.241-254.

⑯ Lucas, R. E. Jr., "An equilibrium model of the business cycle," *Journal of Political Economy*, Vol.83, No.6, 1975, pp.1113-1144.

⑰ Kydland, F. E. and E. C. Prescott, "Time to build and aggregate fluctuations," *Econometrica*, Vol.50, No.6, November 1982, pp.1345-1370.

⑱ Long, J. B. Jr. and C. I. Plosser, "Real Business Cycles," *Journal of Political Economy*, Vol.91, No.1, February 1983, pp.39-69.

非線形モデル文献（表の掲載順）

① Kalecki, M., "A Macrodynamic Theory of Business Cycles," *Econometrica*, Vol.3, July 1935, pp.327-344.

② Kaldor, N., "A model of trade cycle," *Economic Journal*, Vol.50, March 1940, pp.78-92.

③ Goodwin, R. M., "The nonlinear accelerator and the persistence of business cycles," *Econometrica*, Vol.19, No.1, January 1951, pp.1-17.

④ Rose, H., "On the nonlinear theory of the employment cycle," *Review of Economic Studies*, Vol.34, 1967, pp.138-152.

⑤ Chang, W. W. and D. J. Smyth, "The existence and persistence of cycles in a nonlinear model : Kaldor's 1940 model re-examined," *Review of Economic Studies*, Vol.38, January 1971, pp.37-44.

⑥ Wenig, W., "Beschäftigungesschwankungen, Einkommensverteilung, und Inflation," *Zeitschrift für die gesamte Staatwissenschaft*, Bd. 131, 1975, S.1-42.

⑦ Torre, V., "Existence of Limit Cycle and Control in Complete Keynesian System by Theory of Bifurcations," *Econometrica*, Vol.45, 1977, pp.1457-1466.

⑧ Varian, H. R., "Catastrophe theory and the business cycle," *Economic Inquiry*, Vol. XVII, January 1979, pp.14-28.

⑨ Medio, A., "A Classical Model of Business Cycle," in E. J. Nell ed., *Growth, Profit and Property*, Cambridge University Press, Cambridge, 1980, pp.173-186.

⑩ Schinasi, G. J., *A Nonlinear Dynamic Disequilibrium Model of Macroeconomic Fluctuations : A Theoretical and Empirical Studies*, 1980.

⑪ Schinasi, G. J., "A nonlinear dynamic model of short run fluctuations," *Review of Economic Studies*, Vol.48, 1981, pp.649-656.

⑫ Schinasi, G. J., "Fluctuations in a Dynamic, Intermediate-Run IS-LM Model : Applications of the Poincaré-Bendixson Theorem," *Journal of Economic Theory*, Vol.28, 1982, pp.369-375.

⑬ Medio, A., "Synargetics and Dynamic Economic Models," in R. M. Goodwin, M. Kruger and A. Vercelli, *Non-linear Models of Fluctuating Growth*, Berlin-Heidelberg-New York, Springer, 1984, pp.166-191.
⑭ Silverberg, G., "Embodied Technical Progress in a Dynamic Economic Model : The Self-Organization Paradigm," in R. M. Goodwin, M. Kruger and A. Vercelli, *Non-linear Models of Fluctuating Growth*, Berlin-Heidelberg-New York, Springer, 1984, pp.192-208.
⑮ Vercelli, A., "Fluctuations and Growth : Keynes, Schumpeter, Marx, and The Structural Instability of Capitalism," in R. M. Goodwin, M. Kruger and A. Vercelli, *Non-linear Models of Fluctuating Growth*, Berlin-Heidelberg-New York, Springer, 1984, pp.209-231.
⑯ Thompson, J. M. T. and H. B. Stewart, *Nonlinear Dynamics and Chaos*, John Wiley, New York, 1986.
⑰ Gabisch, G., "Nonlinearities in Dynamic Economic Systems," *Atlantic Economic Journal*, Vol.15, 1987, pp.22-31.
⑱ Woodford, M., "Imperfect Financial Intermediation and Complex Dynamics, in W. A. Barnett, J. Geweke and K. Shell, eds., *Economic complexity : Chaos, Sunspots, Bubbles and Nonlinearity*, Cambridge Univesity Press, Cambridge, 1988.

第14章　均衡景気循環アプローチ

　一面的で特殊な投資関数に依拠する産出量変動モデルは1970年代に強烈な二つの反動に曝された。一方では確率的で動学的に安定な数理モデルが，ランダム・ショックや外生要因の体系不安定化作用に拘泥するマクロ計量モデルに対抗して浮上した。他方，総需要管理政策を備えて景気コントロールを自負するケインジアン・モデルは，その内生的不安定性を不可避とする経済宇宙観を粉砕されるような論駁に遭遇した。長い確執の果てに融和を拒絶したマネタリズムの再登場であった。

　自然率仮説，合理的期待仮説，さらに1970年代のスタグフレーション禍中でのケインジアンの壮絶な失敗は，景気循環を現代動学形態で一般均衡理論の前提と両立させる研究伝統を台頭させた。ケインジアン経済学のパラダイム・コアに向けて放たれた二本の矢が現代景気循環理論に変革を迫った。これらが，マネタリズムⅡと呼ばれる均衡景気循環理論と，新古典派伝統の実物的均衡景気循環理論である。これらの理論は一般均衡理論の枠組みを維持しながら，貨幣的ショックや実物ショックに由来する景気循環を描き出した。

1　均衡景気循環理論

　この理論を構成する基本モデルはE. S. Phelpsの「島」経済を分析的枠組みとして設定する。この経済は次の三公準を前提としている。
①価格と数量とは競争的均衡体系の解によって決定される
②情報は不完全である
③各主体は将来諸変数について合理的期待を形成する
　基本モデルでは，不完全な情報量のもとで，各経済主体は合理的期待形成を含む合理的最適化行動をするが，マクロ経済の市場均衡は様々なレベルの均衡

を実現しながら,均衡流列としての景気循環を発生させる。Robert E. Lucas Jr.とLeonard A. Rappingの1969年の論文[1]がこの理論の嚆矢である。当初,合理的期待の前提は「神ならぬ人間には難しい」と曲解が横溢した[2]。しかし,経済主体の将来予測が入手可能な情報による数学的期待値に基づいていると仮定する合理的期待仮説は極端に強い特異な前提ではないし,情報の格差も当然の現実認識である。経済に関する政府の情報量は,今や公衆のもつ情報量を大きく凌駕してはいない。

ルーカス=ラッピングは物価予想値と現実値,実質賃金の予想値と現実値,これらが共に一致する場合の労働供給を正常労働供給とし,この正常値と現実の市場均衡労働供給との差を探職失業(job search unemployment)として統計データの失業率 U_t に対応させた。この失業率はフィリップス曲線を背景に,現実産出量と対応する。したがってまず,次式が定式化される。

$$\dot{y}^s_t = a(P_t - P^e_t)$$

t期の実質産出水準 y^s_t は,t期の物価水準指数 P_t が t 期に予想される期待物価水準指数 P^e_t と乖離すると,その幾分かの反映率で現実の労働供給量に変化をもたらし,更にフィリップス関係を通じて産出量の変化を発生させる。a は正の定数パラメータで,すべての変数は自然対数表示である。合理的期待派のモデルが恣意的に自然対数表示にするのは,モデルを本質的に線形化し演算を一次式で行うためである。したがってそれらの議論は非線形モデルでは必ずしも有効ではない。

予想し得ない物価項に対する正の供給反応は,余暇と労働との異時点間の代替性と関連して一般的な効果として合理的に説明できる。この基本的な反応関数を景気循環の説明に使うには,前期の産出量水準を組み込んだ定差方程式体系にする必要がある。

均衡派モデルはこのような視点からルーカス型総供給関数を定式化し,次いでマネタリストの原点である所得数量説に基づく物価方程式を導入する。

$$m_t - P_t = y^d_t$$

この物価方程式は,総需要 y^d_t が消費,投資,および政府支出からなり,実

第14章 均衡景気循環アプローチ

質総貨幣ストック（m_t/P_t）と一致すると捉え，対数線形定式化を施したものである。これら二式の原初的な定差方程式体系の振動解はそれだけで，景気循環に類似した動きを示せるとは限らないが，これに確率的外生ショックが加わるとyの振動解は景気循環波動と見ることができるようになる。均衡景気循環理論モデルはこうして次の体系になる。

$$y^s_t = y^* + a(P_t - P^e_t) + b(y_{t-1} - y^*) + \varepsilon_t \tag{1}$$

$$m_t - P_t = y^d_t + u_t \tag{2}$$

$$P^e_t = E(P_t | I_{t-1}) \tag{3}$$

$$m_t = f(I_{t-1}) + \Omega_t \tag{4}$$

$$y^s_t = y^d_t = y_t \tag{5}$$

ノーテーションは次の通りである。y^*は自然率産出水準（長期均衡産出水準），y_jはj期の均衡実質産出水準（$j=t, t-1$），y^s_tはt期の実質産出水準，y^d_tはt期の実質総需要水準，P_tはt期の物価水準，P^e_tは前期（$t-1$期）までの時系列データを主とする全ての情報に基づいて主観的に予想されるt期の期待物価水準，I_{t-1}は$t-1$期までの利用可能なすべての情報集合，m_tはt期の名目貨幣供給量，Eは数学的期待値のオペレータ，$\varepsilon_t, u_t, \Omega_t$はホワイトノイズ，すなわち不規則変動を示す攪乱項で，平均ゼロ，分散一定の確率変数であり，相互に独立で系列相関がない。a, bは非負の定数パラメータである。変数はすべて自然対数表示である。

(1)式はルーカス型総供給関数である。予期しない物価変化があると驚愕して反応する行動を組み込んでいるので，驚愕供給関数と呼ばれることもある。(2)式は実質総需要関数で，(5)式の均衡条件によって需給一致の均衡実質産出水準を実現する。(3)式は合理的期待の一般的定式，(4)式は貨幣供給量に関する政策ルール，つまり貨幣供給ルールを示す。このルールは過去のデータI_{t-1}からのフィードバックルールで，一般公衆に周知である。

このモデルの実質産出量の動向は，この体系から確率定差方程式を誘導して考察される。均衡条件(4)式を考慮して，(1)，(2)式の合理的期待値をとると，

$$E(y_t | I_{t-1}) = y^* + a[E(P_t | I_{t-1}) - E(P_t | I_{t-1})] + b(y_{t-1} - y^*) + E(\varepsilon_t) \tag{6}$$

$$E(m_t|I_{t-1}) - E(P_t|I_{t-1}) = E(y_t|I_{t-1}) + E(u_t) \tag{7}$$

$E(\varepsilon_t) = 0$, $E(u_t) = 0$, であるから

$$E(y_t|I_{t-1}) = y^* + b(y_{t-1} - y^*) \tag{8}$$

(1)式に(2)式を代入し，(3)式と(7)式から得られる

$P^e_t = E(P_t|I_{t-1}) = E(m_t|I_{t-1}) - E(y_t|I_{t-1})$, を代入すれば，

$$y_t = y^* + a[m_t - E(m_t|I_{t-1})] - ay_t + aE(y_t|I_{t-1}) - au_t + b(y_{t-1} - y^*) + \varepsilon_t \tag{9}$$

(8)式と(9)式から

$$y_t = y^* + b(y_{t-1} - y^*) + a/(1+a)[m_t - E(m_t|I_{t-1})] - [a/(1+a)]u_t + [1/(1+a)]\varepsilon_t \tag{10}$$

(4)式から

$$E(m_t|I_{t-1}) = f(I_{t-1}) + E\Omega_t, \ E\Omega_t = 0, \ m_t - E(m_t|I_{t-1}) = \Omega_t \tag{11}$$

(10)，(11)式から

$$y_t = y^* + b(y_{t-1} - y^*) + [a/(1+a)](\Omega_t - u_t) + [1/(1+a)]\varepsilon_t \tag{12}$$

このように得られた誘導形方程式によって，外生的攪乱だけが前期の実質産出水準から今期の実質産出水準を乖離させ，景気循環を引き起こせることが容易に理解できる。因みに，イノベーション $\{\Omega_t\}$ は利用可能な過去の時系列データ集合 I_{t-1} からは予測できないような貨幣供給量増加率部分で，予想外のこのような変化部分は平均物価水準の変化率部分（innovation）に関連する。また，(8)式は，実質産出量が固定的な自己回帰過程に従うと予想されることを意味する。

この均衡モデルの景気循環理論は次のように説明される[3]。好況期，不況期はいずれも恒常的な均衡状態である。この場合の均衡とは，経済主体の利己的最適化行動と市場均衡とが各時点で成立しているという意味で，多変量確率過程に従っている経済状態である。そのような均衡状態で，産出量，雇用，投資，消費などのマクロ経済諸変数の系列相関を発生させる主因は，相対価格の変動である。相対価格体系と実質諸量とは市場均衡の成立によってその均衡水準に決定される。相対価格の変化は貨幣供給量や物価水準という名目経済変数と実

第14章　均衡景気循環アプローチ

質経済変数との間の共変関係から結果される。共変関係はアイランド・パラダイムにおける情報の不完全性公準が説明する。

「島」経済体系の分離市場 i（$i=1, 2, 3, \cdots, n$）の参加者は，今期の貨幣供給量の増加率 μ_t と今期の一般物価水準 P_t について正確な情報をもっていないが，i 市場の情報はすべてもっている。つまり，今期のこのような参加者の情報集合 $_iI_t$ は次の形態の時系列データである。

$$_iI_t = \{P_{t-j},\ \mu_{t-j},\ P^i_{t-r}\,;\,j=1, 2, \cdots,\ r=0, 1, 2, \cdots\}$$

但し，P^i_{t-r} は i 分離市場で成立している自己の生産物の個別名目価格である。

μ_t の変化，例えば $0\to 5\%$ が発生すると，i 分離市場の経済主体は P^i_t が5％上昇することは即時的に観察できるが，$P^1_t,\ P^2_t,\ P^3_t\cdots,\ P^{i-1}_t,\ P^{i+1}_t,\ P^{i+2}_t,\ \cdots,\ P^n_t,\ P_t$ を完全には知りえない。つまり，観察可能なデータや比較的迅速に入手できる情報は不完全であるために当該時点の国民経済全体の状況はこの不完全な情報集合 $_iI_t$ に基づいて推定される他はない。このパラダイムには貨幣錯覚は発生しないので，各経済主体の行動はすべて実質値に反応する。また，P^i_t の変化よりもその相対価格（P^i_t/P_t）の変化が重要視される。

P^i_t の上昇は P_t の上昇部分と（P^i_t/P_t）の上昇部分とに識別されなければならない。価格をシグナルとして行動する各経済主体は，μ_t の正確な把握ができないので P^i_t の変化を，貨幣供給量 μ_t の変化に関連する名目変化部分と実物諸量の需要変化に伴う相対価格の変化部分とに識別することが難しい。さらに，P^i_t の変化が一時的変動か，恒常的変動かについても識別が難しい。

観察可能データから観察不可能な部分を抽出し，これを信号として体系の動向を推定する信号抽出問題（signal processing）[4]が発生する。外生的ショックを貨幣的ショックと実物的ショックとに識別できないときには，ショックは数期間にわたって複合し，和や積の合成形態となる。ここに価格シグナルの誤認が発生し期待値と現実値とは乖離する[5]。

名目価格体系は即時的調整を達成できるが，相対価格変化が引き起こす実物諸量の変化は調整コストや調整ラグを伴うので持続的な調整変化を継続させる。したがって，シグナル誤認に起因する実物経済の変動も同様の持続性を避け得

ない。

　μ_tの変化によって現実インフレ率が期待インフレ率を超え，予想外のインフレ部分が自己の生産物の相対価格を一時的に上昇させ，あるいは実質的に上昇させたと誤認されると，産出量の意思決定が増加に傾き正常産出水準を超える。労働供給についてもこの誤認により，将来時点での余暇の期待効用が高まるため余暇と労働の異時点間配分が変更され，現時点でより多くの労働を供給しようとする。結果的に失業水準も自然率以下になる。これが好況均衡である。

　逆の不況均衡の場合は，現実産出量が正常産出水準を下回り，余暇と労働の代替は労働供給を減らし，自発的失業が増大する。現実インフレ率の変化が恒久的変化として正確に認識されると実物面への影響はなく，期待は速やかに修正され実質効果は発生しない。このケースは不完全情報の公準を満たさない。

　経済変動は経済主体が自己の意思決定に関わりのある変数の予想外の変化に反応することで起きる。しかしながら，長期的には誤認は修正され，学習され，系統的な誤認部分は期待形成から排除されて期待形成の均衡状態も達成される。産出量は長期的な均衡水準である自然水準に落ち着く。インフレ率は正確に認識され，相対価格変化がないことが周知される[6]。(12)式は定数パラメータa, bの適切な数値でy_tがy^*に収束することを示す。

　合理的期待仮説は合理的な経済主体の主観的な将来予想が期待均衡の状態として，現時点までのすべての利用可能情報集合I_{t-1}の制約のもとでの条件付き確率分布の数学的期待値と同一になることである。この仮説を前提とすることで，均衡景気循環理論は個別経済主体の合理的な最適化行動を期待形成の場にも貫こうとする立場から構築されている。

　この理論のなかで発生する産出量変動は，古い均衡から新しい均衡への瞬間的変位によって均衡世界に閉じ籠っている。マクロ体系にとっての充分なミクロ的基礎をそなえ，同時にパレート最適をみたすような市場均衡の時間的変化過程が実体経済のダイナミックスである。理論としてはエレガントではあるが，情報の不完全性公準や労働の効用関数の特殊形も現実味が乏しくこのパラダイムの魅力を減じている。

第14章　均衡景気循環アプローチ

2　Real Business Cycle Theory

　貨幣要因ではなく，実物要因に分析の焦点を当てる均衡景気循環理論が実物的均衡景気循環理論である。この体系はK. J. ArrowとG. Debreuによって発案されたアロー・ドゥブリュー型のロビンソン・クルーソー経済の設定の中で構築されている。

　絶海の孤島に漂着したロビンソン・クルーソー[7]の世界を想定し不確実な将来の抽象的解決をはかる仮説的経済世界がこの理論の枠組みである。各財が引き渡される日時，場所，事象の状態（偶然性）はすべて特定化されている。事象の状態とは気象条件，自然の災害，技術的可能性などを内容とし，入手可能な特定財は定められた時日と場所においてどのような事象が実現するかに応じて，全く異なる経済的役割を果たす。

　各経済主体は細部まで精密に特定化された財の賦存量ベクトルをもち，これらの財の消費についての効用関数をもっている。市場での取引は特定の事象状態が実現しなければ，成立しない。財のリストを拡張し，均衡存在条件と最適保証条件が適用されると最適一般均衡解が決定される。このようにして全契約が結ばれるならば，経済生活は特定財に対応する特定契約をこれらの特定化された条件の発生に合わせて履行するという自動化コースに入ることになる。これは単純ではあるが，現実的には難しい精巧な市場形態である。

　このようなクルーソー型経済は定常均衡体系であり，理論的に合理的期待を満たしている。各経済主体の市場行動は推定確率分布に基づいてなされるが，この将来予想は定常均衡状態ですべて実現する。合理的期待のもとでは確率過程は定常性（stationarity）を満たしている。確率過程は観察された現象を多様な可能性の中から確率的に実現した事象ととらえるので，その変数の確率分布が定常的分布と異なると，観測値に関する合理的期待の意味が不明確になる。合理的期待はクルーソー型経済とは異なる前提から同様な結論に到達しようとする試みである。

　クルーソー型経済は合理的期待よりも厳しい前提の上に将来時間の分析的解決を目指した仮説である。その仮説世界の景気循環の論証も理論的な示唆に富

む試みである。ここでは，代表的なロング＝プロッサー・モデル[8]に即して検討しよう。モデルは次の体系である。

$$U \equiv \sum_{t=0}^{\infty} \beta^t u(C_t, Z_t), \quad 0 < \beta < 1 \tag{13}$$

$$Y_{t+1} = F(L_t, X_t ; \lambda_{t+1}), \quad t = 0, 1, 2, \cdots \tag{14}$$

$$Z_t + \sum_{i=1}^{N} L_{it} = H, \quad t = 0, 1, 2, \cdots \tag{15}$$

$$C_{jt} + \sum_{i=1}^{N} X_{ijt} = Y_{jt}, \quad j = 0, 1, 2, \cdots N ; t = 0, 1, 2, \cdots \tag{16}$$

$$S_t \equiv (Y_t, \lambda_t) \tag{17}$$

$$V(S_t) \equiv \max E[\sum_{s=t}^{\infty} \beta^{s-t} u(C_s, Z_s) \mid S_t] \tag{18}$$

但し，ノーテーションは次の通りである。Uは期待効用，βは割引率，C_tはt期の消費財$N \times 1$ベクトル，Z_tはt期の余暇時間，Y_{t+1}は$t+1$期に利用できるt期の産出量ベクトル，L_tはt期に配分された労働投入ベクトル，X_tはt期に投入された財投入ベクトル（投資），λ_{t+1}は生産技術ショックの確率ベクトル，Hは期間当たりの利用可能総時間，S_tは事象の状態ベクトル，$V(S_t)$はt期に極大化をはかる厚生関数である。

合理的期待の概念を創始したJohn F. Muthの論考によると，確率的ショックに対して動学体系はかなり安定的な周期の循環変動で反応する。そこで，生産性ショックによって増加した第i財による変動は減衰振動を引き起こすと考えられる。この振動はショック吸収に必要な時間が経つと体系を定常的自然水準へと収束させる。図表14－1はこのようなミュース型過程を示している。

第14章 均衡景気循環アプローチ

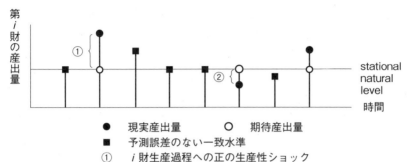

図表14－1　ミュース型減衰系振動模式

● 現実産出量　　○ 期待産出量
■ 予測誤差のない一致水準
① i 財生産過程への正の生産性ショック
② i 財生産過程への負の生産性ショック

モデルの意味を検討しよう。(13)式は財消費と余暇とによる離散系（time-separable）効用関数で，消費の選好系列は以前の消費とは独立である[9]。(14)式はN種の財の生産可能性関数で規模の収穫一定と技術不変を仮定する。(15)式は時間制約でクルーソーの労働と余暇の配分選択を示す。(16)式は t 期の j 財総量の均衡配分を示す。(17)式は t 期の均衡配分と競争的な相対価格体系を静学的に規定する「体系の状態」ベクトルである。(18)式は t 期の極大化行動の対象となる期待効用である。生産技術ショックを含む将来予想は合理的期待に基づいて形成される。

この体系は初期状態 S_0 を $S_0 = (Y_0, \lambda_0)$ と与えると，労働と余暇，財の消費と投資，についての配分ルールと競争的価格決定方式とが0期の均衡配分と相対価格体系とを決定する。次いで(14)式の生産関数と生産技術ショック λ_1 とが，$S_1 = =(Y_1, \lambda_1)$ を決定し，このような均衡数量と均衡価格の時間経路は多変量確率過程となる。結局この体系は条件付期待値の極大化問題として設定される。そのために特別な仮定が必要となる。効用関数を次式のように特定化する。

$$u(C_s, Z_s) = \theta_0 \ln Z_s + \theta_1 \ln C_s \tag{19}$$

一般に，$0 < \theta_0$, $0 < \theta_1$, が仮定される。また生産可能性関数として次の(20)式の標準的コブ・ダグラス型関数を想定する。

$$Y_{s+1} = \lambda_{s+1} X_s^\alpha L_s^{1-\alpha}, \quad 0 < \alpha < 1 \tag{20}$$

179

確率パラメータ $\{\lambda_t\}$ は特殊ではあるが，時間同質的なマルコフ過程で正であると仮定されている。極大化厚生関数を状態ベクトル S_t の関数とし，以上の特定化に基づいて(14)(15)(16)式の制約条件を考慮すると次の体系を設定できる。

$$V(S_t) = \max E\{\sum_{s=t}^{\infty} \beta^{s-t}(\theta_0 \ln Z_s + \theta_1 \ln C_s)\}$$

Subject to $\quad C_s + X_s \leq Y_s$
$\qquad\qquad\quad Z_s + L_s \leq H$
$\qquad\qquad\quad Y_{s+1} = \lambda_{s+1} X_s^{\alpha} L_s^{1-\alpha}, \quad 0 < \alpha < 1, \quad t \leq s$

厚生関数について，$s = t, t+1, t+2, \cdots$ の流列の第2項以下を β で括ると[10]，

$$V(S_t) = \max E[u(C_t, Z_t) + \beta E\{V(S_{t+1}) \mid S_t\}] \qquad (21)$$

と示せるので，この最適化問題は(21)式についての制約条件付き極大化問題となる。

ここで，厚生関数 $V(S_t)$ を特定しラグランジアンを用いる一階条件から均衡解として t 期の最適消費・生産計画を導出できる。一例をあげれば，$V(S_t) = b_0 + b_1 \ln Y_t + b_2 \ln \lambda_t$，（$b_0$ は定数項，b_1, b_2 は未知パラメータ）の特定化で均衡解を得られる。均衡解は効用関数 $u(C_t, Z_t)$ と生産可能性関数 $Y_{t+1} = F(X_t, L_t ; \lambda_{t+1})$ および厚生関数 $V(Y_t, \lambda_t) = V(S_t)$ の特定化によって解かれるので，諸前提に依存し一般性をもたないが，均衡ルールの数量特性を分析しやすくし，他の選好や生産についての設定のもとでの特徴も把握しやすくするメリットがある。このモデルで得られる変数とパラメータの動きは次の3特性である。

❶ 生産性が増大した部門への財，時間の配分比率は高まる。
❷ 財および時間の利用可能総量の増加はそれぞれの投資財および消費財としての利用を増加させる。
❸ 労働と余暇の配分は状態ベクトル（Y_t, λ_t）と独立になる。

i 財の生産量が t 期に生産技術ショック λ_t によって予想外に増加すると，i 財を生産財として用いるすべての投入が $t+1$ 期に増加する。財に各々数種の代替的利用があればこの生産性ショックは前方伝播され，全部門にショックが

拡散する。同時にi財消費も増加する。なぜならば，i財の供給増加により所与の嗜好のもとでi財価格が下落するからである。これが消費，投資，産出の時系列において同時的共変変動と産出量変動の持続とを説明する。

労働の限界価値生産物が賃金率に等しいという効率性規定は，t期の賃金率とt期の余暇の限界効用が均等であることを認める。予想外の正の生産性ショックによるY_{t+1}の増加は，t期の労働投入の限界物的生産性が上昇したことを意味する。i財の投入増は一定の労働投入のもとでY_{t+2}を上昇させ，$(t+2)$期のi財の限界効用（i財価格）を下落させる。このように労働投入の限界価値生産物はY_tの変化に応じて，より高い限界物的生産性と，より低い限界効用という相反的影響を受けて変化の方向が定まらない。このモデルでは，両者は互いに厳密に相殺しあうと仮定し，労働の限界物的生産物は他の投入には依存せず，期間当たり利用可能な時間Hも雇用も産出量変動から独立であると考える。結果的に，現実の景気循環に最も共通する観察的特徴である「雇用量の先行循環的動向」を説明外に残すことになった。

結局，均衡産出量水準は次式で示される。

$$Y_{t+1} = A Y_t + k + \eta_{t+1} \qquad (22)$$

但し，Aは投入・産出弾力性$N \times N$行列，kは$N \times 1$定数ベクトル，η_{t+1}は$N \times 1$確率誤差ベクトル$\{\ln \lambda_{i, t+1}; i=1, 2, \cdots, N\}$を示す。

これは確率的景気循環理論に特徴的な定式化である。Aを適当に特定化すれば，外生ショックη_{t+1}によって景気循環が発生する。このショックの主因は技術進歩である。景気過程はアンバランスな不均衡状態になることはなく，常に均衡のまま推移する。景気安定化の政策の意義はなくなり，政策は撹乱要因に過ぎない。新古典派の均衡体系から導出された究極的到達点である。

3　背景と実証検定

合理的期待はJohn F.ミュースの先駆的論考によって創始され，同時に経験的検証の重要性が強調された。ミュースは「唯一の真のテストは，果たして合理性を含む理論が観察される現象を代替的な理論よりもうまく説明するかどう

かである」と述べている[11]。ある意味で，合理的期待仮説の浸透はM.フリードマンの「仮借なき経験の力」に支持された。当時もてはやされた計量経済学的な実証検定，特にバロー検定，グレンジャー検定，シムズ検定を経て鬩ぎ合いながらマネタリズムの基底部分を強化しあるいは，弱体化しながら進展した。その過程で，これらの均衡景気循環理論が形成された。

ジョン・フレーザー・ミュース（John Fraser Muth）について触れておこう。ミュースの75年の生涯は総じて辛く悲痛な境涯にあった。その優れた発想力は経済学に「合理的期待革命」を現出させたが，創始者の功績に鑑みれば，栄光や賞賛はあまりにも小さいものだった。喝采も脚光もない静かな平穏が幸せであったとは思えない。事実，ミュースは毎年ノーベル経済学賞の受賞を待ち望んでいたし，同僚も研究仲間も，教え子たちも受賞こそ当然の評価であると励まし続けていた。しかし，それは無残にも見果てぬ夢に終わった。

J.F.ミュースは1930年9月27日シカゴで生まれた。両親とともにセントルイスのミッドウェストで生育した。セントルイスのワシントン大学で工学を学んだ後，1952年ピッツバーグのカーネギーメロン大学へ数理経済学を学びに赴いた。当時のカーネギーメロン大学は数量経済学を研究する少壮の学者の聖地であった。後にノーベル賞学者となるH. Simon, Merton Miller, F. Modigliani, さらにはゲーム理論のJohn Nashもいた。この一群の碩学たちは現在のカーネギー学派を形成した。これらの煌びやかな華麗なる人生は「美しき心」という映画にもなった。

秀才ミュースは2年も速く大学院課程を終え，1954年に数理経済学Ph. D.を取得するとともにミクロ経済学の巨星A. Hendersonに因んだヘンダーソン賞を受けた。合理的期待の稜線に連なるE. PrescottとR. Lucas Jr. はミュースが1956年から研究助手を務め1959年から助教授として在職している頃にようやくこの地に辿り着いている。天才集団の中でもミュースはずば抜けていた。助言者であったF.モディリアーニは「独創的天才」と呼び，ミュースの奇行については「変わり者と思われるように腐心していた節がある」と述懐している。

ミュースは大学院生から助手，助教授，准教授と猛烈な勢いで駆け上がり，

第14章　均衡景気循環アプローチ

　1959年から1962年の助教授時代に合理的期待を胚胎する。1961年の論考発表後，1962年から准教授となり，1964年に教授に就任した。

　革命の狼煙となった論考は10年を経てルーカスやラッピングの論考の基盤的な要素として評価され，ミュースの新概念の重要性が認識されるようになるが，この10年はカーネギー大学からミシガン州立大学，インディアナ大学と渡り歩くことになった。*Econometrica* 誌への掲載も順風ではなかった。審査員の一人が猛烈に反対し，結論に乏しいと酷評し，掲載に反対した。同類の論文は *The Journal of the American Statistical Association* に発表されたが，反響はほとんどなかった。

　素数に憑りつかれた鬼才J.ナッシュは総合失調症に苛まれて研究を継続できなかったが，ミュースもやがて大きな失望の淵でこの合理的期待に関する研究を断念した。この論文こそミュースを望むところのどこにでも連れて行くはずだった。この動きの中で，ハーバート・サイモンはミュースの命題を変節させて「限定合理性」概念を創りだし1978年にノーベル賞に輝いた。ミュースは合理的期待の第三の論文を掲載できる *Journal* を見つけることさえも難しかった。

　ミュースの1961年の論考は，ミクロ経済学の蜘蛛の巣理論に見られる適合期待を合理化したもので，農産物価格の形成に合理的期待が関わっていることを示している。1961年に発表されたR.カルマンのカルマン・フィルターと同様の帰納的最適線形予想である。当初の構想ではM.フリードマンの恒常所得仮説を支持するために開発された。なぜ栄誉は来なかったのか，ノーベル委員会の評価は次の言明であった。

　「John Muthは合理的期待仮説を正確な形式で初めて定式化した学者である。彼は古典的な蜘蛛の巣理論の研究にこれを用いた。ミュースの分析は特定の均衡状態の単一市場に限定されたものだった。合理的期待仮説の重要性は，ルーカスがマクロ経済モデルにこの仮説を拡大し，経済政策の分析にまで拡張した時に明らかとなった。」

　カーネギーメロン大学ではセメスター講義を前期ルーカス，後期ミュースが

担当したことがある。その受講生で2004年にノーベル経済学賞の栄誉を得たE.プレスコットは，ミュースの講義はまさに真髄の講義でルーカスの講義には2組の誤謬があったと述べた。取り立ててルーカスを貶めるつもりはない。ここで力説してもミュースの夢は永遠に不可能であり，何も起こらないけれども，不遇の経済学者の無念が余韻として響いてくる。

その後，ミュースは1980年代後半にはインディアナ大学のケリー経済学校で教鞭をとっている。高血圧の発作でしばしば倒れながらその都度，治癒を獲得し颯爽と教え続けた。スキーとヨット帆走が趣味でチェロも奏でる晩年であった。ルーカスのノーベル賞に惜しみない賞賛を語りながら，2005年10月23日フロリダ州キーウェストで75歳の生涯を閉じた。それは早すぎる死であった。内気で奇行家のミュースの人生は本当に不器用な一生だった。栄誉と賞賛に巡り合えない不遇に苛まれることがなかったならば，こんなに呆気なく早逝するはずはなかった。もし，大力無双の新概念によってノーベル賞を得たならば，それとともに歩む人生の喝采や大騒ぎもひどい苦しみだと分かったに違いなかった。孤高の創案の中から現代の景気循環理論が産声を上げた。

因果性を定義する一定の基準としての「グレンジャー因果性」に関するシムズ（Christopher A .Sims）の研究が，外生的均衡景気循環理論の展開に多大の影響を及ぼした。Grengerの因果性は予測力を評価基準とした概念である[12]。

ある定常確率過程 $\{X_t\}$, $\{Y_t\}$ の t 時における過去情報を $\overline{X}_t = \{X_{t-j}, j=1, 2, 3, \cdots\}$, $\overline{Y}_t = \{Y_{t-j}, j=1, 2, 3, \cdots\}$ とする。t 時に利用可能な全情報を $\overline{U}_t$ で示す。また，情報 S_t を用いた最適予測の平均平方和は一般に $\sigma^2(X_t | S_t)$ と表せる。

そこで，$\sigma^2(X_t | \overline{U}_t) < \sigma^2(X_t | \overline{U}_t - \overline{Y}_t)$，が成立するならば Y_t はグレンジャーの意味で X_t を引き起こすと言い，$Y_t \xrightarrow{G} X_t$ と表す。つまり Y の時系列データを用いて X についての予測力が高まれば，Y が X を引き起こすと捉える因果関係の推定である。

この因果関係を検定する実証手法としてグレンジャー検定とシムズ検定[13]がある。シムズ検定は，次の手順でテストする。

変数 X, Y が定常時系列であるとき，$\hat{Y}_t$ を X の過去，現在，将来値に回帰さ

第14章 均衡景気循環アプローチ

せ，分布ラグ型回帰式

$\hat{Y}_t = \sum_{i=-n}^{m} \hat{\omega}_i X_{t-i}$，について，命題「$Y$は$X$の原因ではない」と等価の帰無仮説，$H_0 : \omega_i = 0$，for $i<0$，をテストする。つまりXの将来値に関わる回帰係数がすべてゼロであることをテストする。これはシムズ定理として知られている。

シムズは，M_1定義の貨幣供給量と名目ＧＮＰとの定常化処理後の分布ラグ回帰式を計測し，説明変数の将来値の5％有意性Ｆ検定を行い，M_1から名目ＧＮＰに向けての一方的因果関係を検証し，マネタリスト仮説に実証的支持を与えた。すなわち，

$$M_t = \sum_{i=-4}^{8} \alpha_i \mathrm{GNP}_{t-1} + u_t$$

を検定し，名目ＧＮＰの将来値は貨幣供給量Mに有意な説明力をもつことが検証され，Simsテストの帰無仮説は棄却された。結果的には，自然失業率仮説は実証され，貨幣的均衡景気循環理論は因果性を論証されて隆盛に向かった。

しかし，時が過ぎ，1980年代のシムズの一連の研究は，マネタリズムⅡに大きな方向転換を迫ることになる。まず1980年の論文[14]では分散分解を用いる実証分析に基づいてM_1が産出量を変動させるというマネタリズムを放棄し，確率的Ultra Keynesian Modelへの方向性が志向された。さらに1983年の論文[15]では貨幣的均衡景気循環理論を完膚なきまでに否定した。このような研究を背景として反ケインジアン・反マネタリズム的な土壌が醸成され，実物的均衡景気循環理論が展開されることになった。

しかしながら，因果関係の検定については留保条件も多く，統計上の特性に先験的制約を認める場合を除いて，マネタリズムの因果律について確定的な合意も否定も，現在までのところ得られていない。また計量経済的仮説検定の技術的有効性にも限界がある。実証的支持があるかどうかの識別も困難である。

本章で論じた外生的景気循環理論はともに抽象性の高い純理論レベルで開発されているので極めて制約的で非現実的であり，現実の景気循環現象の適合性豊かな説明とは認めがたい。雇用変動や先行循環などについては貨幣的接近の方が良く説明できている。しかし，一時の優位も現実の景気現象の突然変異に

はとても追いつけるものではない。精緻な理論こそ明日の景気を語る力がなければならない。そのためには現実離れした「真空の実験」が大量に蓄積されなければならない。

【注】

1) Lucas, R. E. Jr., and L. A. Rapping, "Real Wages, Employment, and Inflation," *Journal of Political Economy*, Vol.77, No.5, September／October, 1969, pp.721-754.
2) 日本における合理的期待仮説の曲解は学会レベルの誤解であった。将来に関する完全予測が合理的期待であり，全知全能のホモ・エコノミカスを前提とする均衡モデルであると解釈されていた。この面で，合理的期待にも様々な合理性があり，合理的期待も利用可能な情報による強弱があることを指摘して，この仮説の有効性の正しい認識を導く契機となった文献は，浦上博逵他訳『合理的予想の経済理論』文化書房博文社，1987年である。これはG. K. Showの1984年の著書の翻訳であるが，訳者解題として我々の研究成果「合理的予想の諸形態」を収めて，亜流祖述家達の不見識を修正した。

　　Robert Emerson "Bob" Lucas Jr. は1937年9月15日アメリカ・ワシントン州ヤキーで生まれ，1959年シカゴ大学を卒業し，歴史学士となった。カーネギーメロン大学での研究・教歴を経て1964年シカゴ大学でPh. D. 経済学を授与され，1970年にはカーネギーメロン大学の経済学教授に就任した。1975年からはシカゴ大学経済学教授である。1970年代に合理的期待仮説を援用し，事実上ケインズ経済学を葬り去った。この頃，ハーバード大学はルーカスを招聘しようとしたが，教授会では「合理的期待ができる彼ならば今この会議に来ているだろう」と批判されて実現しなかった。1995年ノーベル経済学賞を得るが，賞金の半分を7年前に離婚したリタ夫人に慰謝料として渡す離婚条件に従った。リタ夫人こそ合理的期待人であると言われた。疑似マルキストと自称し，経済学を極めた後，歴史学に戻ろうと計画している。このような経緯は，受賞の3年前に離婚したミレーバ夫人にノーベル物理学賞の賞金全額を渡したAlbert Einsteinの生涯にも見出せる。奇妙な類似である。
3) この説明はLucas, R. E. Jr., and Thomas J. Sargent, "After Keynesian Macroeconomics," in *After the Phillips Curve : Persistence of High Inflation and High Unemployment*, FRB of Boston, 1978, pp.49-72. による。
4) signal extraction problemあるいはfiltering problemと呼ばれている問題である。
5) 全体的ショックをSとし実物ショックv，貨幣ショックθをそれぞれ$v \sim N(0, \sigma^2_v)$，$\theta \sim N(0, \sigma^2_\theta)$である互いに独立な白色攪乱とする。ただし，$S = v + \theta$，である。この時$v$の最適予測$\bar{v}$は次のように示せる。$\bar{v} \mid S = [\sigma^2_v / (\sigma^2_v + \sigma^2_\theta)] \cdot S > 0$ variance$(\bar{v} \mid S) = \sigma^2_v \sigma^2_\theta / (\sigma^2_v \sigma^2_\theta) > 0$，したがって$\bar{v}$と$\theta$とは正の相関をもつ。
6) 長期正常産出水準とはM. Friedmanの1968年の論文が提起した自然失業率に対応する産出水準である。フィリップス関係で，インフレ率がゼロであるときの失業率

第14章 均衡景気循環アプローチ

からオークンの法則で導出される産出水準で，かつて自然失業率はアメリカで8％，日本では2.4％と推計された。

 Friedman, Milton, "The Role of Monetary Policy," *American Economic Review*, Vol.58, No.1, March 1968, pp.1-17. (新飯田宏訳『インフレーションと金融政策』日本経済新聞社，1972年)

7) イギリスの著作家・ジャーナリストである Daniel Defoe の1719年公刊の小説 *The life and Strange Surprising Adventures of Robinson Crusoe* からヒントを得て考案された分析的世界である。K.アローは1953年の論文で，またG.ドゥブリューは1959年の *Theory of Value* で，この分析的フレームワークを初めて用いた。

8) Long, John B. Jr. and Charles I. Plosser, "Real Business Cycles," *Journal of Political Economy*, Vol.91, No.1, February 1983, pp.39-69.

9) 他の代表的な論考である，Kydland, Finn E. and Edward C. Prescott, "Time to build and Aggregate Fluctuations," *Econometrica*, Vol.50, No.6, November 1982, pp.1345-1370. では non-time-separable な効用関数を設定し余暇選好は以前の量と独立ではないと前提されている。このロング＝プロッサー・モデルは他の実物的均衡景気循環理論の多くと対照的な設定をしている。

10) $V(S_t) = \max E\{(\theta_0 \ln Z_t + \theta_1 \ln C_t) + \beta(\theta_0 \ln Z_{t+1} + \theta_1 \ln C_{t+1}) + \beta^2(\theta_0 \ln Z_{t+2} + \theta_1 \ln C_{t+2}) + \beta^3(\theta_0 \ln Z_{t+3} + \theta_1 \ln C_{t+3}) + \cdots\} = \max E[(\theta_0 \ln Z_t + \theta_1 \ln C_t) + \beta\{(\theta_0 \ln Z_{t+1} + \theta_1 \ln C_{t+1}) + \beta(\theta_0 \ln Z_{t+2} + \theta_1 \ln C_{t+2}) + \beta^2(\theta_0 \ln Z_{t+3} + \theta_1 \ln C_{t+3}) + \cdots\}] = \max E[u(C_t, Z_t) + \beta E\{V(S_{t+1}) \mid S_t\}]$

11) Muth, John F., "Rational Expectations and the Theory of Price Movements," *Econometrica*, Vol.29, No.3, July 1961, pp.315-335, p.330.

12) Grenger, Clive W. J., "Investigating Causal Relations by Econometric Models and Cross-Spectral Methods," *Econometrica*, Vol.37, July 1969, pp.424-438.

13) Sims, C. A., "Money, Income, and Causality," *American Economic Review*, Vol.62, No.4, September 1972, pp.540-552.

14) Sims, C. A., "Comparison of Interwar and Postwar Business Cycles；Monetarism Reconsidered," *American Economic Review*, Vol.70, Proceedings, May 1980, pp.250-257.

15) Sims, C. A., "Is there a Monetary Business Cycle？" *American Economic Review*, Vol.73, Proceedings, May 1983, pp.228-233.

第15章　バブルの景気

いつの世も人々は，バブルに翻弄され，強欲の報いを受け，飽くなき金銭欲に身を焦がす。「よどみに浮かぶうたかたは，かつ消えかつ結びて久しくとどまりたるためしなし」と鴨長明の方丈記にもある。景気の非情はまさにバブルを引き起こすことである。

バブル（bubble）は「泡」である。相場の変動を説明する用語で特別な原因や理由がなく上昇や下落を続け，ある水準で泡がはじける様に急反落・急反騰する傾向を捉える。理論的に想定可能な範囲を超えて膨張や収縮をする現象を指す時もある。いずれも異常な変動である。売買差益だけを目的とする純粋な投機ブームがもたらす蜃気楼に過ぎないが，バブル崩壊の後遺症は深刻で，損失は内需を急冷させるので，崩壊後の不況は長期化する。

世界史的な資料が詳細に残っている限りにおいては，1530年代のフランスのリヨンで，債券価格売り崩し操作が起こり，これがバブルの初発である。不確実ながら，投機は既に紀元前2世紀のローマで始まったようだ。

本格的な混乱は，17世紀以後，チューリップ・バブル，南海泡沫会社，株式バブル，土地バブルなど様々に投機対象を変えながら実体のない虚構の相場が現出してきた。

ここでは人類の経済社会を襲った典型的なバブルの歴史を紐解いてみる。J.K.ガルブレイスは「いつも人々はマネーに翻弄され，マネーに踊らされ，マネーを求めて身を滅ぼす」と述べている。

1　バブルの歴史

❶　オランダ・チューリップバブル

人間社会が体験したこの熱狂は1634年頃からネーデルランド共和国で始まり，

後世に「チューリップ狂」Tulipomania, あるいは「チューリップ熱」Tulip Feverと呼ばれた現象である。チューリップの球根が投機の対象となった。チューリップは当時，原産の故郷オスマン・トルコを彷彿とさせる異国情緒のある花として珍重され，球根につくウィルスによって花の模様が変化する不確実性をもつ希少植物であった。人々は陶酔的熱病（euphoria）に取りつかれて，栽培の手間もかからない球根に群がった。アムステルダムの取引所は国際商品，金融商品，穀物・ニシン・香料・砂糖・銅などの先物取引も，初の株式会社である東インド会社の株式先物も取引された。投機熱は容易に発生し得た。

　チューリップはヨーロッパに持ち込まれた時から富の象徴であり，誰でも多少の小金で売買でき，ギルドの取引対象でもなかったので貴重な品種の球根は1個単位で売買され，アース（約0.05g）単位の重量で価格付けされた。価格は急速に上昇し，まさにこの上昇の故にチューリップは買われることになった。価格の上昇は際限なく途方もない水準に至った。1636年の記録では，一個の球根は「葦毛の馬二頭，新しい馬車一台，馬具一式」に相当した。やがて球根一個は3,000フルデンの値が付き，アムステルダム株式市場には常設のチューリップ球根売買市場が設置された。

　1ポンド（453g・9,060azene）20フルデンの球根は数週間のうちに1,200フルデン以上になった。最高品種ともてはやされた「無窮の皇帝」は，わずか200アゼン（0.022p・10g）の球根でも6,000フルデンで売却された。当時の平均年収は200～400フルデンで小規模住宅は300フルデン前後であったので，この凄まじい熱狂は想像を絶する。1637年2月3日，チューリップ市場は突然暴落し始めた。翌日にはチューリップの買い手はいなくなり，どのような価格でもチューリップは売れなくなった。ユーフォリアは一瞬にして覚醒期を迎えた。

　チューリップ投機は，手形による先物取引で「風の取引」と呼ばれた。バブル最高潮期の1636年後半～1937年初頭の時期には球根もなく，資金的裏付けもない手形が飛び交い，売り手も買い手も実態のない取引に熱中して，壮大な夢に酔いしれて財産の際限のない膨張の予感に没我した。園芸家が「ど素人」と軽蔑した織布屋，靴屋，パン屋，雑貨屋，農民もチューリップ市場に巻き込ま

第15章　バブルの景気

れ，取引所のない小さな町では居酒屋で宴会をしながら入札されるほどにまで拡大した。バブルが弾けるとチューリップは愚か者の象徴となり，軽薄な者が魅了される幻想の美，虚栄の美に溺れる贅沢，はかない邪悪な美と見做されるようになった。都市社会学者のH.ホイトは「大馬鹿者の理論」を唱えて投機家行動を説明した。割高な資産を購入するのは，さらに愚かな人々に売却できる確信があるからだと説いた。1636年12月のM. Dashの小冊子は3,000フルデンの球根で次のすべての商品が買えると述べている[1]。

船一艘（500F）・良く肥えた牛4頭（480F）・小麦24 t（448F）・良く肥えた豚8頭（240F）・良く肥えた羊12頭（120F）・ライ麦48 t（558F）・ビール樽4樽（32F）・ワイン大樽2樽（70F）・バター2 t（192F）・チーズ2,000ポンド（906 t／120F）・銀製コップ1（60F）・衣服1着（80F）・マットレス・寝具付ベッド1台（100F）である[2]。

バブル崩壊後のオランダ経済はチューリップ価格の暴落による貧困化が招いた長く深刻な経済不況に悩まされた。

❷　ルイジアナ・ドクシダン会社の株価バブル

次のバブルはフランスのルイ15世の時代に発生し，後世，ジョン・ロー事件として記録されることになった。1671年4月21日，スコットランド・エディンバラの金匠銀行家の第5子として生まれたJohn Laweはロンドンで放蕩生活に身を浸しながら，金融や銀行業，経済学を学んだ。1694年にブルームズベリーの野原で決闘に勝ち，殺人容疑で逮捕収監され絞首刑を宣告されたが，翌年，官憲の黙認で脱獄し，大陸に逃亡した。時に24歳であった。大陸では機知に富んだクリップス賭博人として暮らし，アムステルダムで土地を担保とする銀行業務を研究した。1705年34歳の時に帰国し，スコットランド，オーストリア，フランスなどに国立銀行設立計画を提出し，1716年5月2日フランスで総合銀行Banque Générale設立特許状を獲得し，直ちに600万リーブルの株式組織によって業務を開始した。当時のフランスは国庫破産状態で，ルイ14世太陽王の贅沢と戦争が遺した経済疲弊，徴税農民の汚職の横溢などで悲惨な状況だった。

翌年には若きルイ15世の摂政オルレアン公（Duc d'Orléans）フィリップス二

世の後援により，ローはルイジアナ・ドクシダン会社（西方会社）Compagnie de la Louisiane ou d'Occidentを設立し，ルイジアナ地方の独占的貿易権を獲得した。これにより植民地のミシシッピー，オハイオ，ミズーリの広大な河川流域の貿易を独占した。さらにタバコ独占権も与えられた。1718年に総合銀行は王立銀行Banque royaleに改組され，1719年にルイジアナ会社は東インド・中国会社Compagnie des Indes Orientales et de la Chinaを吸収してインド会社Compagnie des Indesと改称した。

この時までにローは造幣権，徴税請負権などを得て金融体系Lawe's Syztemを確立した。この体系がLassである。銀行券発行が認められた後，この銀行券は政府経費の支払いにも，過去の国庫債務の引き受けにも用いられた。この銀行券は硬貨との交換も可能で評判は良かった。1719年〜20年にローの投機は絶頂期に達した。王立銀行とインド会社を併合し，1720年には，自ら財政総監controleur général des financesに就任し，公債処理のため多額の銀行券を発行した。銀行券の発行を支持する現金収入はインド会社の株式公開によって調達された。

当初，ルイジアナ会社はルイジアナの金鉱探査を目的として設立されたが，爆発的な人気がケンカンポア街株式取引所の大混乱を引き起こし，そのためヴァンドーム広場へ，さらにソワッソン・ホテル近傍へと移設されるほどだった。しかしインド会社の株式売上代金は金鉱探査への資金投下に回されることはなく，政府負債の返済と国債償還に当てられたため，市場の銀行券量は巨大に膨らんだ。それらの銀行券もさらにインド会社の株式を求めて強い追加需要を産み出した。新・旧の株価はとてつもない高値をつけて取引され，銀行券はこうして循環を繰り返した。しかし，銀行券を裏付けていた王立銀行の金保有量はこの循環を繰り返すたびにますます相対的に微小になっていった。

1720年コンティ公が王立銀行に取り付けに走って，このバブルは突然失速した。5月には法令により銀行券は額面を半額に切り下げられたが一週間で支払い停止に追い込まれた。7月には王立銀行前の衝突で15名の死者が出た。ミリオネアーの投機業者，利子生活者は破産し，フランス全土が恐慌に陥った。ア

第15章　バブルの景気

ルカンサス侯の称号を得たほどの経済・税制改革にも拘わらず，ローは北米大陸の植民地経営の乱拡張と紙幣濫発によって信用を失墜し，摂政の保護で辞職後，国外へ逃亡しイギリスに4年放浪した。その間，殺人容疑の赦免を得ている。1724年ヴェネツィアに行き，その地で平穏で有徳な余生を楽しみ，洗礼を受けてカトリック信徒として1729年3月21日，貧窮の中，息子のジョンとフランス領事ル・ブロン，イエズス会のオリゴ神父のわずか3人に看取られて，58歳で死んだ。

この後一世紀にわたりフランスでは，銀行は人々の疑惑の眼差しから逃れることはできなかった。ローの重商主義信用論は長くフランス経済を沈滞の淵に沈め，夥しい数の人々を破滅させ，厳しい陰惨を招いた。中村英雄博士の発見[3]によるジョン・ローの正真の墓碑銘が，わずかばかりの救いの光を投げかけてくれる。

❸　南海泡沫会社の株価バブル

ジョン・ロー事件と同じ頃，ロンドンでももう一つのバブルが発生していた。科学者のアイザック・ニュートン卿は当時王立造幣局長官を務めていたが，人々の狂気と自らの愚行を測定しえなかった。音楽家のG.F.ヘンデルは南海会社の株式売買益を元手に王立音楽アカデミーを設立し音楽活動の拠点とした。1711年に創始されたThe South Sea Companyの株式への投機熱が1720年に国際的な株式恐慌に発展した。

この株式会社はトーリー党の指導者で大蔵卿であったR.ハーレーによって設立され，1701年のイスパニア王位継承戦争による財政危機を救うために設立免許を得た株式会社であった。多額の政府債務である国債の一部を引き受け，整理することになった。会社は年率6％の利子支払いを政府から受け，イスパニアとのユトレヒト条約で得たアシエント権によるイスパニア領西インド諸島との奴隷貿易の利潤が決済に当てられることになっていた。しかし，この目論見は大きく頓挫し，苦肉の策の「富くじ」が成功したことで，1718年には南海会社の本業は貿易から金融へと変質することになった。翌年には「南海計画」の許可がイングランド銀行との熾烈な入札競争の末に，750万£の上納金負担

付きで勝ち取られた。南海計画は国債引き受けの見返りに，額面等価の南海会社株式を発行できる特別許可業務により利潤の獲得を狙ったものである。

　額面100£株式の市価が300£であれば，国債300£と南海会社株100£が等価交換できる。発行許可株式数は交換額に応じているので，額面で300£の新株発行ができる。国債との交換により，200£の株式が時価600£で増加される。100£の旧株式を梃子に株式を倍増し，この新株を売却して売却益600£が利潤となり，この利潤は株価を更に上昇させる。株価は無限に上昇し，株保有者は瞬く間に豊かになる。

　南海会社は国債引き受け金融会社として急成長し，1720年1月に128£であった一株は5月に700£，6月24日には最高値1,050£に達し，ほんの数カ月で10倍に高騰した。イングランド銀行株や東インド会社株も高騰した。貴族，成り金，庶民のすべてが投機熱に狂い空前の投機ブームが発生した。

　設立許可制の株式会社であったが，無許可のヤミ会社の乱立氾濫が引き起こされた。1月5社，2月23社，4月27社，5月19社，6月87社が登場した。A.アンダーソンの分類によると，保険会社10社，漁業会社12社，製塩会社4社，不動産開発会社15社，菜種油・芥子種油・向日葵種油会社6社，鉱業・金属会社15社，その他80社である[4]。6月24日泡沫会社規制法，8月24日告知令状が出されると市場は一挙に沈静化し，その結果，1721年9月には南海会社の株価は100£を切った。

　株式投機に殺到し，没落した人々を描いたE.M.ウォードの「南海泡沫事件」の絵がある。あらゆる階層の人々が悲嘆に暮れている。ケンカンポア街の場面はシティーの街々で繰り広げられたが，バブル事件の衝撃的な結末に，投資家たちの怒りや嘆きは頂点に達した。事態収拾[5]の一等功臣はロバート・ウォルポールで，この後ジョージ1世国王の下で第一大蔵卿として20年余にわたり政権を担当し，イギリスの議会内閣制の基礎を築いた。

第15章　バブルの景気

図表15－1　南海泡沫事件の絵画

（出所）http://ja.wikipedia.org/wiki/South_Sea_Bubble.jpg

❹　土地バブル

　数々の歴史の中で，近世のバブルは着実に発生し続け，悲惨と苦痛を与え続けて，現代世界につながっている。20年間もの間，日本経済が苦しみ続けている経済低迷とデフレ不況は，その源泉を1980年代のバブルとその対処法に失敗した政策の責務に逢着させることができる。神風資本主義と称される日本型バブルが発生した[6]。

　日本の資本主義は過度の規制と国家による企業保護の体質があり，市場に全幅の信頼を置かないA.スミス以前の資本主義であると捉えられたので，このような特殊な資本主義国のバブルが神風日本型と分類されている。

　1974年を除いて1956年から1986年まで地価の下落は全くなかった。地価は下がることはなく，土地は最高の資産であるという土地神話こそ日本経済の根幹的な基盤であった。金融も土地を優遇する担保貸付であり，地価の上昇が信用創造の弾み車となる土地本位制が確立していた。1974年は前年のオイルショックからスタグフレーションに襲われ，戦後初のマイナス成長に転落した年であり，例外なくすべての狂乱物価が沈静したので土地神話が毀損されることはな

195

かった。

　30年間に，地価は50倍に跳ね上がった。消費者物価は4倍にしかならなかった。さらに株価は1986年8月に日経平均18,000円に達し，年初来の上昇率は40％に急騰した。2年前のプラザ合意[7]による円高ドル安誘導とBISの新しい自己資本比率の設定がこの株高を招来した。「円高不況」が囁かれる中で，行き過ぎたドル安是正に取り組んだ中曽根内閣は，公定歩合操作に突き進み，日米金利差による円安誘導に腐心した。世界史上稀な低金利誘導は行き場を失った手持ち資金を氾濫させ，土地，株式，名画，ゴルフ会員権などすべてが投機対象となり，バブルは一気に白熱する気配を見せた。1985年6月にピークに達したハイテク景気は，この急激な円高により後退局面に突入していたが，1986年11月に底を打つまで，目立った景気対策はできなかった。プラザ合意の後の行き過ぎたドル安是正に低金利政策を実行して，すでに公定歩合は2.5％にまで低落していたからである。日銀の選択可能な政策領域は極端に限定されていた。それにもかかわらず旺盛な投機熱はこの後退局面をわずか17か月で克服し，1986年11月から1991年2月に至る51か月のバブル景気上昇局面をリードしていった。

　1986年10月，株高の中，政府は日本電信電話公社（NTT）株を放出しバブルに酔う一般投資家を尻目に財政再建を進めた。株高は金権腐敗政治の温床としてスキャンダラスに暗躍し，政治も経済も混迷した。1987年10月19日世界的な株式暴落が発生したが，大蔵省主導の「損失補填」を魅せ球にした株価操縦が跋扈し，世界株安の影響は難なく克服された。1989年の暮頃には日経平均株価は4万円台に届こうとするまでに跳ね上がり，12月29日最高値38,915円に達したがバブルの終焉は確実に近づいていた。日銀総裁が澄田智氏から三重野康氏に交代し頑なな三重野総裁の「バブル退治」が開始された。祭りを彩った風船は次第に萎んでいった。

　1990年1月末には株価は2,000円下落したが，地価の高騰は止まる兆候もなく上昇を続けた。日銀は急速な金融引き締めに入り，公定歩合は立て続けに1989年5月から7回にわたって引き上げられ，1990年8月には6％になった。配当

利回りの低落に伴い株式市場は維持できなくなった。1990年3月には3万円を割り込み，9月には2万円を下回った。2012年までの長い低迷がこの時から始まった。1992年8月14,309円の底値をつけ，1998年10月1日13,197円がバブル後の新安値になった。

1992年末には東京都心の地価はピーク時の40％にまで下落した。1991年5月2日に制定された地価税（1998年から凍結非課税）により保有土地の相続税評価額に応じた課税が実施されたため，土地需要が急冷され，地価バブルは瞬間的に弾けた。

日本の銀行システムは崩壊し，メガバンクさえ倒産し，証券会社の荒廃と廃業も多数を数えた。1992年3月に発表された経済対策は，すでにバブル後の不況の深刻度が重篤である証左になった。1998年11月までに不況対策の財政出動は85兆円に達し，根拠のないバブル処理のための日銀による公定歩合操作は不況色を一層深めることになった。厳しく管理され，操縦に酔いしれた異質な経済においてさえ，投機熱の凄まじいまでの浸透力はエレガントな規制市場をバブルに冒していった。

日本は危ないとK.ガルブレイスは『バブルの物語』（1990年）を執筆中に繰り返し警鐘した。「楽観ムードに打ち立てられて，ついには最終的な啓示と崩壊の日が来る，という脆うさがあることを賢明な日本人は考えておかねばならない」と述べていた。

振り返ると，驕れるものの強欲と根拠のない自負が日本経済を低迷の淵に沈めたという印象が残る。経済を管理できるという傲慢な政策と日銀の独善的な執着対応とが今日に至る深淵な景気低迷を余儀なくさせた。神風バブルはまさに政策失敗の軌跡である。

❺　サブプライム・バブル

バブルはその後も際限なく発生している。十年周期説が闊歩するほど，頻発現象になっている。一攫千金症候群が潜在的にどのような経済社会にも存在するためである。アメリカの住宅バブルは記憶に新しい。21世紀のバブルとしてこれが起こった。日本ではリーマン・ショック（Lehman Shock）と呼び，世界

史的には世界金融危機（World Financial Crisis）と呼ばれる。このリーマン・ショックの直接原因がアメリカの不動産バブルである。

2000年代にアメリカでは不動産価格が上昇を続け，サブプライム・ローンが拍車をかけた。このローンは，通常は借り手になれないような低所得者層・破産経験者層に見果てぬ夢を持たせた悪性最下層ローンであった。ローンを使えば低所得者層（年収240万円未満）でも豪邸が入手できた。最初の3年は月2万円程度の低金利のみの返済で元本返済も猶予されたが，4年後からは急激に金利が上がり，返済月額も12万円～20万円程に膨らむ仕組みである。2006年頃からサブプライム・ローンは不良債権化し始め，返済不能者が急増した。2006年末のサブプライム・ローン残高は1兆3,000億ドル（160兆円）に膨張した。

この間，不動産市場は堅調で中古住宅も容易に処分できたし，転売で儲けることもできた。不良債権は証券化され，様々な優良債権と組み合わされてリスクの高い担保証券となり市場を浸潤していった。政府系金融機関はＭＢＳ（Mortgage Backed Securities）というサブプライム・モーゲージとしてこの種の証券を市場に供給した。2006年後半に，このサイクルは破綻し，中古住宅市場の陰りが鮮明になると，不動産融資を大量に展開していた金融機関は総じて経営危機に陥った。連邦住宅抵当公庫（ファニー・メイ／Fannie Mae），連邦住宅金融抵当公庫（フレディ・マック／Freddie Mac）などの政府系住宅金融機関は政府の公的資金注入により支援された。メリルリンチ，シティバンクはリストラとバンクオブアメリカ等との合併で切り抜けることができた。

2008年9月14日に全米第4位の巨大投資銀行・証券会社であるリーマンブラザーズ証券の支援がバンクオブアメリカの撤退で暗礁に乗り上げ，翌15日破産法の適用が申請されて，バブルは本格的に弾けてしまった。この倒産は「見せしめ的懲罰倒産」であったが，その影響でＡＩＧ（American International Group, Inc.）が破綻しそうになり，この保険会社はＣＤＳ（Credit default swap）を大量に扱っていた。これは企業の倒産保険であり，多くの企業はこれがなくなると一挙に連鎖倒産の危機に直面してしまう。政府は850億ドルに上る公的資金を投入し，公的管理下に置いた。下院は，9月29日金融安定化法を否決し

て，サブプライム・モーゲージに起因した金融危機による経営破綻からの救済を断念した。この結果，証券，株式のパニック売りが加速され，一連の住宅バブルの中で，史上最大の777ドルのダウ平均安を記録した。

金融危機調査委員会のW.バフェットは「あれは私の生涯で最大のバブルだった。アメリカ市民全体が，住宅価格が劇的に下がることは有り得ないという信仰に囚われていた」と証言した。

2 バブルの分析

景気が過熱気味で，投機熱が高揚している経済状況では常にバブルの危機が醸成される。集団心理の引き起こすブームと見れば，流行の発生と類似する。

アメリカの社会心理学者R・H・ターナ（Ralph Herbert Turner）は「感染説」「収斂説」「創発規範説」を補完的に合成して集団心理を解明した。感染説によれば，ある種の感情，想念，行動パターンが模倣や無意識的な観念への刺激によって人々に感染し，無批判に受容されていくと，群集心理の雪崩現象が引き起こされると説く。収斂説では，原初的に類似した気質の人々に対し，その共有する興味，関心，志向への共通の刺激によって，人々のもつ潜在的占有傾向が一斉に顕在化されるために，心的同質性が生じてしまうことになる。群集心理の同質性は，群集行動の結果ではなく，その原因あるいは先行条件によって規定される。創発規範説は，群集という集合現象の場で形成される固有の社会的規範のもとで，その規範に適合する行動を容認，促進し，不適合な行動を抑制，禁止する社会的圧力が働くために，群集行動が全体として均質化すると主張する。例えば，一時流行した「赤信号，皆で渡れば怖くない」や新宿騒乱事件のように反社会的行動が群集に誘発される形で暴発するケースも創発型群集心理である。

経済がバブル化していく時にこれらの心因は背景的な存在である。人々の一攫千金欲がいつの世にあっても経済行動の根底にある限り，バブルは簡単に発生し短期間に膨張する。人は快楽の誘惑にはなかなか勝てない。労働は苦痛であり，余暇とのトレードオフ以上に労働からの解放はすべての人々の願望であ

る。貨幣が富の貯蔵手段として機能できる限り，金を求めるマネーゲームには飽和点がない。小額の転売を繰り返すうち，途方もない巨額の取引にも徐々に金銭的な麻痺が生じる。数次の取引の成功が，根拠のない確信を強固なものにしてしまう。初めは一攫千金欲から出来していても，実現する強欲基盤に酔いしれて，現実逃避が起こっていることに覚醒しない。ファンダメンタルズ（もともとの価値）の認識は薄れ，永遠の夢の世界に没我する日常こそがバブルである。そこでは冷静や反省や懐疑は必要さえ感じられないものになる。

　発生源としての一攫千金欲，過程としての麻痺と陶酔，転売の果てしない実現，結果としての非日常的世界への没我，これがバブルのメカニズムである。一般にバブルの膨張スピードは利子率の変動速度を2倍以上凌駕する。

　バブルに翻弄されないためには，足ることを知る慎ましやかさとほんの僅かな冷静とが必要であるに過ぎない。貪欲と恐怖心とを克服し，馬鹿に徹して自己を厳しく抑制し，決して興奮しない人ならば，バブルに勝てるかもしれないが，そんな人はいない。

【注】
1) Dash, Mike, *Tulipomania : The Story of the World's Most Coveted Flower and the Extraordinary Passions It Aroused*, New York, Crown Publishers, 1999.（明石三世訳『チューリップ・バブル―人間を狂わせた花の物語―』文藝春秋，2000年）
2) 前掲訳書，pp.220-221. そこではフルデンではなくグルデンを使っている。なお，ガルブレイスの本ではフローリンで表記している。フローリンの複数形がフルデンである。
　Galbraith, John K., *A Short History of Financial Euphoria : Financial Genius is before the Fall*, Tennessee, Penguin Books, 1990.（鈴木哲太郎訳『バブルの物語』ダイヤモンド社，1991年）
3) 人生の疾風怒濤期にご指導を賜った第二の恩師，中村英雄教授が密かに追い続けたライフワークがジョン・ローの墓碑銘に関する精緻な研究である。
　闘病の中，渾身の学者魂で脱稿された『ジョン・ローの周辺』は池田浩太郎博士の手で遺稿集として刊行され，棺に納められた。先生の棺を担いだ時の重さは今も二の腕に残っている。ジョン・ローの研究は高垣寅次郎博士の呟きで始まったと話された。「ジョン・ローともあろう金融通が『代数の法則を使ってフランスを破滅させた，稀代の山師，札付きのスコットランド人，ここに眠る』と墓碑銘にあるのは信じられない」と高垣先生は吐露された。それを受けて17年に及ぶジョン・ロー

第15章　バブルの景気

の埋葬修道院の探索が始まった。

中村先生は十数回のイタリア訪問で，ついに本当の墓碑銘を発見し，「エディンバラ出身で　有名なフランスの大蔵大臣であった　ジョン・ローの名誉と追憶のために1729年異境で没　享年58歳」を確認して高垣先生の墓前に報告された。

中村先生のご専門は西ドイツ付加価値税の研究で，日本では消費税が導入されようとしていた時期に当たり，そのご研究が新税導入の環境整備に貢献した。「10年後に問題になるようなテーマを研究せよ」といつもご教唆された。ドイツ文献を先生とともに読んだ日々は懐かしく，ワイン通の先生がご馳走してくださった宇津井健氏の自宅兼レストラン「葡萄屋」のフルコースは50回を優に超えた。学者人生の礎はすべて中村先生が作ってくださった。人生の慚愧や後悔は様々であるが，何一つ満足な学績をご報告できなかったことが痛恨である。宇津井健氏亡き後，葡萄屋は最近取り壊され，今では遠き日々の思い出さえ懐かしめない。

中村英雄「ジョン・ローの「墓碑銘」といわれるものについて」『成城大学経済研究所年報』第1号，成城大学経済研究所，1988年3月

中村英雄『西ドイツ付加価値税の研究』千倉書房，1973年

中村英雄『ジョン・ローの周辺』千倉書房，1996年

4）Anderson, Adam, *The Origin of Commerce*, London, 1801, Ch.Ⅲ, p.102.

Chancellor, Edward, *Devil take the Hindmost : A History of Financial Speculation*, Gillon Aitken Associates Ltd., London, 1999. (山岡洋一訳『バブルの歴史』日経BP社，2000年)

5）事後処理の不条理は様々に憶測を呼んだ。それらを題材に描かれた纏まりのない小説に次の書がある。Goddart, Robert, *Sea Change*, London, Bantam Press, 2000. (加地美知子訳『今ふたたびの海』講談社文庫，2002年)

6）Murphy, R. Taggart, *The Real Price of Japanese Money*, London, 1996.

マーフィーはこの書で，「バブル経済は大蔵省とその僕である日本銀行によって仕組まれた」(p.152)と指摘している。株価と不動産価格とを上昇させ，安定的な経営基盤を形成し，産業構造を内需主導型経済に転換する。同時に資産効果によって個人消費と住宅投資，設備投資が活性化すれば，金融緩和により実質経済成長率を引き上げることができるというシナリオだった。

特にバブルを急冷して終息させた日銀主導の対策は，1990年代の株価バブルを徐々に冷やして軟着陸させたアメリカの対処法と好対照で，世界の失笑を買うようなお粗末な自暴自棄政策だった。過度の潔癖症は複雑な経済運営には無用の拘りにすぎない。

7）プラザ合意とは1985年9月22日にアメリカ・ニューヨーク市マンハッタン区のグランド・アーミー・プラザ広場を介して5番街に面しているプラザ・ホテルで先進5か国蔵相・中央銀行総裁（G5）が20分ほどの会議を行い，ドル安誘導を中心とする為替レートの安定化に関して合意したものである。ジェームズ・ベーカー米財務長官が提案者で，G.シュトルテンベルク西ドイツ財務相，P.ベレゴヴォワ仏財政相，N.ローソン英大蔵大臣，竹下登日本蔵相が出席した。先進国は協調的なドル

安をはかり，アメリカの対日貿易赤字の急膨張を抑えるために実質的には円高・ドル安を誘導することになった。ドルは，翌日には1＄＝235円から215円に下落し，1年後には150円に半減した。1987年末には120円台に突入した。急激なドル安は米国資産の買いあさりを煽り，日本マネーによる「半額セール爆買」が現出した。日本企業の保有する海外資産の急増と共に，生産拠点の海外移転による産業の空洞化が発生した。その後，進み過ぎたドル安是正のために1987年2月22日パリ・ルーブル宮殿でイタリア・カナダを加えたG7蔵相・中央銀行総裁会議が開かれ，ルーブル合意を締結してドル安抑制の協調介入を約したが成果を収めることはできなかった。

　プラザ・ホテル（THE PLAZA）は1907年に建造されたルネサンス様式の格調高い最高級Lランクのホテルで，セントラルパークを見ろす眺めが絶景である。古くから小説家，芸術家，大富豪たちの常宿ホテルで，ビートルズも一世風靡後，ここに住んでいた。パーム・コート・コーヒー店やエドワーディアン・レストランが有名な観光スポットにもなっていた。800室を擁したミッドタウンの象徴的ホテルだったが，プラザ合意の舞台となった後，経営不振から売却され，2005年4月30日に98年の歴史を閉じ，ニューヨークのイスラエル系不動産会社の所有するものとなった。2005年5月から2008年2月まで休業したのち，3月1日から再開された。再開後のホテル部分は大きく削減され，多くの部分は高級コンドミニアムとして分譲販売された。現在，建物はニューヨーク市指定の歴史的建造物，合衆国国定歴史建造物である。

第16章　日本の景気循環

1　戦後の景気循環

循環番号	循環名	基準日付 谷	基準日付 山	基準日付 谷	拡張期(カ月)	後退期(カ月)	全循環(カ月)
第1循環	朝鮮戦争ブーム	(1950年半ば)	1951年6月	1951年10月	(18)	4	(22)
第2循環	投資・消費景気	1951年10月	1954年1月	1954年11月	27	10	37
第3循環	神武景気	1954年11月	1957年6月	1958年6月	31	12	43
第4循環	岩戸景気	1958年6月	1961年12月	1962年10月	42	10	52
第5循環	オリンピック景気	1962年10月	1964年10月	1965年10月	24	12	36
第6循環	いざなぎ景気	1965年10月	1970年7月	1971年12月	57	17	74
第7循環	列島改造ブーム	1971年12月	1973年11月	1975年3月	23	16	39
第8循環	幽霊景気	1975年3月	1977年1月	1977年10月	22	9	31
第9循環	省エネ景気	1977年10月	1980年2月	1983年2月	28	36	64
第10循環	ハイテク景気	1983年2月	1985年6月	1986年11月	28	17	45
第11循環	平成景気	1986年11月	1991年2月	1993年10月	51	32	83
第12循環	逃げ水景気	1993年10月	1997年5月	1999年1月	43	20	63
第13循環	IT景気	1999年1月	2000年11月	2002年1月	22	14	36
第14循環	いざなみ景気	2002年1月	2008年2月	2009年3月	73	13	86
第15循環	デジャブ景気	2009年3月	2012年3月*	2012年11月*	36	8	44
第16循環		2012年11月*	2017年5月▲	2019年10月▲	55	29	84

（*印は暫定日付，14循環以後正式命名なし）〔▲印■は予測〕

2　各循環の諸動向

①　戦後復興からドッジ・デフレ（1945年8月～1950年初頭）

　太平洋戦争・第二次世界大戦は日本の経済基盤を壊滅させた。戦費調達のため大量に発行された国債は通貨膨張を引き起こし，終戦直後は食糧難，生活物資不足，ハイパー・インフレーションに悩まされた。GHQ（連合国最高司令官総司令部）の経済安定本部の統制下で，1947年から始まった傾斜生産方式，復興金融金庫の設立により鉱工業生産は1948年度に前年度比＋40％の増加を見せ，回復の兆しが出たが財政赤字膨張，インフレ鎮静化は後回しになった。

　連合軍統治下の1948年10月にアメリカの国家安全保障会議は対日政策NSC13／2を採択して日本の復興が決定された。これを受けて昭和23年（1948年）12月にGHQは「日本経済安定9原則」を発表した。デトロイト銀行頭取のJoseph Morrell Dodge特別公使は翌年2月に来日し，9原則の実施および多くの経済政策を展開して日本経済の復興を指揮することになった。この一連の政策をドッジ・ライン（Dodge Line）と呼ぶ。9原則は，(1)財政の均衡(2)徴税の強化促進(3)融資制限(4)賃金の安定(5)価格統制の強化(6)貿易・為替管理の改善(7)輸出振興(8)重要原料などの増産(9)食糧供出の改善，である。ドッジは，経済安定計画を実施し，インフレ終息と自由経済復帰を目指した。経済安定9原則は1949年度予算から実施され，超均衡予算，単一為替レートの措置（1ドル＝360円）が採られた。経済統制は撤廃され，インフレも収まり，自由経済への移行も進捗したが，輸出が伸びず「安定恐慌」が発生し，ドッジ・デフレに陥った。

　この頃の日本経済は，アメリカの援助と国内補助金機構とに支えられた「竹馬経済（stilts economy）」と言われ，これら2本の高下駄から脱却した1950年7月6日の東京証券市場の平均株価は85.25円の最安値を記録した。現在に至るまでこれを下回った経験はない。このドッジ不況は景気の後退局面であるが，戦後復興への途上段階として捉えられている。1949年（昭和24年）半ばの平均株価の最高値は186円程であった。この水準は1951年末頃に再び回復された。

第16章　日本の景気循環

② 　第 1 循 環（1950年 6 月～1951年10月）朝鮮戦争ブーム

　1950年半ばに底を打った第一循環は，6 カ月にわたって拡大局面を記録した。戦後初の好景気は，「特需景気」と呼ばれる。1950年 3 月頃から国際情勢の緊迫化により軍需品の輸出が伸び始め，6 月25日朝鮮戦争の勃発により特需が発生した。不況局面から一転して景気拡大に移行し，当初，繊維，金属，機械，などの軍需品直結型物資が中心だったが，その後，日本基地の米国軍人および家族の消費物資が好景気の主役になった。戦争特需の発生から輸出が急増し輸出入物価の急騰と通貨供給量の増大によりデフレは解消され，国内物価は上昇に転じた。生産増加とインフレにより特需関係産業の収益が改善し，先行きの見通しが強気に変わって投資も活性化された。ブームは全産業分野に拡張していった。1951年に入り，インフレによる輸出の停滞，国際商品市場の軟化により景気は調整局面に突入したが，わずか 4 カ月で景気後退は終息した。戦後の景気循環の始点は1951年 6 月のピークを打った時点からと捉えられている。この後退局面は「反動不況」と呼ばれている。

③ 　第 2 循 環（1951年10月～1954年11月）

　第 2 循環の拡大局面は「投資・消費景気」と呼ばれている。景気拡大の主役は，個人消費と民間設備投資である。個人消費は衣料品を主として，前年度比の実質で，1952年度16.7％，1953年度10.3％増大し，民間設備投資は，電力，海運，鉄鋼，石炭の 4 大重点産業に始まり，他の電気，自動車，化学に波及して拡大し1952年度14.0％，1953年度20.7％増と昂進した。朝鮮戦争特需は持続し，緊縮政策は積極的財政支出政策へと転換した。強大な消費意欲を満たした輸入の急増はインフレ圧力を緩め，実質的な消費水準の上昇を実現した。

　1953年 3 月に朝鮮戦争は終結し，国際収支は逆調に転じた。当時の統計の経常海外余剰は1951年度1,261億円の黒字から1952年度は15億円の赤字，1953年度は1,221億円の赤字へと急速に悪化した。

　国際収支改善のため，1953年10月から金融引き締め政策を実施し1954年度予算は緊縮予算に転じたので，景気は後退局面に入った。この不況を「昭和29年

の不況」と呼んでいる。1953年3月のスターリン重篤報道は特需消滅の予測から株価を下落させた。これは「スターリン暴落」と呼ばれる。その後，消費景気の持続で株価は戻ったが，1953年10月からの金融引き締めで株価も調整局面に入った。消費ブームの中で個人住宅投資だけは低落したが，次のブームの主役は住宅投資になった。

④ 　第 3 循 環（1954年11月〜1958年6月）

　1955年（昭和30年）は，当時戦後最良の年と言われた。1953年末からの金融引き締め策と財政緊縮政策の効果により，国際収支赤字・インフレ・過剰債務の3課題がすべて解消された。経済のファンダメンタルズの改善が同時に達成された。輸出主導型のインフレなき経済成長であったので，1955年の景気拡大は「数量景気」と呼ばれた。

　1956年度は民間設備投資が経済拡大を主導し，実質39.1％の大幅な増加率を記録した。この頃から「神武景気」と呼ばれ始めた。神武天皇は日本皇室の歴史上の初代天皇で，その御世まで遡ってもこのような好景気はなかったという意味で膾炙され始めた。

　1956年度の経済白書は「もはや戦後ではない」と述べた。日本経済は戦前の水準を超え，復興・再生の段階から近代化の成長段階に入り，技術革新投資はまさに近代化投資だった。多層迂回化生産・産業の重化学工業化・投資の自己増殖という内容の近代化は欧米からの新技術の導入によって進展した。他方，所得水準の高まりにより三種の神器（テレビ・冷蔵庫・洗濯機）などの耐久消費財需要が旺盛で，個人消費は急増した。消費のデモンストレーション効果が顕在化した。急激な景気拡大は卸売物価を急騰させ，輸入急増によって国際収支の赤字も招来した。

　1957年春から政府は金融引き締めに転換し，1957年5月にはこの年2度目の公定歩合引き上げにより，景気は失速し，後退局面に入った。1957年末頃には設備投資も生産指数も急落し，在庫の積み増しは急ピッチに進んだ。住宅投資だけがわずかながら堅調に増加したが，6月から1年間，「なべ底不況」の辛

酸を嘗めることになった。

　株式市場は神武景気の前半では金融相場であり，金融緩和やカネ余りを背景に上昇する相場だったが，後半は業績相場で，業績の優れた企業の株式が市場の平均株価を強力に押し上げた。景気の転換は国際収支の悪化による金融引き締めによるものであった。

⑤　**第 4 循 環**（1958年6月～1962年10月）

　悲観的な観測を覆して，1958年6月には底を打って景気拡大が始まった。拡大持続が42カ月に及び，第3循環を超える大型景気になったので，『古事記』の記述を遡って，天照大神の故事に由来する「岩戸景気」と呼ばれた。主役は民間設備投資である。

　1959年からの貿易自由化と池田隼人内閣の「国民所得倍増計画」のアナウンスメント効果が設備投資を活性化させた。最新鋭技術の導入が進み，労働過剰は一転して労働逼迫になった。量産体制の確立は「消費革命」と呼ぶ消費ブームをもたらした。家庭電化製品から自動車，衣類，家庭用品など多彩な新製品が消費生活を華やかに彩り始めた。

　拡大局面が長期化した要因として，為替自由化による短期外資流入が挙げられる。1961年には国際収支は赤字に転落し，インフレ圧力も強まって，財政金融政策は引き締めに転換され，1961年12月にはピークから後退局面に入った。この頃のインフレ基調は生産性格差インフレで，コストプッシュ圧力を生産性上昇で吸収できない中小製造業部門の価格転嫁が物価高騰の原因となった。

　株式市場では株価の堅調な上昇があった。これは投資信託の拡大による売買回転率の上昇が寄与している。配当利回りを最重要視する傾向があり，株価の大幅上昇により配当利回りが金利水準を下回る「利回り革命」を経験した。「昭和37年（1962年）不況」は10カ月ほど継続した。1961年10月から東京，大阪，名古屋の証券取引所に2部市場が開設された。

⑥　第 5 循 環（1962年10月～1965年10月）

　長引くとみられた昭和37年不況であったが，欧米の景気回復により輸出が急増して国際収支は早期に黒字になったので，1962年10月には公定歩合が引き下げられ景気回復が始まった。1963年の景気拡大は翌1964年に東京オリンピックを控えて，公共投資が先導する建設投資の増勢が誘導した。設備投資は大きな進展がなく「好況感なき好況」になった。景気の拡大に伴う輸入の急増で国際収支は逆調となり，アメリカ・ケネディー政権の金利平衡税の創設を初めとするドル防衛策の展開で，国際収支の悪化が加速化する懸念があり，金融引き締め政策が実施された。1964年8月のオリンピック終了と共に景気後退が始まった。ここまでの薄曇りの景気拡大は「オリンピック景気」と呼ばれた。

　1964年10月から始まった景気後退は，深刻で甚大な影響を与えた。これまでの大量設備投資のための借入資金コストや販路拡大コストが累積的に嵩み，利潤率低下の中で企業倒産件数が増大した。第1部上場企業のサンウェーブ，山陽特殊製鋼など大型倒産が増え，株価低迷で証券各社も倒産の危機に瀕した。

　戦後最大の不況と言われた昭和40年不況は「証券不況」と呼ばれるようになり，1965年10月まで1年続いた。1964年は国際社会における日本の存在感が増し，4月にIMF8条国へ移行し，OECDにも加盟が実現した。IMF（国際通貨基金）協定第8条は，経常取引における支払に対する制限の回避，差別的通貨措置の回避，他国保有の自国通貨残高の交換性維持を規定している。このような一般的義務を受託した国が「IMF8条国」である。固定為替相場制の下では関税率の操作で為替管理ができるが，そのような保護貿易政策は採れなくなった。

　株式市場はオリンピック景気の特徴で低迷した。岩戸景気以来の大量増資と投資信託の拡大がアンバランスになった。1963年春の平均株価は1,600円を超えていたが，1965年の初秋には1,130円程度にまで下落した。

⑦　第 6 循 環（1965年10月～1971年12月）

　戦後最悪の不況から浮上できたのは，戦後初の赤字国債発行による積極的な

第16章　日本の景気循環

財政政策の効果であった。これに輸出の好調も加勢して景気は1年ぶりに回復に向かった。1966年からは設備投資の急増も加わり，本格的な景気拡大になった。この景気は57カ月も拡大し続け，有史以来の好況になった。神武，岩戸を更に遡って日本の太陽神である天照大神の父にあたる伊弉諾命に因んで「いざなぎ景気」と命名された。

このような景気の命名は，現代アメリカのハリケーンの命名と同じく相当な苦心が偲ばれる。最初に神武天皇からスタートしてしまったことが後々，さらなる昔へと追いつめられ，あまりに少ない候補の中で選ばざるを得なくなったが，建国の由来や『古事記』の世界を馴染みやすくした功績は大きい。景気の歴史は神話の時代からの悠久の日本史そのものである。

景気の主導力は，民間設備投資と個人消費の持続的な増加であった。およそ5年にわたる拡張期間の設備投資は年率換算で25％になる。輸出の伸びと設備投資の増大はうまくかみ合っていた。1968年以降は，まさに「輸出が投資を呼び，投資が輸出を呼ぶ」と言われた。個人消費は3Ｃ（カー・クーラー・カラーテレビ）を中心に急増し生活水準も高まり，世はまさに「昭和元禄」であった。

この景気は途中に陰りが見られた。1967年の入超が響いて国際収支が赤字となり，財政金融政策が景気抑制に向いたため，在庫の積み増しと鉱工業生産の伸びが鈍化した。しかし，圧倒的な民間設備投資の高止まりと旺盛な住宅投資とにより景気後退は避けられ，その後持ち直した輸出の伸びで，出超と設備投資の好循環が景気拡大を支え続けた。実質ＧＮＰ成長率は平均12％を維持した。

これまでの国際収支の天井がこの頃から解消され，累積的な近代化投資の力で国際競争力が強化され，国際収支には黒字基調が定着した。経済成長の制約要因としてインフレ率が登場することになった。1969年に入ると卸売物価が急騰し，消費者物価も呼応して高騰したので，9月に公定歩合が引き上げられ，財政金融政策も引き締め政策に転換され，1970年半ばで民間設備投資は急落して景気後退に入った。翌年（昭和46年）の不況は，1971年8月のアメリカ・ニクソン大統領の金本位制離脱宣言から深刻度を増して，17カ月に及ぶ「ニクソン不況」へと連続することになった。

株式市場は前の証券不況から政府の支援もあって立ち直りつつあったが、いざなぎ景気の前半は低迷し、ようやく1968年以降、外国人の買い上げもあり上昇基調を継続した。景気後退局面に入る直前に日経平均株価は2,500円を超えた。株式市場では配当利回りに代わってＰＥＲ（株価収益率）が投資尺度として用いられ始めた。

⑧　第 7 循 環（1971年12月〜1975年3月）

1971年8月15日ニクソン米大統領は世界に向けて新経済政策（減税と歳出削減、雇用促進策、価格政策の発動、金ドル兌換停止、10％の輸入課徴金の導入）を電撃的に発表した。ここから2年間国際通貨体制は激動した。1971年12月には多角的通貨調整が行われ、スミソニアン体制のもと1ドルは308円に切り上げられた。円高は輸出を阻害するため政府・日銀は公定歩合を引き下げ、積極的な財政政策を実施した。

1972年に入り住宅投資と個人消費が伸びて景気拡大に転じた。1972年から徐々に輸出入は入超になったが、経常収支は堅調に黒字を維持し、円の為替相場再引き上げを懸念して財政金融政策は緩和政策を継続した。

1972年7月に発足した田中角栄内閣は「日本列島改造論」を掲げて積極財政を推進した。交通ネットワーク・情報通信網を拡充し、産業の地方分散を通じて地方の生活水準格差を是正し、有効需要の創出によって高度経済成長を持続させながら、経常収支の黒字削減を目指すものであった。しかしながら、スミソニアン体制は脆くも崩れ、イギリス、スイスに続いて日本は1973年変動相場制に移行した。ドルの過剰流動性、つまり実体経済に対して通貨供給量が過剰になる状態が円にも起っており、1973年後半には設備投資の増勢が加わって本格的な景気過熱になっていた。またこの過剰流動性は物価の高騰を引き起こした。1973年4月〜8月に4度の小刻みな公定歩合の引き上げがあり、4.2％から7％に引き上げられ、財政政策は引き締めに転換した。物価は騰勢を強め1973年9月の前年同月比は、消費者物価14.6％上昇、卸売物価18.7％上昇を記録した。過剰流動性インフレの最中に第4次中東戦争が勃発し第1次石油危機

が発生し，1バレルは2.59ドルから11.65ドルへ4.5倍値上がりした。この影響で物価は更に高騰し，消費者物価は前年比26.3％も上昇した。国際収支は大幅赤字に転落し，景気は急下降した。16カ月にわたる第1次石油危機不況は不況下のインフレ進行で，スタグフレーションに陥った。

株式市場では，金余りと低金利を背景に1972年に5,200円までに達し，景気後退に入った1973年11月からは，じりじりと値を下げながら3,500円を覗う動きであった。1972年の水準の回復には3年以上を要することになった。列島改造を成し遂げぬままロッキード疑惑で退陣に追い込まれた「天才」田中角栄に代わって，1974年12月清廉を旨とする三木武夫内閣が発足した。

⑨　第8循環（1975年3月〜1977年10月）

1975年3月に底を打って拡大に転じた記録があるが，この期間は第1次オイルショック後の調整，高度経済成長から安定成長への過渡期となった。1972年の石油危機は戦後最大の不況に陥れ，構造的な調整も必要になった。1974年はトリレンマ（trilemma）と言われた景気後退・物価騰貴・国際収支払超の三重苦の中で最悪な経済状況であった。実質GNPは戦後初のマイナス成長になり，経常収支は大幅な赤字になった。物価は狂乱しインフレ退治が最重要課題となった。政府は総需要抑制政策を強力に進め，1975年末までに消費者物価は沈静し，国際収支も1976年には黒字化した。1975年には経済成長率もプラスに転じ，マクロ的には景気回復に向かったことが窺われる。1975年の企業業績は最悪となり43.5％の減益となり不況感が横溢していった。政府は1975年4月から第1次公定歩合引き下げを皮切りに金融緩和に転じた。この第8循環は設備投資循環から外れている稀な循環であり，設備投資はストック調整の様相を呈していた。

1976年には鉱工業生産指数が10％の上昇を見せた。外需の持ち直しによる輸出増によるものであった。内需低迷と輸出伸張から経常収支黒字が膨張し，1975年末に1ドル305円（月中平均）であった為替相場は1978年10月まで単調上昇し1ドル176円にまでなった。このため輸出の増勢は止まり鉱工業生産も

1976年10月頃から下降し始めたため，1976年は景気後退に転じた。当時，この景気は生活感覚の中で実感できるものでなく，「幽霊景気」と呼ばれたが，現在では経済体質の転換を睨んで「安定成長景気」，景気減速期の後半のリセッションをミニ不況と呼んでいる。

幽霊景気を主導した主役は旺盛な住宅投資であり，「うさぎ小屋」と欧米から揶揄された日本のお粗末な住宅事情はようやく庭付き一戸建ての夢のマイホーム・レベルに差し掛かろうとしていた。

株式市場はダラダラと調整が続き，企業業績の好転を待つ展開であり1976年半ばにようやく4,800円を回復した。政局はロッキード事件に揺れ，1976年2月に田中首相の逮捕収監，1976年12月発足の福田赳夫内閣の狂乱物価との戦いが印象的であった。流行語は「記憶にございません」である。

⑩ **第 9 循 環**（1977年10月〜1983年2月）

景気は石油危機を克服して自律回復へと向かっていた。財政金融政策は緩和政策を持続していたが，物価は安定し，経常黒字も縮小傾向を示した。1975年4月から8次の公定歩合引き下げと財政政策による景気刺激が累積的効果をもたらして在庫調整と資本ストック調整が完了すると，民間設備投資と個人消費が主導する内需型の景気拡大が始まった。

企業は減量経営への転換を進め，企業収益も好転した。円高による素材輸入のコスト低下が国際収支の不均衡是正に寄与した。輸出は低迷しながらも安定成長型の景気拡大が期待された。1978年半ばから設備投資は6％〜15％の増勢であったし，生産指数も7％〜10％の増加を示した。第1次オイルショックはエネルギーの省力化を迫り，ショック後に様々な省エネ技術の普及に寄与し，省力化投資を本格化させた。28か月に及ぶこの好景気を「省エネ景気」と呼んでいる。

順調に見えた景気拡大過程も，突然の嵐にさらされる。第2次石油危機の発生である。1978年のイラン革命により，イランでの石油生産が中断したため，イランから大量の原油を購入していた日本は需給が逼迫した。1978年末にＯＰ

ECは，1979年より原油価格を4段階に分け，14.5％値上げすることを決定した。1バレル12.70ドルから1981年末の34ドルに2.6倍の値上げで，規模としては，第1次オイルショック並の原油価格の高騰であった。これにより石油消費国は再び景気後退に陥り，物価高騰，国際収支悪化に苦悩することになった。前回の石油危機の経験を生かして機動的な政策対応がなされ，インフレ率も10％以内に抑えられた。これまで堅調であった住宅投資は大きく落ち込み1979年にはマイナスのまま低迷した。

1979年春から80年にかけて，公定歩合は5回にわたって引き上げられ，そのため1980年初頭には設備投資，個人消費，輸入に下降傾向が出て，景気は後退局面に入った。世界各国は第2次石油危機にうまく対応できず，3年にわたって世界同時不況を経験することになる。

後退局面では個人の実質所得水準が低下したため，個人消費と住宅投資は大きく低下した。これを下支えするように民間設備投資は堅調に推移した。ＩＣ（半導体集積回路）による電子技術の発達と，省資源・省エネルギー化投資が必要になったことで産業構造も重厚長大型から軽薄短小型へ変質し，この変化は第2次石油危機不況の3年間に緩慢に進んだ。この景気後退は戦後最長の36か月を記録した。

株式市場は財政金融の緩和政策と内需拡大により長期の低迷から脱し，大きな下落なしに着実に5,000円から7,800円に上昇していった。1980年の半ばには公定歩合は9％の高水準に達したが，連続的に4回にわたって引き下げられ，1981年末には5.5％になった。実質ＧＮＰ成長率も3％近傍で上下し，在庫調整をしながらの生産増減が続いた。

⑪ **第10循環**（1983年2月～1986年11月）

転換点はアメリカ，ヨーロッパ等の世界景気の立ち直りによってもたらされた。輸出が急増したことに誘発されて民間設備投資が急拡大した。他方で，1983年の住宅投資は－10％にもなり，個人消費も低水準で推移した。5.5％から5％に引き下げられた公定歩合は1985年末までそのまま維持され，旺盛な設

備投資を支援した。1983年から経常海外余剰・ＧＮＰ比は３％以上で推移し，国際収支の黒字を継続した。1983年末には生産指数の対前年比が＋12％にも高まり，ハイテク産業が景気のリード役になったので，「ハイテク景気」と呼んでいる。

　外需主導の景気拡大になったのは，石油危機後の不況の中で減量経営，省エネ・省力化投資，技術革新に取り組んだ成果として国際競争力が強化されたことが主因である。アメリカでは共和党のレーガン大統領によるレーガノミックスが新保守主義のもと，アメリカの復活をかけてドル高円安を導き出した。この影響も作用して輸出優位性が増大し，ＩＣ，エレクトロニクス，電子・電気機器の輸出急増に繋がった。

　かつてＪ．Ａ．シュンペーターは「技術革新の不況トリガー」仮説を展開し，企業家精神とは不況にあって技術の新結合に挑む果敢な闘争心であり，不況は多くの場合，新技術を産み出す温床になると説いた。日本企業の獲得したハイテク景気はシュンペーターの所説を実証するものとなった。

　ハイテク景気の進展とともに貿易黒字は着実な拡大を積み上げ，1984年336億ドルに達しＩＭＦベースで対米黒字が330億ドルまで膨張した。ハイテク景気の本質は，アメリカへの「失業の輸出」であり，強大なアメリカの購買力による好況であった。この貿易不均衡は深刻な問題となって，日米貿易摩擦を引き起こした。世界経済は保護主義的方向に向かい，1985年２月頃からドル安円高基調に転換し，日本の輸出増勢も鈍化した。1985年６月をピークに景気は下降し始め，17カ月に及ぶ円高不況に突入した。

　1985年９月のＧ５プラザ合意のもと，為替相場への各国協調介入の効果で，ドル高は急転直下ドル安へと是正された。この時１ドル230円台の円は，わずか１年で１ドル153円に調整された。輸出産業の被った打撃は甚大であり，さらにこの影響で民間設備投資も急落した。

　株式市場では，世界経済の拡大と共に国際的な金融緩和の影響もあり，世界同時株高になった。日本証券市場のＰＥＲは特に高く，日経平均株価は7,500円から次第に増勢を強め，1986年央には20,000円を覗うほどに高まった。1986

年に入ると景気刺激策として金融緩和が進み，4次の公定歩合引き下げがなされ，3.0％になった。

⑫　第 11 循 環（1986年11月〜1993年10月）

　1987年に入り5度目の公定歩合引き下げにより，2.5％になると，1986年から持ち直して急増していた住宅投資が前年比実質で17％以上に急拡大し，内需拡大型の景気拡大に転換し，1986年11月を底に日本経済は景気拡大を始めた。
　昭和から平成へと時代が変わり，神風資本主義にもバブルの洗礼が訪れる「平成バブル景気」の幕開けである。対外不均衡を是正するためには内需拡大が必要であり，公共投資および減税を主軸とする緊急経済対策が取られ，金融緩和も加わった効果が，この平成景気であった。企業の合理化と内需拡大のための新製品の開発，国内市場の販路開拓，技術革新など内需拡大型経済への転換適応も寄与した。円高は原材料コストを引き下げ，エネルギー関連コスト減から非製造業には大きな好材料となった。景気拡大にともなう物価安定は個人消費を刺激した。
　拡大の足取りは順調であった。超低金利に誘発された住宅投資は1987年末から1988年初頭に前年比実質で34.2％増大した。実質ＧＮＰ成長率は物価安定のメリットで7％近くまで急増した。円高不況のもとでは2.5％程度の成長率しか実現できなかったが，この勢いで鉱工業生産指数も1987年〜1988年の2年は平均8％も増加した。住宅投資に陰りが見えたころから，堅調な個人消費が景気を主導し，間もなく，能力増強投資，新製品開発研究投資，合理化・省力化投資が増大して民間設備投資は実質で16％の増勢を堅持した。景気が過熱するに連れて，資産価格，とりわけ地価の高騰は異常なスピードでバブルへと変化し，1989年に入って3回の公定歩合の引き上げがあり，1990年に入って2度引き上げられ6％になった。湾岸戦争に起因する原油価格の高騰も加わり，バブル退治の名目で，金融は量的（貨幣供給量）にも質的（利子水準）にも厳しく引き締められ，景気を主導してきたすべての経済活動を鈍化させた。景気政策の裁量的実施がきわめて巧みに行われていた金融財政当局の大失敗が32カ月に及

ぶ第1次平成不況を招いた。

　1991年半ばから3回にわたって公定歩合を引き下げて緩和政策に転換したものの，2月をピークに景気は減速し始め，平成のデフレ不況の第一弾が開始された。これが失われた20年の始まりであり，1973年12月から継続した安定成長期は17年3カ月で終わった。

　株式市場は，1987年に20,000円から25,000円の間で揺れ動いたが，1988年に入るとバブルの本格化と共に急騰過程を駆け上がり，39,000円から40,000円を覗うところまで上昇した。一時持ち直した住宅投資が1990年秋頃から急落して前年比−10％以上に落ち込み，設備投資も急落して景気は後退した。ハードランディングで，バブルから景気調整局面に入る時の減速や下降は激しかった。バブルは過酷な痕跡と共に華麗な巨大建築も残した。世界初の空中庭園で超高層ビルを連結した大阪梅田スカイビルが現在も天空に聳えている。

⑬　第12循環（1993年10月～1999年1月）

　日本銀行の急速な総量規制を主軸とする金融引き締めを端緒に信用収縮が発生し，在庫調整が重なったバブル後の不況は，財務省の失政，円高，世界景気の後退など複合的要因が次々に加わって長期化した。平成第1次不況はこの意味で複合不況とも呼ばれる。

　銀行・証券業界の大手金融機関が破綻し，金融不安も発生した。この不況は多様な景気回復政策が打たれて，弱体化した日本経済にカンフル剤が注入されたことにより，43カ月の浮揚感なき景気拡大の「カンフル景気」に連なった。

　景気拡大は「さざ波景気」とか「逃げ水景気」とも呼ばれ，好況のピークも定かではない停滞傾向の中の景気拡大であった。この時期のカンフル剤は特異な巨額に上った。数次に及ぶ総額100兆円の景気対策が実行されたが，景気の浮揚はなかった。1997年5月を形式的なピークとして拡張局面は終わった。この間，実質ＧＤＰは440兆円を底に530兆円まで拡大したが，過重な景気カンフル剤投入は国債残高を急増させ，地方財政に重い累積債務を残した。

　1997年4月1日から橋本龍太郎内閣が消費税を3％から5％に増税すると，

個人消費は急減し、さらに、年末にかけてアジア通貨危機が発生すると、一挙に景気後退が始まり、アジア金融危機不況が到来した。第2次平成不況である。1990年に60.1兆円の水準であった国税収入は52～53兆円で推移していたが、この景気後退期に入ると1998年49.4兆円、1999年47.2兆円と減収が続いた。とくに1999年は2.2兆円の減収で、実質GDP成長率は－1.8％と急落した。企業の設備投資をはじめ研究開発投資は歴史的な停滞を示した。

　資産デフレが深刻化すると大手金融機関は立て続けに経営失敗を露呈して破綻した。山一證券、三洋証券、北海道拓殖銀行、日本長期信用銀行、日本債券信用銀行の倒産である。時の山一證券社長野澤正平氏は「社員は悪くありませんから」と号泣して破綻の弁を語った。後に「あの涙は、頑張ったが駄目だったという悔し涙と社員の再就職をお願いする訴えの涙だった」と語った。このテレビ放送は多くの共感を喚起し、社員には余りある再就職の話が舞い込んだ。後始末を押し付けられた初の私大卒社長の野澤氏は見事な後駆を務めて散った。

　マクロ経済的には日本銀行速水優総裁主導のデフレ下のゼロ金利離脱が理解不能な政策転換で、金融緩和の不徹底と物価動向の読み違いによって停滞の後押しに寄与することとなり、「失われた10年」の数々の悲劇を産み出した。

　財務当局の失政として、1989年の竹下登内閣による消費税導入から8年でこの景気後退を招いた消費税増税、景気基調に回復の兆しが出るや否やの社会保険給付の引き締めなどが指摘されている。

　これまでの循環は、財政金融政策には従順な行儀の良い景気動向を示していたが、バブル崩壊後の第12循環以後は、猛々しい反抗期を迎えたような景気の振る舞いが顕著になった。逆に捉えれば、景気政策は悉く不適切・不徹底な政策で、出動タイミングも対策内容も景気に響くものではなくなった。

　内部要因に低迷の原因を求める研究は、資源価格の上昇と交易条件の悪化、相次ぐ経済危機の余波を指摘している。1992年ポンド危機、1994年メキシコ危機、1997年バーツ危機からのアジア通貨危機など国際的な経済混乱も無視できない。世界はグローバリゼーションとともに緊密に相互影響し始めた。

　1998年のLTCM（Long Term Capital Management）の破綻は国際金融史上、

前例を見出しがたい世界最大級の金融破綻事件であり，金融システム危機からの景気後退は更に深刻化した。ＦＲＢ（連邦準備制度理事会）のグリーンスパン議長の英断によって巨額の資金援助が関連金融機関に対して行われ，一過性の影響に留まったことがわずかな救いだった。

　この頃に，消費者と直接の双方向的通信を大量に処理できるｅコマースが可能となり，既存のビジネス・モデルを揺るがせた。このため多くの企業はインターネット関連投資に取り組み，これらのサービスを提供するＩＴ関連企業に注目が集まった。さらに1998年から1999年にアメリカの低金利はベンチャー創業資金や投資資金の調達を容易にした。インターネットの急速な普及が進展し，Yahoo！ JAPANやソフトバンク，楽天，サイバーエージェント，ライブドアなどがインターネット企業として興隆した。また米国ハイテク株に投資することを謳い文句とした投資信託商品が人気を集めた。このような動向から景気は1999年1月に底を打って回復し始め，景気拡大局面を迎えた。

⑭　第13循環（1999年1月〜2002年1月）

　第13循環はインターネット関連投資によってもたらされた。ＩＴ景気と呼ばれる。日本ではWindows ＸＰ, VistaやMac, ＵＮＩＸのようなＯＳ（Operating System）分野から企業が撤退し，ブラウザや検索エンジンの開発については，米国企業の追随に回っていたため，株式投資対象は主に既存の通信・携帯電話関連株（ＮＴＴ，ドコモ，ＫＤＤＩ），コンピュータ関連株（ＮＥＣ，富士通，東芝，ソニーなど），半導体，通信ケーブル，あるいは光通信，大阪有線（現：ＵＳＥＮ），ソフマップなど新規上場株であった。他方，政策による起業支援，ストックオプションの規制緩和によってベンチャー・キャピタルが増加し，アイ・エックス・アイ，非上場企業では平成電電や近未来通信など不正な企業活動も発生した。株式市況は全般的に投資活性化で刺激され，トヨタやファナック，キヤノン，任天堂などの主力銘柄も株価上昇が見られた。1999年に全米証券業協会とソフトバンクがNASDAQ JAPANを発表し，停滞の中，景気は2000年春頃まで22カ月にわたって拡大した。

第16章　日本の景気循環

　このITバブル景気は，長くは続かず，2000年3月に文藝春秋が光通信の携帯電話売買を巡る不正を報じたことを契機に，ネット関連銘柄は全体的に大幅な価格急落を招き，日本のネットバブルは瞬間的に崩壊し，その後14カ月に及ぶ第3次平成不況に突入した。

　アメリカでは連邦準備制度理事会の利上げを契機にIT関連企業の株価は急落し，2001年9月11日の同時多発テロ事件の影響もあって，一時5,040ドルまで上昇した株価も2002年には1,000ドル台にまで下落しITバブル景気は終了した。日本経済は地価バブル崩壊後からの長引く不景気により経済が低調であり，IT関連投資も部分的隆盛現象に過ぎなかったので，米国発ITバブル崩壊の日本への影響は極めて限定的だった。

　IT景気はあったが，全般に日本経済は停滞が深刻化しており，特に新卒者は「就職氷河期」と闘わなければならなかった。すべての新聞から求人欄が消えて就活は困難を極めた。他方では，ニッチ市場，衣料品の格安ユニクロ，100円ショップ，長期間ゆったり旅行などが繁盛し，慎ましく暮らすスタイルが主流となった。

⑮　第14循環（2002年1月～2009年3月）

　2002年1月に底を打って，外需先導の景気回復が始まった。小泉純一郎政権の構造改革・三位一体改革によって1991年3月から続いた「失われた10年」はひとまず終結した。この14循環は実質GDPを580兆円まで引き上げ，戦後最長の73か月に及んだ。長いながら低成長にとどまり，好況の実感のないままに地域による斑模様があり，本格的なマクロ経済全体の景気過熱もなかった。当時は与謝野薫経済財政担当相の談話から「だらだら陽炎景気」と呼ばれ，更に進行した後，国生みの神話から「いざなみ景気」と呼ばれるようになった。

　「いざなみ」とは，天照大神の母神の名である。父が伊弉諾神，母が伊弉冉神である。『古事記』および『日本書紀』の記載によると伊弉諾神の妹で妻である。森羅万象の神々を生み，火の神，軻遇突智神の出産後病没し黄泉国で復活を待ったが，伊弉諾神に殯の腐敗姿を見られて恨みの中で離縁した女神であ

219

る。

　神武天皇から景気の命名がスタートしたために，終には国づくり神話の始まりのところまで遡ってしまった。もうこれ以上の昔は困難なので，近年の景気命名は遠のいてしまい，番数で呼ぶことを基本にしている。景気が日本文化から微妙に距離を置き始めた証左でもあり，景気の実感は生活感覚からも外れつつある。

　この景気拡大は6年1カ月に渡り，サブ・プライムローン問題に起因する景気転換から，世界同時金融危機不況に陥ってしまう。いざなみ景気も含めてバブル崩壊から20年以上の期間を不況として「失われた20年」とも呼んでいる。

　地価バブルの崩壊後，1998年末時点で，日本の総不動産価値は2,797兆円，そのうち総住宅・宅地価値は1,714兆円で60％を占めた。バブルの絶頂期と比べて，土地資産総額は794兆円，株式資産総額は574兆円減少した。金融行政面では，いわゆる護送船団方式が行き詰まり，1991年～2003年の期間に181の銀行が倒産し，1992年～2002年の期間に預金保険機構の支援は25兆円に達した。2015年に至って，りそな銀行はようやく支援の公的資金を完済した。当然ながら公的資金には利子返済義務も付随する。

　護送船団方式とは，業界において経営体力・競争力の最弱事業者が落伍することなく存続できるように，行政官庁が許認可権限を駆使して業界全体を統制していく方式で，競争淘汰無き過保護方式であった。三洋証券のデフォルトは無担保コール市場を大混乱に陥れ，連鎖的信用収縮で金融恐慌の様相を呈した。日本長期信用銀行には公的資金7兆9,000億円が投入されたが破綻を阻止できず，外国投資組合が10億円で落札する結果となった。本来なら認められない売却ケースが公然と実行されたことは，財務・金融当局の機能不全を際立たせた。戦後を支え続けた日本的神風資本主義の様々なシステムが景気の荒波の中で呻吟し，新生を迫られている印象が残った。

　2001年からゼロ金利政策と呼ばれる金融緩和政策が採られた効果で2002年2月に底を打って景気拡大期に入った。2004年に大幅な為替介入を行い，実質実効レートが円安に下落し，新興国・北米の好調な外需で輸出関連企業は過去最

第16章　日本の景気循環

高売上高，最高利益を収めた。いざなぎ景気の頃の輸出の経済成長寄与度が8％であったことに比べて60％まで拡大した。大企業の海外工場移転が国内回帰志向に変化し，設備投資も伸び雇用も拡大した。但し，正規雇用は48万人減少し，非正規雇用が圧倒的に281万人増加した。法定最低賃金の伸び悩みの中で，貧困労働者層が増大した。

　2003年に，その後FRB議長に就任したプリンストン大学のベン・バーナンキ教授は「日本の金融政策に関する若干の考察」と題された講演で，2001年3月からの日銀の量的金融緩和政策は中途半端であり，物価がデフレ前の水準に戻るまで紙幣を刷り続け，日銀が国債を大量に買い上げ，減税財源を引き受けるべきだと訴えた。ヘリコプター・ベン[1]のマネタリズム政策で，インフレ・ターゲティング政策によってデフレ脱却に挑み「失われた10年」を克服しなければならないという論理である。バーナンキは一貫して日本経済の不調の原因を日本銀行の稚拙な金融政策に求めている。

　いざなみ景気を主導した要因は，企業の設備投資であった。投資活性化により，下請け中小企業の業績が上向き，内需企業にも好影響を与えた。大手金融機関への公的資金投入によって金融機関が復活し，旺盛な貸付活動が産業界の不良債権解消を実現した。国債30兆円枠に囚われない積極財政出動も功を奏した。また外資系企業の大都市部への不動産投資やM&Aの大規模展開は景気を下支えした。景気拡大期間は長かったが，2006年第Ⅱ四半期までの4年間で名目GDPは21兆円増えたに過ぎない。実質経済成長率は年平均で2％を下回る程度で，いざなぎ景気の10％に遠く及ばなかった。他方，労働者所得は2002年の265.5兆円から2007年の262.1兆円に減じたため，個人消費は改善しなかったが，2003年頃から「デジタル3種の神器」（DVDレコーダー・薄型テレビ・デジタルカメラ）の需要が急増し景気回復を後押しした。

　いざなみ景気は，2002年12月～2003年9月，2004年12月～2005年8月，2008年3月に3度の「踊り場」を経験した。第1の踊り場はイラク戦争とSARS（新型肺炎）の影響で10カ月の足踏みだった。第2の踊り場はアテネオリンピック後の世界的な在庫調整による10カ月の中断で，第3は，リーマン・ショック

後の世界金融危機不況へと続く一段落であった。結局20カ月に及ぶ足踏みは景気の好況感を払拭してしまった。2008年2月を頂点に景気は後退に転じた。

　景気転換は，アメリカのサブプライム・ローン不況の影響で輸出が減速したこと，1995年11月以来の急激な円高で1ドル100円を超えたこと，建築基準法改正による建設業界の不振，賃金の上昇鈍化，などの要因で外的要因支配型の景気後退になった。この後，13カ月に及ぶ世界金融危機に端を発する世界同時不況に陥った。日本の輸出はかつてない速度で減少し，「忘れ去られた大国」日本の存在感は薄れていった。

⑯　**第 15 循 環**（2009年3月～2012年11月）

　深刻な不況に耐えうるかという疑問が沸騰する中で，2008年の上場企業の倒産は33件となり，史上最悪となった。円のキャリートレードは実質金利差の逆転とデフレ舞い戻りで減少し，1ドル80円台の比較優位に位置したため，輸出産業は為替差損を拡大させて業績が悪化した。日銀は2001年3月から2006年7月までの5年間継続されたゼロ金利政策のため，政策指標を無担保コールレート翌日物金利から，銀行が日銀に預ける当座預金残高に変更し，市場に供給する通貨量を増やして市場に潤沢な資金を供給する量的緩和政策をとった。

　世界金融危機後には，やや長めの3カ月物金利を引き下げる新型オペも導入した。また企業の成長分野への投資を助成して，0.1％の政策金利で1年間貸し出す成長分野貸出制度を設け，新しい金融政策に踏み切った。2010年10月に政策金利誘導を0～0.1％に引き下げ，ゼロ金利政策も復活させた。新型オペの規模は2011年の東日本大震災後5兆円増額され，8月の急激な円高に対して10兆円を積み増しして，50兆円規模にまで膨らんでいる。

　相変わらず克服できないデフレ脱却が目指されたが，世界金融危機後の日本経済は日銀の新発想により，景気拡大を迎えることができた。しかし，株価も経済時論も，ほんのわずか昔に見た光景が繰り返されていた。デジャ・ヴュ（déjà-vu既視感）は，見たことのないものを見たように思う不思議感覚であるが，この景気は実際に経験した光景を繰り返し見ているという意味で，日本経

第16章　日本の景気循環

済研究センターの竹内淳一郎氏の命名である。デジャブ景気は東日本大震災も克服して，新型金融政策や2009年4月からのエコカー減税の支援もあって，36カ月に及んだ。2012年3月をピークに，欧州危機不況に突入した。2012年央以降，欧州政府債務危機など世界経済の減速が輸出の減少を招来し景気は急速に弱化した。

期待された民主党政権は景気減速と不況下の陰鬱の中で2009年の政権交代からわずか3年半，3人の首相の回転木馬に揺れながらフェード・アウトした。あまりに多くの歴史的大事象に見舞われ過ぎた執政期間で実力を出し切れなかったが，振り返ると果敢に善戦した。他方で，国民には新味に乏しく，国家の大計を見ずに権力闘争の私欲に彷徨した観が残った。

2013年に入り景気は持ち直し始め，前年秋以降の円安傾向と株高，エコカー減税の再導入（2011年12月〜2012年9月）による自動車販売の回復等で穏やかな回復基調が続いた。2012年11月に底を打って第16循環に入ったと基準日付が打たれた。アベノミクスのひとまずの成果である。

⑰　**第 16 循 環（2012年11月〜）**

現在，日本経済は16循環過程にある。景気拡大局面は一致指数のＣＩ動向を見ると，第10循環の省エネ・ハイテク景気に似ている。趨勢的には2017年までは堅調に推移すると予想されるものの，飛び抜けた景気にはならない[2]。2016年6月24日イギリスのＥＵ離脱ショックが襲った。急激な円高が発生し，ＶＩＸ指数（恐怖指数）は通常値を8ポイント増やし28となった。今後，ゆるやかな景気中弛みが予想される。

【注】
1）2002年のM.フリードマン90歳の誕生パーティーで，「デフレ克服のためにはヘリコプターからお札をばらまけばよい。ＦＲＢはヘリコプターでドル紙幣を撒きます」と話し，それ以後ヘリコプター・ベンの異名で呼ばれるようになった。
2）本章の基本的資料は大和総研編『時系列でみる景気・相場大事典』から得ている。また近年の景気動向等は，内閣府http://www.esri.cao.go.jpや東レ経営研究所

http://www.tbr.co.jp 及び金融大学ＨＰ　http://www.findai.com のデータに依存している。

　現代日本史の渦中にあってその都度集めていたランダムな資料と実体験，記憶の資料にも基づいてまとめている。多少の主観は混入を防げないが，できる限りの事実を並べた。さらに本章の景気史の理解のため３つの図を下に示しておく。

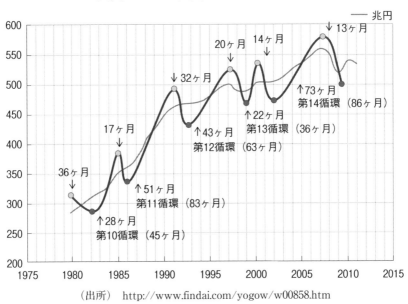

図表16－1　実質ＧＤＰと景気循環

（出所）　http://www.findai.com/yogow/w00858.htm

第16章　日本の景気循環

図表16－2　一致指数の推移

CI一致指数の推移

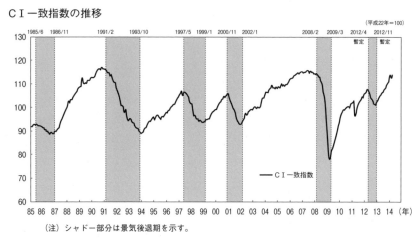

（注）シャドー部分は景気後退期を示す。

（出所）　内閣府経済社会総合研究所「第15循環の景気の谷の暫定設置について」平成26年5月30日

各循環のCI一致指数の動き（各循環の谷＝100）

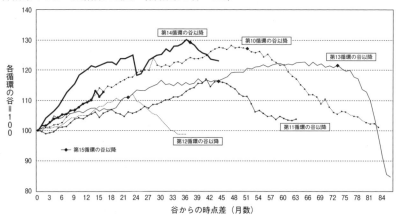

（出所）　内閣府経済社会総合研究所「第15循環の景気の谷の暫定設置について」平成26年5月30日

第17章　景気政策

　景気は，自律神経系の統制で不随意筋の産み出す動きである。景気の動きを支配する力は経済社会には存在しない。しかし，景気の動きに丹念に対応して対症療法的な政策発動がなければ，人間社会は何十倍も苦痛に満ちたものになっていた。有効，無効，効果希薄と様々な政策があった。英知を絞った創意と思考の末に辿り着いた夥しい数の景気政策を現代の経済社会は共有している。それらを網羅的に検討する。

　好景気をできるだけ長期に渡って過熱しすぎることなく継続させ，不況の深刻化が軽微に留まって短期に景気転換が起こるような補助的推進力を与えることが景気政策の任務である。

　一般的に，経済政策には財政政策と金融政策がある。財政政策は財政支出と課税によって経済活動に影響することができる。課税には増税，減税，直間比率構成変更，関税などがあり，財政支出は公共福祉，インフラ整備，雇用対策など広範囲にわたって支出を展開し，経済社会を変質させることができる。

　金融政策は，通貨供給量（money stock）を変更し，あるいは多種の利子率を操作し，預金準備率や日銀預け金水準の変更によって，市場の通貨量を調整して，民間企業の資金繰り環境を整えることができる。

　これらの主要な政策手段には政策発動ラグが付きまとい，絶好のタイミングで市場に影響することは難しい。また裁量的な積極政策が時宜に叶った内容であるかどうかについても精度が無い。この意味で補整的財政政策（fiscal policy）の景気対応力は低い。

　近年の景気対策としては，政策単独の成果が出しにくく，すべての政策を混合して実行するポリシー・ミックス（policy mix）が主流になっている。更に通貨政策を加えることもあるが，主要先進国の為替相場は変動相場制になってい

るので,戦略的に用いることは避けられている。特に通貨安は輸出を伸張させる有効な手段であるが,近隣窮乏化政策として厳しい国際的非難を浴びる。意図的な相場介入によらなくともポリシー・ミックスによって通貨安を実現することもある。また,経済政策にはティンバーゲンの定理(Tinbergen's Law)があり,政策と目的の一意対応が必要と考えられていたが,制御が難しい景気に直面して,総力戦で迫らざるを得なくなっている。

1　財 政 政 策

❶　公共投資支出

　景気が後退し,不況になると雇用が収縮し消費は減退する。この経済状況の下で,事業を開始・拡大できる経済主体は,政府部門だけである。貨幣発行権をもつ政府は,税収によらず支出ができる。一般的には公共インフラ整備が事業対象になる。公共投資は雇用創出,産出量増大,消費拡大効果をもっている。総合的な経済効果は,理論的にはJ.M.ケインズの乗数理論が明示するように,乗数効果で捉えられる。

　公共投資Gは,その時の経済環境としての可処分所得・消費支出比である限界消費性向αを用いて示すと,ＧＤＰを$\{1/(1-\alpha)\}G$倍増大させる。この時,消費は$\{\alpha/(1-\alpha)\}G$倍の増大となる。これらの倍率が乗数である。日本経済に関しては世界の国々の中でもαが低い方で,原因は様々ながら,老齢時代の社会保障の貧困が最大要因である。αが低いときには,経済効果としての乗数値が小さくなり,景気に対する浮揚効果・呼び水効果は期待薄となる。

　たとえばグリーン・カードで老後が保障されるアメリカは享楽的な消費により$\alpha=0.95$である。乗数は大きく,理論値は20になり,消費増加はGの19倍である。日本は$\alpha=0.62$で,乗数は2.6でしかなく,消費増加は1.6Gである。消費増加以外のGは公共投資支出の産み出す経済効果の波及過程で休眠してしまう部分で,貨幣流通が途切れるので効果を発揮できない。これらの乗数理論は単純なマクロ均衡モデルを前提としているため,必ずしも現実味がある数値ではない。景気対策としての諸政策の成果は期待通りに効くことは少ない。

第17章　景気政策

　近年の財政政策の不調は，乗数の低さに主因がある。乗数は時々刻々と多様な影響を受けて変動する。消費が恒常所得に依存する場合は一時的な所得増加や減税には反応しない。国債残高の増加も将来の増税を予想させれば消費は抑制される。国債残高増加が長期金利を上昇させ，自国通貨高により輸出が減少すると財政支出の需要増大効果は縮減される。

　財政政策の規模も100万人単位の雇用創出と雇用維持を継続させることは難しい。現代の日本にはほぼ常時210万人以上の失業者が存在している。雇用者数は5,630万人程存在する。公共投資で改善可能な雇用者数は限定されざるを得ないし，勤労者の2％を支えることが大きな景気対策にはならない。この種の財政政策はいわゆる fiscal drag に陥りやすい。システムとしての民主主義経済の公共部門は減税促進や増税抑止に傾きやすく，雇用創出のための総需要管理政策は経常収支の赤字を常態化させ，財政破綻に向かうことになる。乗数効果は失業率が1929年からの大恐慌の25％というような高水準の飛び抜けた不況時には効果的であるが，日本の戦後の16の循環については，それほどの効果を認められていない。

　公共投資の他には，社会保険軽減措置，再雇用支援職業訓練補助，失業保険給付の拡大，学校教育への支出増加，公務員採用増加による直接雇用拡大，奨学金給付拡大などを実施している。

❷　減税・補助金

　減税も国庫支出金の補助金も，同様な政府支出であるが，公共投資と異なるのは，使途の決定権が国民サイドにあることである。理論値としては投資乗数の方が減税乗数より大きい。減税効果の現実値は近年では0.5程度と見込まれている。2兆円の減税を実行しても，経済効果としては1兆円程度である。減税受益者が公共投資のように減税分を100％支出するかどうかも不透明である。

　単純な混合経済型マクロ均衡モデルでは，平均比例税率を t として，財政乗数は $\{1/(1-\alpha+\alpha t)\}$，租税乗数は $\{-\alpha/(1-\alpha+\alpha t)\}$ と捉えられる。平均比例税率を0.3，限界消費性向 α を0.62とみれば財政乗数は1.77，租税乗数は－1.1となる。減税効果は＋1.1だが，限界消費性向を考慮すれば0.68にしかな

229

らない。平均的日本人のライフサイクルは豊かではないので消費が抑圧される。

　景気対策としての減税政策は，所得税減税，法人税減税，消費税率引き下げ，定率分離課税，非課税措置，非課税準備金制，設備投資減税，研究開発投資減税，一次給付金などを主に行う。

　景気浮揚に向かって消費の増大を図る減税と生産能力投資に用いる企業純利益にかかる法人税を軽減して，投資低迷を抑制し，冷え込みがちな企業投資水準を維持させることで将来の生産基盤の拡大と雇用拡大を引き起こそうとする減税である。設備投資や研究開発投資に影響する減税は，外形標準課税や均等割法人税を変えずに，景気後退下でも担税力のある企業に対して減税する財政政策である。これらは基幹税であるだけに，減税は国家財政にとっては重荷で累積債務を積み増すことになる。しかし，景気深刻化が緩和され，景気の早期回復に貢献できれば，やがて税収も回復し，減税部分を超過する税収増大の可能性もある。

❸　消極的財政政策

　累進課税や雇用保険給付，生活保護給付は，景況に応じて自動的に対応できる景気対策を内蔵している。一般に自動安定化装置（built-in stabilizer）と呼ばれている。所得が減少すれば，所得税が軽減され，失業による所得喪失には一定の所得補償がなされ，生活が困窮する世帯には生活維持のための生活保護扶助が支給される。景気が好転し所得が伸張すれば所得税も増額され，失業が解消されて再雇用されると雇用保険の保険料を納める側に移り，失業保険給付は不必要になる。特別な裁量なしに，政策発動もなく自動的に景気対策を始めるシステムが消極的財政政策，あるいは定式的伸縮性（fomula flexibility）をもつ財政政策と呼ばれるものである。この種の財政政策として，物価指数対応型の税率連動制や雇用指数対応型の社会保障支出連動制が組み込まれている。

　租税の種類は多種であり，累退税として景気対策にならない内蔵システムもある。消費税や相続税は景気後退期に所得減退層には逆進的に重くなる。総合的な租税体系は概ね安定化に向いているが，税体系内部での調整も加味する必要がある。予算作成方式ＰＰＢＳや長期財政計画も自動安定化装置である。

第17章 景気政策

　財政支出の自動的変動による安定化効果の強度は，マスグレイブ＝ミラー指標 β で捉えている。この指標は次式で与えられる。

　$\beta = 1 - \{$税収入を考慮した時の投資乗数／税収入が所得と独立な時の投資乗数$\}$ である。限界消費性向 α，総所得に対する限界税率 t，を用いて定式化すれば $\beta = \alpha t / \{1 - \alpha(1-t)\}$，である。線形租税関数の仮定を外して，租税関数を $T = T(Y)$，と定式化しＧＤＰ水準 Y に相関させると前式の t の代わりに，限界税率 (dT/dY) を置けば転換できる。$t = 0.3$，$\alpha = 0.62$ のときには，$\beta = 0.329$ となり，所得変動の32.9％がビルト・イン・スタビライザーの働きによって減殺される。変動の平準化にはそれなりの効果が認められる。

　財政政策は一般に即効性があり，補整的財政政策発動と共に景気安定化に役立つ。一時的な fine-chunning（微調整）には適しているが持続的な景気下支えには向かない。歴史上の「救貧法」対策やアメリカ・マサチューセッツ州の失業救済事業の顚末[1]に鑑みても，短期間に急膨張する財政支出に耐えた政府は，どのレベルの政府でもほとんど存在しない。

2　金融政策

　金融政策は日本銀行による貨幣供給量（2008年から従来からの money supply を名称変更して money stock）を動かして，循環変動の激烈化を緩和するように誘導する政策である。その意味で景気政策はエアコンに似ている。景気が過熱し暑すぎると感じるときは冷房し，冷え込んできたときには暖房する。湿度が高く爽快感がないときには除湿するが熱帯夜を変えることはできない。

　貨幣供給量の調整とは，市場流通通貨量を増減させることである。通貨量は，現金と普通預金のような要求払い預金の総額（M_1）に準通貨である定期性預金総額を加え（M_2），さらにＣＤ（譲渡性預金）を加えた（M_2＋ＣＤ）総量である。この通貨量が増大すると，市中銀行は貸付を増やし易くなるので，企業や家計は資金繰りが容易になる。企業は設備投資や生産活動の活性化に取り組み，家計は住宅投資や耐久消費財の購入に向かう。マクロ経済は好転し景気は拡大基調をもつ。逆に，景気過熱時に通貨量調整を行うと，（M_2＋ＣＤ）の総

量が減少し，民間銀行の貸し渋り傾向が出てくる。企業も家計も資金繰りに困難が付きまとい，企業活動は縮小し，家計も消費を切り詰め住宅投資を差し控える。経済全体の取引量が減少して景気は後退局面へと誘導される。

通貨量調整に用いられる金融手段は，政策金利操作，預金準備率操作，公開市場操作，窓口規制，量的緩和などである。

① **政策金利操作**（policy interest rate operation／discount policy）

かつては公定歩合操作（official discount rate operation）が主流であった。1994年に預金金利完全自由化が実現し，1996年からの日本版金融ビッグバンにより金融自由化は広範囲に及んだ。公定歩合のもとに「四畳半体制」と呼ばれたコンパクトな規制金利体系が支配していた時代には，高低十数種の主要金利の中間的な位置にあった公定歩合（優良手形割引率及び日銀貸出金利）を動かすと，すべての金利水準を連動して一斉に動かすことができた。

2001年2月には1カ月に2度の公定歩合引き下げを行って0.25％にするという異例な措置をしたが，公定歩合操作は政策としての意味を失っているので1996年からは行っていない。この時，担保があれば無制限に日本銀行が民間銀行に融資する，補完貸出制度（ロンバート型貸出制度）も採用し，金融緩和を行った。その後9月11日アメリカの同時多発テロが発生した後，0.1％に引き下げられた。2006年7月にはゼロ金利政策解除とともに0.4％，8月11日名称変更後2007年2月から0.75％，2013年4月に金融操作目標をマネタリー・ベースとし，5月0.3％，9月0.1％になり，2015年に至っている。現在，金利は資金の需給で市場決定されるので，通貨量の調整によって金利の動きを誘導する政策をとっている。この金利が政策金利である。2006年8月から公定歩合という名も消滅し，基準割引率，基準貸付利率と名称変更した。

政策金利を高く引き上げるとすべての金利体系は迅速に引き上げられ，企業の借入利子も，投資資金調達金利も上がり企業のコスト負担は重くなる。そのため投資は減少し借入金による企業活動も抑制される。家計の住宅ローン金利も上昇し，コスト負担も増大するので，消費の切り詰めが強要され，強制貯蓄

が励行される。景気過熱の状況で用いられるエアコン冷房である。金融自由化が浸透している先進7か国をはじめ海外諸国では，中央銀行の誘導目標金利として無担保コール翌日物金利が採用されている。

　日本の現在の政策金利も，無担保コール翌日物レート（オーバーナイト物・貸付利子率）である。銀行間の一日の貸し借りの金利で，金融政策の誘導目標にしている。「一晩だけ貸してくれと呼びかけ（call），明日返す」という条件の金利である。コール市場は金融機関の日々の資金過不足を最終的に調整する短期金融市場である。アメリカの政策金利はフェデラル・ファンド金利（FF金利）で，民間銀行がFRBに預けている無利息の支払準備預金（Federal Fund）を民間銀行同士で貸し借りするときの利率である。

　金利操作は日銀所有の国債を市中銀行に売買することで貨幣供給量を増減して騰落するように誘導する。金利低下の誘導は市中銀行の保有する国債を買い上げて貨幣供給量を増やし，金利低下を誘導する。逆に国債を売って流通貨幣量を市中銀行から吸い上げて減らし，金利上昇を誘導する。

　政策金利を下げると，市場金利が下がり，長期金利も低下する。債券価格は預金から債券市場へと資金が移動するので上がり，市場金利の低落で企業コストは軽減され収益改善が見込まれる。株価は上がり資金繰りはしやすくなる。

　政策金利を上げると，市場金利が上がり，長期金利も上がる。債券価格はポートフォリオ選択の中で債券需要が減るために下がる。市場金利の上昇で企業コストが増え，収益悪化が予想されるため株価は下がり，企業の資金繰りは困難になる。

　景気が過熱する場合は，継続的なコア・インフレがギャロッピング・インフレに加速する懸念をもたせるので貨幣供給量調整によって景気抑制に入る。これが金融引き締めである。景気が後退する場合は，デフレ深化の懸念があるので貨幣供給量を増加させて景気刺激に入り，金融緩和となる。

　政策金利操作には政策変更の公示により，市場期待を変化させるアナウンスメント効果がある。他方では流動性トラップに陥る不確実性があり，実際の効果には疑問がある。日本では市中銀行の日銀依存度が高く，信用能力の制限効

果は相当に大きい。

② ゼロ金利政策

政策金利であるコール・レートをゼロにすることがゼロ金利政策である。日本では1999年に初めて用いられたが，2000年に解除され，2001年に量的緩和政策のもとで再度ゼロ金利を復活させて，景気のテコ入れに利用した。2006年7月に金利を0.25％にするまで継続された。近年では，このような超低金利政策を各国とも，採用するようになった。近い将来には，マイナス金利，すなわち，預金者は管理保管料を支払わなければならないという政策も可能性があると論じられている。消費に向かわない資金は目減りすることになり，「否応なしの金遣い」を迫ることになる。有効性は疑わしい。2016年2月16日に日本銀行はこのマイナス金利を導入した。新味のない金融緩和に意味も効果も期待できない。

③ 支払準備率操作（reserve requirement ratio operation）

市中銀行は毎日の普通預金の引出しや貸付に応じて，ある一定量の法定準備率の通貨を保有し，日本銀行預け金として留保している。準備率は数種あり最大でも1.3％程度であるが，10兆円規模の預金を抱える都市銀行にとって1,300億円の巨額資金となる。この準備率を不況時には引下げ1.2％にすると1,200億円の準備で足りるので，100億円を信用創造に使える。この余剰資金が理論上ではフィリップス（Chester Arthur Phillips）の公式に従って，準備率1.2％，漏出率20％の設定で，4.77倍の477億円の貸付を増やし，流通通貨量を増大させ，預金も増加させる。本源的預金 Dp，支払い準備率 x，流通過程で漏出するキャッシュ・ドレイン率 d，預金通貨の増大額 L を用いて示すと，次式がフィリップスの公式である。

$$L = Dp + (1-x)(1-d)Dp + (1-x)^2(1-d)^2 Dp + (1-x)^3(1-d)^3 Dp + \cdots$$
$$= Dp / \{1-(1-x)(1-d)\} = Dp / (x+d-dx)$$

現時点で保有する預金のうち，支払い準備に必要な資金以外の資金は貸付に

第17章　景気政策

回され，様々な経済取引を経由して銀行預金として還流する。これらの預金通貨は現金として存在したものではなく，預金からの信用創造によって生み出された「実態無き資金」である。各国の中央銀行が発行する通貨量の数倍の資金が経済取引を支えることになる。

　保有預金総額に応じていろいろな規模の各種銀行に数種の準備率が適用される。1991年10月16日に改定実施された現在の準備率は0.05％～1.3％である。それらの準備率をわずかに変更するだけで流通通貨量を大きく変化させることができる。好況期には金融引き締め政策として支払準備率を引き上げ，不況期には緩和政策として準備率を引き下げる。この支払準備率操作によって流通通貨量を制御して，景気循環の激化を封じ込める。

　近年では，間接的な通貨量調整はあまり利用されていない。直接的な量的緩和や量的引き締めが主流で，金融対策の即効性を高め機動化を図っている。

　準備率（cash reserve）には，発券銀行の銀行券に対する支払準備（兌換準備），対外決済のための支払準備（外貨準備），預金銀行の預金支払準備の3種がある。一般的には預金準備である銀行の手元資金が重要であるが，さらに，中央銀行に預金の一部を無利息で強制的に当座預金として預けることが義務付けられている支払準備がある。アメリカの支払準備制度に倣って戦後導入されたシステムで，1957年5月に成立した「準備預金制度に関する法律」に基づいて1959年9月の発動とともに，銀行は日銀預け金の保有を義務づけられている。アメリカではＦＲＢに預金種類ごとに法定された準備率で強制的に預託させ，この準備率操作で銀行の信用創造力を調整して金融政策にしている。日本の支払準備率操作は，日銀預け金の法定比率を変更する可変的法定準備制度が端緒となった。貸出抑制効果は公開市場操作の売りオペよりも小さく，アナウンスメント効果は公定歩合操作や政策金利誘導より大きい。最近では市中銀行の日銀当座預金額を上下させる方式を主としている。金融危機の時にはこの預け金で銀行救済をする含みもあるが，預金者保護は預金保険制度で充実させている。

　市中銀行が好況時に預金・資本金以上の超過貸付や有価証券投資を行い，結果的な資金不足を日銀からの借り入れに依存するオーバーローンの解消も景気

対策として必要である。金融政策は一般に引き締め政策は効果的であるが，不況期の金融緩和政策はうまく機能しない。不況期には銀行の手許流動性が潤沢で，企業の資金需要が冷え込んでいる。企業の銀行借入のウェイトは減退し，自己資金活用や株式発行，債券発行による直接金融が大きくなっている事情も影響している。

④ 公開市場操作 (open market operation)

　一般公開の債券売買市場で，中央銀行が手持ちの国債や有価証券を売買して，市場の資金を引き揚げ（売りオペ），市場への資金放出（買いオペ）を行う。主にコール市場で売買をするが，日銀のオファーに銀行が売らない場合もある。オファーに応えたものの中で条件の良いものから買い取る方式である。優良手形割引市場での手形オペも導入されている。この操作は能動的で弾力的であり，機動性をもって確実な効果を生み出せる。現金通貨流通量の増減によって市中銀行の準備水準を調整し貸付能力を統制できる。

　公開市場は，短期金融市場の一つであり，債券現先市場，譲渡性預金（ＣＤ）市場，コマーシャル・ペーパー（ＣＰ：一般企業の発行する無担保約束手形）市場，短期国債（ＴＢ，ＦＢ）市場，債券レポ（債券の一時的貸し借り）市場がある。近年急速に拡大している市場でコール，手形の売買市場であるインターバンク市場を凌いで，短期金融市場の主役になっている。公開市場操作は日銀と市中銀行との相対取引が主要部分であるため，アメリカのような圧倒的な景気対策効果を発揮できないが，有効な金融政策の一つとして重視されている。

⑤ 窓口規制 (window guidance)

　日本独自の直接的規制で，銀行のＣＥＯなどを金融庁に呼び出して指導する方式である。資金繰りの指導や高率適用制などの懲罰的制裁措置を伴う強力な直截的規制である。特に景気加熱期の金融引き締め期に強化されたが，窓口規制のような直接規制方式は時代の流れにかなう方策ではなくなり，窓口規制の規模も徐々に縮小ないし弾力化され，1991年（平成3年）の引締め解除期には

第17章　景気政策

最終的に廃止された。

⑥　量的緩和政策

21世紀に入り2001年3月から実施された金融政策が量的緩和政策である。金利政策が十分に機能しないため，通貨量増加を優先させて日銀は，市中銀行保有の手形，国債の大量購入に踏み切った。世界でも類のない直接買い付けで日本でも初の試みである。

消費者物価が4カ月連続して上昇を示したので，2006年3月にはこの政策を解除した。2013年4月には長期国債の保有量を2倍にすると発表し，デフレ脱却のための量的緩和政策を再び開始した。一連の量的緩和政策の結果，日本銀行の総資産は290兆円を超えている。国債の大量買入れによって国債価格は上昇し，長期金利は低下する。利回り率が低下する円は売られて円安になり輸出は増加する。通貨安は金融緩和によっても引き起こされる。

発行される新規国債を日銀が引き受けることはできない。市中銀行や証券会社，保険会社などの機関投資家や個人が購入した国債が日銀買入れの対象になる。政府の債務残高が際限なく拡大しないようにする方策である。

3　ポリシー・ミックス（policy mix）

財政政策，金融政策を単独で実施せず，組み合わせた政策手段で景気対策に向かう方策がポリシー・ミックスで，近年，世界各国で採用されている。次の図表17－1は日本・アメリカ・EUのポリシー・ミックスを提示している。

図表17-1　ポリシー・ミックス

ケース	財政政策	金融政策	政策目的	日米欧の混合政策			通貨動向
				日本	アメリカ	EU	
1	緊縮	引き締め	景気過熱回避 インフレ抑制	④	⑧ ⑩	⑬ ⑰	通貨高
2	緊縮	緩和	経常赤字削減 景気回復	① ③	⑦ ⑫	⑱	通貨安
3	緩和	引き締め	経常黒字削減			⑮	通貨高
4	緩和	緩和	景気失速抑止 デフレ脱却	② ⑤・⑥	⑪ ⑨	⑭ ⑯	通貨安

表中の①～⑱は各国の各政権によって採用された政策混合事例である。

ポリシー・ミックスは戦後，ブレトン・ウッズ体制下の固定為替相場制のもとで有効に機能した。例えば，国際収支が黒字で国内経済が不況の時には，財政拡大，減税，金利引き下げを組み合わせて国内需要の拡大を図ればよいし，国際収支が赤字のときには財政拡大と金融緩和で，内需を増大させるとともに海外の短期資金を流入させる方策がベストである。景気拡大期には国際収支が黒字ならば固定為替相場の切り上げと財政支出削減を組み合わせる。

1973年以後，主要国が変動相場制に移行するとポリシー・ミックスは困難になり，マネタリストの財政政策放棄の主張もあったが，景気対策の分野では，色調を変えて存在し続けている。

❶　日本のポリシー・ミックス

日本については，1996年の橋本政権からポリシー・ミックス対応が始まっている。①から⑥までの政策混合を鳥瞰しよう。

① **橋本龍太郎政権前期**（1996年～1997年）［1996.1 -］

ケース2の政策混合で，財政改革により財政赤字削減を優先し，財政政策は緊縮型にし，長期の景気低迷から景気回復を目的に金融緩和政策を維持した。日本版の金融ビッグバン構想のもと金融不安の解消が課題となった。

第17章　景気政策

② 橋本政権後期・小渕恵三政権・森喜朗政権（1998年〜2000年）
　　［−1998.7］　　［1998.7−2000.4］［2000.4−2001.4］

　ケース4の政策混合で，財政赤字削減を先送りし，政策転換を行った。財政政策は緩和し，橋本政権下で公共事業8兆円と減税5兆円を実施した。景気を刺激する財政発動とともに金融政策はデフレ回避のため緩和を維持した。結果的に円安傾向が発生した。1999年2月からゼロ金利政策が始まり，2000年8月まで継続された。この間，小渕政権は公共事業15兆円，減税6兆円を実施し，財政緩和はさらに増大した。森政権下で緩やかなデフレに入ったため，2001年3月にゼロ金利政策を復活させたが，減税は進めず，公共事業は5兆円規模で展開された。

③ 小泉純一郎政権前期（2001年〜）［2001.4−2006.9］

　ケース2の政策混合で，構造改革を標榜して財政赤字を圧縮するために緊縮財政政策に戻り，デフレ圧力を通貨安で回避するために金融緩和政策を維持した。この時期には秘かに巨額の為替相場介入を実行して円安誘導も試み，景気の立て直しに取り組んだ。小泉政権下の公共事業は7兆円に及んだ。

④ 小泉政権後期・安倍晋三第一次政権・福田康夫政権（2006年〜2008年）
　　［−2006.9］　　　［2006.9−2007.9］　　　［2007.9−2008.9］

　景気は回復し，物価上昇局面に入ったので，量的緩和政策は解除された。ケース1の政策混合で，格差拡大が社会問題として浮上した。2006年7月にはゼロ金利政策を解除し金融引き締めに転じた。景気は2006年11月いざなぎ景気を超えて戦後最長の景気拡大を記録した。財政赤字解消のための緊縮財政を進めながら景気過熱を抑制し，物価騰貴を封じ込めるための金融引き締めも並行させた。円高が進行し，輸出減退から景気後退が始まった。

⑤ 麻生太郎政権・鳩山由紀夫政権・管直人政権・野田佳彦政権（2008年〜）
　　［2008.9−2009.9］［2009.9−2010.4］［2010.6−2011.9］［2011.9−2012.12］

　麻生政権の発足後間もなく，サブプライム問題後，世界金融危機に突入したので，ケース4の政策混合を行った。政権交代が実現し，民主党政権になると，財政再建議論の中で，一時的にケース2のような緊縮財政政策と金融緩和の組

み合わせとなったが，東日本大震災・福島原発事故により極度の経済疲弊を招いたため，ケース4の政策混合に戻った。管政権になって消費増税議論が浮上し，緊縮財政政策は，増税再建政策に転換する兆しを見せた。デフレの深化と景気低迷にケース4の維持が余儀なくされた。

⑥ **安倍第二次政権**（20012年～）［2012.12－］

政権が再び交代し，第二次安倍政権は超金融緩和政策と財政刺激によるデフレからの脱却，長期低迷から景気拡大へを標榜して，ケース4の政策混合を継続させながら財政再建のための消費税増税に踏み切った。金融緩和によって円安が急速に進み輸出の立ち直りから景気は転換し，微弱ながら拡大基調が続いている。

❷ アメリカのポリシー・ミックス

アメリカの政権は，それぞれ独自の政策パターンを取って政策課題に対応している。

⑦ **クリントン第一期政権**［1993年～1996年］

財政均衡のための基盤づくりと貿易不均衡是正のために，ケース2の政策混合を採用した。ドル安が追い風となり緊縮財政と金融緩和によって景気の底堅い拡大が始まりつつあった。この政策混合により，景気は本格的に回復し，貿易不均衡も是正されていった。

⑧ **クリントン第二期政権**［1997年～2000年］

インフレなき景気拡大が続き，財政黒字化が実現し，New Economyと言われた。景気過熱を懸念して財政は緊縮財政をとり，金融政策も引き締めを継続した。ケース1の政策混合で「急がない景気対策」が徐々に冷やしながら景気後退を深刻化せずに長引かせた。金融市場からの資本流入が促進された。

⑨ **ブッシュ第一期政権**［2001年～2004年］

ケース4の政策混合で景気減速に直面したので，低金利金融緩和と軍事費増大・減税という財政緩和を実施し，急激な景気後退を抑止するとともにハードランディングを回避した。

第17章　景気政策

⑩　ブッシュ第二期政権前期［2005年～2007年］

ケース1の政策混合で，景気の立ち直りを見て2004年から金融引き締めを採用し，恒久減税と財政支出削減を標榜して歳出削減に取り組んだ。

⑪　ブッシュ第二期政権後期［2007年8月～2008年］

ケース4の政策混合で，サブプライム問題の影響によって信用市場が逼迫したので，信用危機（credit crunch）を回避し，景気減速を防止するため連続的金利引き下げと減税を組み合わせた。

⑫　オバマ政権［2009年～2012年・2014年1月～］

ケース2の政策混合で，政府債務上限問題で財政制約があり，緊縮せざるを得なかった。また，量的緩和政策も加えて，金融緩和を大幅に進めた。金融政策は世界金融危機以来緩和政策を継続している。2014年からは景気の立ち直りを踏まえて量的緩和政策は縮小したが，金融緩和は続けた。2015年末には金利引き上げを実施し，景気拡大基調の中，金融引き締めに転換した。

❸　EUのポリシー・ミックス

⑬　［2000年］

ユーロ安，原油高によるインフレ回避のためケース1を採用した。

⑭　［2001年～2004年］

景気が減速し，景気後退が激化しないようにケース4を取り，減税と金融緩和を実行した。

⑮　［2005年～2007年］

景気回復に向かい，減税を継続させながら金融引き締めに移行した。これまで例のないケース3の組み合わせである。

⑯　［2008年8月～2011年3月］

サブプライム問題の深刻化とともにオイルマネーを証券投資していた欧州銀行は激烈な金融危機に直面した。ケース4の不況期対策が打たれ，金利引き下げと財政支出緩和を展開した。

⑰　［2011年4月～2011年10月］

物価上昇を抑止するため金利引き上げを行い，政府累積債務問題でギリシャ

危機などが拡大しないように財政赤字削減を目的として，ケース1の政策混合を実施した。

⑱　［2011年11月～2014年5月］・［2014年6月～］

デフレ基調になり，景気後退も顕著になったので，ケース2の財政緊縮と金利引き下げに転じた。累積債務問題はギリシャ以外のポルトガル，イタリア，アイルランド，スペインでは少しずつ改善を見せているが，世界金融危機からの回復が思わしくなく，2014年6月には欧州中央銀行（ECB）がマイナス金利を導入した。

4　金融政策波及の様々な理論経路

金融政策がどのような経路をたどって景気に影響するのかについては様々な理論が解明している。実証的に理論化された主要な経路については以下に示す通りである。

❶　ケインジアン理論

金融政策→貨幣流通量変化→利子率変化（流動性・コスト効果）→投資変動→乗数効果→GDP変化

金融政策によって通貨供給量が変化すると，流動性選好に応じて利子率が変化し，企業投資は利子率に弾力的に反応するので，投資が変動する。研究開発投資や更新投資のように非弾力的な投資もあるが，景気の本体である設備投資は利子率に反応する。投資が動くと産出量変化が発生するので，景気対策として有効になる。

❷　アヴェイラビリティー理論

国債の累積残高が大量になると，財政の金利負担も嵩む。国債の一斉値崩れによる金融不安を防ぎ財政の金利負担を軽減するために，景気加熱期に金利を高めて引き締める政策が取り難くなる。金融政策の機動的運用は制約され，その結果，貨幣供給の行き過ぎがインフレを激化させることがある。1951年のアメリカのFRBと財務省との間の「accordの締結」やイギリスの1968年以後の「国債価格支持のための買いオペ封印」を経て，今日のような金融政策の復

活があり，金融政策の自由度も増した。このような金融政策の復活を支えた理論がR.V.ローザ（Robert Vincent Roosa）のavailability doctorineである[2]。金融政策は国債価格の値崩れや財政の金利負担を急増させずに，わずかな金利引き上げで総需要抑制に成功し政策目標が達成されると主張した。

すなわち，国債価格のわずかな下落，あるいは国債の市場利回りのわずかな上昇があると，国債を大量に保有する民間金融機関は4つの理由で貸出を抑制するので，信用の利用可能性（availability）は低下し，民間企業の支出は抑制される。4つの理由とは，流動性の低下（流動性効果），国債を売却して貸出資金を調達するときのキャピタル・ロスの増加（凍結効果freeze-in effect・封じ込め効果lock-in effect），貸出金利との格差拡大（金利差効果），金利動向に関する将来の不確実性増大（期待効果）である。

この理論については様々な実証研究が積み重ねられ，アヴェイラビリティー理論が妥当する経済環境が明らかになった。不完全な貸出市場のため，貸出金利の調整が遅れて，金利差効果や封じ込め効果がよく効く場合か，あるいは貸出金利が規制されて民間金融機関の信用割り当てによって貸出が行われているため，民間企業が信用のアヴェイラビリティーに敏感である場合である[3]。

公定歩合を中心に「四畳半体制」の規制金利で統制していた日本の経済環境こそ，この理論に最も近いものであった。

金融当局の意図的金利変更が民間金融機関の信用の利用可能性，あるいは貸手の貸出意欲を左右できる「ローザ効果（信用能力効果）」が認められて，金融政策は随時適用されるようになった。政策波及経路は次のようになる。

金融政策→利子率→（4 effects）→民間銀行の信用供与能力→貸出変化→投資・消費変化→ＧＤＰ変化

現在では，自由金利になり，企業の投資活動も個人住宅投資も銀行借り入れに頼る部分が小さくなった。金融政策の不感応の原因もさらにいろいろな要因が考えられる。

❸　ポートフォリオ理論

資産選好の理論として，イェール大学のJ.トービン（James Tobin）を主と

するアメリカ・ケインジアンが開発したPortfolio selection理論がある。この理論は貨幣需要量について資産の役割を重視する。期待収益と収益確実度の2要因から資産選好を解明する貸借対照表均衡理論に基づく理論である。政策作用経路としては，次のように設定される。

金融政策→貨幣量変化→利子率変化→証券価格変化（資産効果）→諸支出変動→ＧＤＰ変化

安全資産（定期預金，普通預金，現金など），実物資産（機械設備，建物など），危険資産（株式，社債など）に自己資産をどのように配分するかについて利子率が主要な決定因となる。ポートフォリオの組み替えにより企業も家計も支出を変動させる。これが景気の動向に影響する。

❹　マネタリスト理論

貨幣主義はMoney does matters. の立場から，貨幣発行量，通貨流通量のみに集中して経済変動を解き明かす。近年では，アメリカ・シカゴ大学を中心拠点とする学派で，M.フリードマンを総帥に1970年代にはケインズ学派を事実上崩壊させた[4]。1980年代に物価と貨幣量の相関が崩れ，その事実と共に弱体化した。この理論の経路は次のようになる。

金融政策→貨幣量変化→ＧＤＰ変化

全ての経済諸量は貨幣量と相関しているので，経済の安定均衡にはマネー・ストックの一定率の増加ルール（k％ルール）を保持すれば足りると主張された。この立場から財政政策の役割はすべて否定された。

これら4種の金融政策の波及経路をまとめると図表17-2になる。

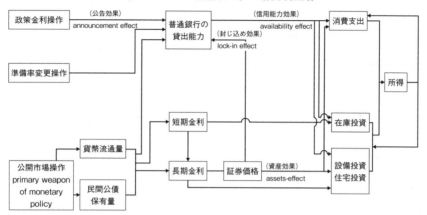

図表17-2　金融政策の波及経路

5　新しい景気政策

　フロー対策を主軸とする景気政策は大きな転換点を迎えている。伝統的な景気政策には経済社会内部で耐性ができて，なかなか想定的成果を収め難くなっている。豊かさも経済成熟度も生活様式も大きく変質している。政府政策への反応についても従来と異なる反応が出ている。現在は，新しい景気政策を考えなければならない。

　第1に，基本的な景気政策として大きなブレのない安定的金融政策が必要である。コール・レート操作，公開市場操作，マネーストック増加率Ｘ％ルールの3政策を中心に，選別的プライム・レート操作を補足政策として限定的に用いる。これらによる金利維持は高齢者年金所帯の購買力を保障できるので消費低下を抑制できる。

　第2に，財政支出は，新事業融資，高度化資金貸与，地域振興資金に重点的に配分し，産業構造の転換を促すＲ＆ＤやＭ＆Ａなどの資金供給を充実させる。一般消費対策として減税と実質年金水準維持を優先させる。課税は傾斜型にし，生活必需品への消費税課税は次第に撤廃する方向に向かわなければならない。

　検討候補の軽減税率構想として8％が浮上している。マイ・ナンバー制を経

由して2％の還元で4,000円の上限を設け，還付消費税総額を5,000億円に留め，消費時点課税を一律10％にする設計である。生活者感覚として10％は相当な痛税感があり，還付手続きが税務署経由であると高齢者には煩雑である。還付請求額は3,000億円程度と見込む予想もある。他方，新たな還付手続きには大量の徴税官が必要になり還付経費も膨大に膨らむ。おそらく，tax 8％専門店舗ができて，還付は代行するという簡便さが歓迎されるようになり，商業環境は混乱する。時間選好率は高齢社会にとって現在時点が極めて高くなるので，人々は争って即時の還付を求める結果，軽減税率専門店が出現する。軽減税率の機能は，景気対策としても重要である。

　ＥＵ諸国に見られるように，軽減税率は5％以下が妥当であり，ＥＵの平均税率は23％ほどであるので，この格差に倣えば，食品は2％以下の税率になる。8％の軽減税率は「急ぎすぎる財政再建」のために国民生活にダメージを与える側面がある。ＩＭＦが指摘するように消費税の増税は更に15％を目指す必要があり，社会保障支出の削減と共に大きな財政課題であるので，長期的な国民生活優先の租税設計で臨まなければならない。課税の設計は多様な社会変化を包摂して取り組むべき困難な課題である。将来の10％への増税後は深刻な消費税増税不況への急転換が予想されるが，公共事業や社会保障改革では乗り切れない長期低迷にならないような増税を用意する必要がある。

　第3に，世襲資本主義に向かう将来は財産課税の増税を回避できない。相続税の増税により財政の再分配機能を十分に果たす必要がある。また，日本やドイツを典型とするライン型資本主義諸国，すなわち共同体の利益を優先し，コンセンサスと長期的配慮に価値を置く資本主義諸国は，1990年代の経済不振と大量失業の時代から脱して，飛躍のためのインフラ再生へと向かう必要がある。特に日本は労働不足経済に突入し，オリンピックに向かって過剰なインフラを抱えようとしている。耐用年数を超えて再生・更新を要する社会インフラも総額200兆円を超える。肥大化する第三次産業国家，脱工業化国家は生産技術基盤も希薄になり，観光による外国人の購買力依存を強くしている。

　景気対策としての財政政策は，財政再建と累積債務の改善に向かう政策でも

あり，10兆円を超えるような大型財政の出動は当分封印される。財政政策の主眼はJ.K.ガルブレイスのsocial balanceを意識して私的資本と社会資本の適正比率を実現することが求められる。また，次世代型の新技術開発に本格的な財政支援が必要で，財政政策は質的転換を果たさなければならない。

諸外国の印象としては「日本の量的緩和は景気に効かない」である。金融政策主導の景気政策は当然ながら限界がある。従来型の景気政策には相応の成果を認めるものの，「宴のあと」を振り返ると膨大な長期政府債務だけが残されている。しかし，50年後は人口が半減し，政府福祉支出の増大も30年後には減少に転じる。長期で見れば，累積債務の解消も難しくはない。

【注】
1) Gilder, George, *Wealth and Poverty*, Basic Books, New York, 1981.（斎藤靖一郎訳『富と貧困』日本放送協会，昭和56年）
2) Roosa, R. V., "Interest Rates and the Central Bank," in H. S.Ellis(ed.), *Money, Trade, and Economic Growth, in Honor of John Henry Williams*, New York, Macmillan, 1959.
3) Mayer, T., *Monetary Policy in the United States*, New York, Random House, 1967.
4) Steele, G. R., *Monetarism and the Demise of Keynesian Economics*, London, Macmillan, 1989.（名取明弘・小島照男訳『マネタリズム―ケインジアン経済学の崩壊』文化書房博文社，1992年）

第18章　景気の考現学

　景気は経済現象であるとともに社会現象でもある。かつては文化の中に景気との相関を強くもつ要素が多数あった。我々は未曾有の天災に遭い，音楽や歌の絆を知った。笑いの話芸も，演劇も料理も素晴らしい救済になった。

　景気は人々を打ちのめす天災に似ている。景気に立ち向かおうとする時，人々は元気づけてくれる歌を口遊んだりする。世相を反映する文化は景気の合わせ鏡のような性格をもっている。

　不況期が底を打つタイミングには，昔から，人々を元気づける歌が流行るといわれた。「歌は世につれ，世は歌につれ」と言われるごとくだったが，豊かな社会は流行歌の世界から景気の季節感を追い出してしまった。世相を反映するものとして「流行語」が注目される。本章では，比較的簡単に感得できるその時々の文化現象を景気局面と共に捉えてみる。

1　元気づける流行歌

　平成元年にＮＨＫが行った調査[1]がある。「昭和の歌・心に残るベスト100」である。調査結果はベスト200として放送された。また長く歌謡曲ベストテンなどの放送を積み重ねたＴＢＳも名曲歌謡史[2]をまとめている。これらの資料に基づいて景気の考現学を考えることにする。考古学のアナロジーとして，景気動向と併存する社会諸相を考察することが考現学である。

　景気と流行歌の相関は明確ではない。かつては，景気が良くなって底を打つ下位転換点には，人々を元気づける歌が流行した。前向きな機運が社会に漲ってくると景気の上昇傾向にも弾みがつく。近年の対応関係を吟味すると，好況時の名曲流行が印象的で，不況期には，経済不振に抵抗する歌謡曲ではなく，慰め合うような曲想になっている。次表は景気の山・谷に対応させた流行歌謡

曲である。

図表18-1　景気と時代を映す流行歌

景気の山	レコード大賞曲	ＮＨＫ「昭和の歌謡曲」・ＴＢＳ名曲歌謡史他	流行語大賞
S26		リンゴの歌	
S29		岸壁の母・お富さん	
S32		港町13番地・東京だよおっ母さん	
S36	君恋し	上を向いて歩こう	
S39	愛と死を見つめて	函館の女・柔	
S45	今日でお別れ	知床旅情	
S48	夜空	神田川・くちなしの花・てんとう虫のサンバ	
S52	勝手にしやがれ	北国の春	
S55	雨の慕情	恋人よ・昴・奥飛騨慕情	
S60	ミ・アモーレ	愛人	イッキ！イッキ！
H3	北の大地・愛は勝つ	SAY YES・ラブストーリーは突然に・どんなときも	…じゃあ～りませんか
H9	CAN YOU CELEBRATE?	HOWEVER	失楽園する
H12	TSUNAMI	SEASONS・地上の星・桜坂	おっはー・ＩＴ革命
H20	Ti Amo	キセキ・そばにいるね	グ～！・アラフォー
H24	真夏のSounds good！	GIVE ME FIVE	ワイルドだろぉ
景気の底	レコード大賞曲	ＮＨＫ「昭和の歌謡曲」・ＴＢＳ名曲歌謡史他	流行語大賞
S26		リンゴの歌	
S29		岸壁の母・お富さん	
S33		おーい中村君	
S37		いつでも夢を	
S40	柔	涙の連絡船	
S46	また逢う日まで	また逢う日まで	
S50	シクラメンのかほり	北の宿から・シクラメンのかほり	
S52	勝手にしやがれ	津軽海峡冬景色・秋桜	

第18章　景気の考現学

S58	矢切の渡し	矢切の渡し	
S61	DESIRE	雪国・命くれない	新人類
H 5	無言坂	負けないで・島唄・ロマンスの神様	Ｊリーグ
H11	淋しい熱帯魚	First Love・LOVEマシーン	リベンジ・雑草魂
H14	Voyage	H・大きな古時計	タマちゃん
H21	Someday	また君に恋してる	政権交代
H24	真夏のSounds good！	GIVE ME FIVE	ワイルドだろぉ

　昭和52年と平成24年は年初に景気が後退局面に入り，年末に景気が転換して回復局面に入る両極相の年であった。好況の余韻の中での不況，不況からのわずかな僥倖の光が併存した。「勝手にしやがれ」と言いたい気持ちはよく分かる。不況期の歌謡曲は，しんみりと抒情的で雪景色と結びついている。深刻さよりも落ち着きのある疾走一服の観を呈している。

　流行語が本格的に時代を映し始めたのは平成の様相である。流行語大賞[3]を見ても景気の動向とはかみ合わない。長いデフレ不況の中で人々の諦念が，経済と文化の断絶を生んだ。

2　犯罪の認知件数

　かつて，昭和の高度経済成長時代（1954年～1973年）には，景気動向と凶悪犯罪の放火とは正の相関があった。景気が回復期から拡張期に至ると放火事案もまた逓増傾向を示した。相関の理由は解明できてはいないが，一般的に，放火は心理ストレスと相関すると言われる。

　景気が好転すると世の中は活気づいて人々の行動も華やかに賑わいを見せる。放火癖は孤独に取り残される自分に強いストレスを感じる結果，抑制不能となり，凶悪犯罪へと向かわせる。きわめて特異な心理で，稀な症状と言われる。自分の不遇と周囲の幸運が対比され，好景気に湧く人々に嫌悪感を抱く。この嫌悪感が幸福の象徴的存在に対する焼失衝動をかき立てる。

　その深層心理は，衝動制御障害によって引き起こされる。放火癖をもつのは

251

90％が男性で，火事を起こすことに喜びや使命感を覚え，衝動を抑えつけることが不可能な心理症状に達する。

金閣寺放火事件を解明した三島由紀夫の小説『金閣寺』も放火に至る犯人の歪んだストレスに焦点を当てた。その原因は心の病であり，わが身の将来に関する絶望に裏打ちされた不安に苛まれた結果の犯行だった。1950年，日本の景気循環の第一循環が始まり，朝鮮特需で戦後初の景気拡張が始まりつつあった7月2日，金閣寺は「妬みの炎」に包まれて全焼した。犯人は鹿苑寺徒弟・林承賢（本名林養賢）である。母親は息子を国賊と罵り，事件後保津川峡に身を投げて入水自殺した。承賢は受刑後1955年に肺結核で26歳の生涯を閉じた。

世は神武景気の力強い前進に沸き起こり始めていた。火災報知機が故障していると知ったことが，この放火日の決定因だったが，戦後の陰鬱から解き放とうとした景気拡大も大きく影響した。

金閣寺焼失から20年後，1970年11月25日，いざなぎ景気がピークを打って景気後退に差しかかり不況のどん底に落ち込んでいく頃，楯の会事件により，三島由紀夫は諌死した。憂国の志士として戦後体制を嫌悪した戦中派の精神的荒廃は，絶筆の大作『豊穣の海』のごとく名の華麗さからは想像もできない月面の死の海と同様，廃墟の世界であった。市ヶ谷自衛隊駐屯地バルコニーでの20分足らずの演説で「俺は4年待ったんだ」と叫んでいる。まさに，世がいざなぎ景気に酔いしれて浮かれ騒ぐ時節はタイミングではなかった。景気の後退こそがタイミングを創造した。「益荒男が たばさむ太刀の 鞘鳴りに 幾とせ耐へて 今日の初霜」と詠んで割腹して果てた。享年45歳。

薄日さす11月25日，老醜を何よりも憎み，若き肉体の瑞々しさの中に生の美学を見た不世出の文学者は，意義づけた死で終止符を打とうと決起した[4]。軟弱な魂が跋扈する浮世の楽観が覚醒するはずもないと知りながら一太刀の閃光を求めた。不透明な経済の停滞は日本の未来の朦朧と重なってこの日を決断させた。景気は昭和元禄に冷や水を浴びせて不況色を強め，前途の不安を増長し，この事件においてもトリガーとしての強い影響を作用させた。

45年後，2015年安倍政権は集団的自衛権を認める安全保障関連法（平和安全

法制整備法案)を議決し,三島由紀夫が夢みた独立の国軍構想は一部実現した観がある。日本を取り巻く国際環境も激変し,日本経済は600兆円経済へと発展を目指すことになった。万物が生生流転して留まるところがない。その中でも景気は回転し続ける。

芥川龍之介は昭和2年3月に始まった金融恐慌によって日本の政府累積債務が膨張し,銀行が苦境の淵に沈んでいく大混乱と経済不況の深刻化の中で7月24日服毒した。12人の大家族を抱えて誹謗中傷に身を焦がしながら,「人生は地獄よりも地獄的だ」と述懐している。太宰治は昭和23年6月19日,戦後の焼け野原のどん底の貧困と絶望の時期に道化のポーズに隠れながら,没落した日本を見切って入水した。死体が上がった日が奇しくも誕生日であったので,6月19日が桜桃忌になっている。三者の死はともに深刻な不況が背景的誘因になった。もう少し緩やかな不況であれば,さらに多くの名作が残されたかもしれない。

近年の放火事件と認定された放火認知件数は景気との相関が希薄である。平成16年が2,174件と最大で,平成24年は景気の山であったが,1,090件と減少している[5]。景気が引き起こす心の病を払拭することは困難であり,財政政策の発動がこのような凶悪犯罪を未然に防いでいることも景気政策の副次的な効果である。

犯罪は関連するすべての人々を不幸の渦に巻き込んでいく。景気がやむを得ない脈絡の中で,このような犯罪の引き金になることは大変悲しむべきことである。景気は循環し,どのように深刻な夜も必ず明けるという長期的な観点で,心を強くして経済難局に向かわなければならない。

3 景気に敏感な3K

3Kは交際費,広告宣伝費,交通費である。他にキツイ・汚い・危険を意味する3K職場である現業系・技能系職場,キツイ・帰れない・給料が安いを意味する新3K業界であるIT業界・コンピュータ業界などがある。また,建築基準法・貸金業法・金融商品取引法を意味する3Kもある。これは不正・トラ

ブル防止に向けて規制強化のために制定・改正された3法で、2008年の景気後退要因としてセットで捉えられる。

　企業会計上、得意先や仕入先など事業関係者への接待費その他の支出が交際費である。一般家計では親族・友人などに対する祝儀・お見舞い・慶弔費（香典など）・会食代などが主な交際費で、接待、供応、慰安、贈答その他これらに類する行為のための支出である。企業会計において景気動向にともなって節約される変動費の最大項目が交際費である。交際費は有税費目で損金扱いはされない。不況期に企業業績が伸び悩むとき削減対象になる。料亭やレストラン、飲酒業界が不況期に低迷して転廃業に追い込まれ、好況期に跡地利用の再開発が始まる光景も見慣れた繰り返しになった。浮沈の激しい業界の帰趨は景気動向が握っている。

　非価格競争の代表格が広告宣伝による競争である。この費目も景気動向とシンクロナイズしている。電通『日本の広告費』や日経広告研究所の「調査」によると、総広告費・GDP比率は大きな変動がないものの、前年比でみる増減は2001年〜2003年、2008年〜2009年、2011年に落ち込んでいる。いずれも景気後退基調が鮮明な時で一致系列的動向を示している。図表18-2は売上高と広告宣伝費の近年の推移を図示したものである。この2系列の相関は極めて強力である。広告宣伝費の動向が売上高の推移を産み出しており、売上を伸ばすためには広告費を増加させて非価格競争に勝ち抜かなければならない事情が認められる。これは近年の消費動向にも関連している。K.ガルブレイスの依存効果である。

　豊かな社会では、最終消費財はことごとく価格弾力性を小さくする。そのため、価格引き下げ効果は目立った売上増加に結びつかなくなる。有効需要を強力に誘引するメディア媒体による情報供与が有効な競争優位を確立する手段となる。消費者は自己の選別眼を洗練させることなく、広告宣伝の渦中で次第に、特定財を印象付けていく。仕様にも性能にも価格にも関心が集まらず、メディアで垣間見た商品に不思議な親近感と信頼を寄せてしまう。どこで何を買っても性能や技術的相違はほとんどなく、買いはずれもなくなったので、消費は、

広告宣伝に依存して決意される。今や「何を買うか」ではなく「誰が売るのか」の競争となっている。

他の3Kにも景気は連関する。職場としての3K現業系では雇用に景気の動向が反映する。好況の繁忙期には人を集めにくく、人件費は高騰する。不況の閑散期には雇用は順調に進展し、人件費も嵩まない。労働集約的な現業作業には3Kに見合う危険手当や残業手当を支給する余裕は難しいが、景気への順応はできる。

図表18－2　売上高と広告宣伝費の前年度比増減率の推移（連結決算, 有力企業）

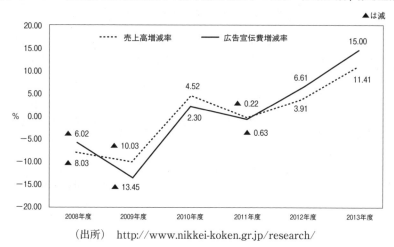

（出所）　http://www.nikkei-koken.gr.jp/research/

またIT業界やコンピュータ業界では顧客のニーズに叶う時間制約の中で昼夜を問わない業務遂行が求められたため、「30歳廃人」と言われるほど過酷な仕事漬け生活が余儀なくされた時代があった。情報化社会への転換期には多くの離職者や体調不良者を産み出した。景気の動向とは密接な相関があり、2015年現在で50代の人々には多かれ少なかれ、過酷を極めた労働時代があった。

景気は社会文化の一翼を担っている。何が求められ、人々の嗜好がどのように変遷したか、世相は暗かったのか、どのような事件が多発したのかというようなことも、景気の動向と共に変化した。庶民文化史との接点も興味深い景気

研究となる。

【注】
1) http://www.geocities.jp/fujiskre/ka93.html を参照。
2) http://www.geocities.jp/fujiskre/kb24.html および日本レコード大賞曲については http://cozalweb.com/ctv/shiryo/recordtaisho.html を参照。
3) 流行語大賞については http://singo.jiyu.co.jp および清水均編『現代用語の基礎知識』2012年版，自由国民社，その他各年版を参照。
4) 私は高校時代，馬込の住人として短い期間，平岡公威氏の近隣に住んでいた。著名な作家とも知らずに，『剣』の世界に憧れて剣道部で一剣を磨いていた。あるとき平岡氏の横顔を見て，軽く会釈しながら「三島由紀夫だ」と驚いたことを覚えている。決起の日，この事件のテレビ実況放送録画を見て動顛した。一途な人だと思った。
　　三島由紀夫の死と同様に若くして自殺した文学者は多い。芥川龍之介の初期作品の中には『老年』がある。自室の障子のわずかな隙間から覗かれた外の廊下に過ぎゆく些事をじっと楽しむ老人の姿を描いた。太宰治も名作『晩年』を書いた。しかし，二人とも老境を迎えることはなかった。芥川は「僕の将来に対する唯ぼんやりとした不安」の中で服毒し，太宰は「小説を書くのが嫌になった」と自暴自棄になって入水し，三島は根底では太宰の生と重なり合いながら，憂国の情に燃え尽きて散った。老醜は老いてようやく知るところとなるが，朽ち果てる予兆は若くして感じられることがある。天才はいつも感受性の極にいる。三者三様に青春の絶頂における死を選んだ。「死」は全作品の画竜点睛となった。
5) 法務省法務総合研究所編集『犯罪白書』〈平成26年版〉窃盗事犯と再犯，日経印刷　2014年

第19章　不易流行―経済保存則

松尾芭蕉が俳諧の基本理念と唱えたことが不易流行である。「千載不易・一時流行」とは，永久不変の芸術の姿である不易と，不易を求めて進展し流動する芸術の側面が流行である。両者が一句の中に統一されることが俳諧の理想とされた。

「閑かさや岩に浸み入る蝉の声」と立石寺で詠んだ句は，永久に流れゆく時間と蝉しぐれの中に対比された現時点の静けさが絶対的対照物として融合している。岩山の悠久と蝉の命のはかなさ，すべての音をかき消すような蝉時雨の大音響とそれを際立たせた静寂が一瞬の均衡を保っている。

景気は流転する。しかし，このような不易流行の観点から足を止めて経済動向を眺めれば，不易があるかもしれない。景気循環の中に，常に一定に保持される経済量に着目することも景気の外周を埋めることに役立つ。逆転の発想が発見した不易な経済量が経済保存則（conservation laws）である。

1　経済保存則（Conservation Laws）

変化の中の不変性は動学的対称性（dynamic symmetry）と呼ぶニュートン以来の解析力学の主要テーマである。古典解析力学で最も単純な普遍性はハミルトン関数（Hamiltonian）である。これは，全エネルギーについての方程式で，エネルギー保存の法則のもとに位置エネルギーと運動エネルギーの和と定義された全エネルギーが時間に対して一定であることを証明した。

力学体系の対称性を分析した先駆者であるドイツの数学者アマーリエ・エミー・ネーター（Amalie Emmy Noether）女史[1]は「ネーター環」を提唱し，物理学の発展に大きな貢献を成した。ネーター環とは，「力学体系が，ある一つの外的ショックによって別の力学体系に変換されるときに，この力学体系が

もとの力学体系に何らかの意味で対称性（類似性）を保つものであれば，そこには必ず何らかの一定性（不変性）が存在する」というものである。

景気循環の過程で一貫した不変性が見出されるならば，表面的には全く別様に見える経済位相の対称性（類似性）が保証される。また，経済量と価格の間に双対性（duality）があるので，経済動学理論において「不変性」は双対理論の一般的成立を架橋するものとなる。例えば，日米貿易不均衡が日本側の輸出数量制限で解決されるならば，動学的双対性のもとで，輸出価格の引き上げも同じ効果をもつことになる。

経済保存則は，最適成長経路の「経済の不変性」に関するP.A.サミュエルソンの証明によって，初めて言及された[2]。経済が長期最適発展経路をたどっているかどうかは，（GDP／総資産）比率が一定であるかどうかで判定できる。すなわち，「経済が最適に発展しているときには，所得と資産の比率が一定に保たれている」ことが実証され，この不変性が経済保存則である。当然ながら保存則はこれだけではない。様々な経済諸量の間に保存則が存在する可能性は大きいが，この他は未だ発見されていない。

1950年代から現在に至る保存則比率についてデータを見よう。一般に経済保存則は名目GDPと国民総資産の比率でみる。アメリカ経済は1950年から1990年までの期間，この比率は0.33でほとんど変化していない。カナダでは0.29〜0.30の間で推移し，概ね0.27である。イギリスはこの期間0.25〜0.20を上下している。日本は，1950年0.162，1970年0.10，1990年に0.0599と相対的に低い水準にあって一定ではなく急激な下落傾向を示している。

豊かな社会を求めて飛躍的な発展を遂げた日本であるが，保存則の観点からは長期最適発展とは言えない。資産の産み出す生産物総額が次第に低下することは，日本経済の内在的な脆弱性を示す証左である。相対的に高水準の地価が日本経済の歪みであり1990年の急落は地価バブル後の資産価格の急上昇に一般物価水準が追随できないアンバランスから発生した。「働けど，働けど，家も持てずに暮らし貧乏」こそが日本の資本主義の特徴的成果である。「資産は高すぎて，所得は低すぎる」不均衡が日本経済の本質である。

第19章 不易流行—経済保存則

　国民総資産は，非金融資産と金融資産から構成される。非金融資産は在庫（製品在庫・仕掛品在庫・原材料在庫・流通在庫），有形固定資産（住宅・建物・輸送用機械・設備・育成資産〔種苗・育林・育魚・畜産・海面養殖業の真珠など〕）と無形固定資産（コンピュータ・ソフトウェア）を含めて，有形非生産資産（土地・地下資源・漁場）から成る。金融資産は貨幣鋳造用金，ＳＤＲ，現金，預金，株式，金融派生商品，保険，年金準備金から成る。

　次表は名目ＧＤＰ，国民総資産のデータであり，これらから算定した経済保存則比率を示している。

図表19－1　経済保存則比率データ（単位：10億円）

年	1991	1992	1993	1994	1995	1996	1997	1998	1999	2000	2001
ＧＤＰ	469229	481581	486519	495743	501706	511935	523198	512439	504903	509860	505543
総資産	8018734	7837044	7951370	8101785	8173097	8265960	8429580	8381717	8581196	8477455	8512996
保存則	0.0585	0.0614	0.0611	0.0607	0.0609	0.0618	0.0619	0.0615	0.0596	0.0606	0.0593

年	2002	2003	2004	2005	2006	2007	2008	2009	2010	2011	2012	2013
ＧＤＰ	499147	498855	503725	503903	506687	512975	501209	471139	482384	471311	475110	480128
総資産	8433393	8486160	8577519	8981401	8998855	8915915	8510459	8459592	8490686	8448329	8668644	9294560
保存則	0.0591	0.0589	0.0587	0.0561	0.0563	0.0575	0.0589	0.0557	0.0568	0.0558	0.0548	0.0517

（資料）　内閣府『2013年度国民経済計算』（2005年基準）・内閣府経済社会総合研究所編『国民経済計算年報』各年版・保存則比率は筆者推計。

　2015年時点で個人金融資産は1,741兆円であるが，これは資金循環統計上の数字で，家計の預貯金，株式，貯蓄性保険，企業年金，国民年金基金準備金，ゴルフ場預託金など広範な金融資産を含んでいるので，経済保存則の基準としては用いない。

　1990年代に入って，デフレ経済のもとで保存則として0.06を巡る一定率を記録している。2013年からの更なる低落傾向はアベノミクスによる株高が主因であり，経済成長なき資産価格騰貴がもたらした不適正成長による結果である。これを是正するような政策目標として，2015年9月に第二次安倍内閣はＧＤＰ600兆円経済への飛躍を新計画に盛り込んだ。

　経済保存則は資産に景気感応度の高い在庫や設備を含んでいる。景気循環に

曝されながら，総資産の増減は必ずしも意図した部分だけではなく景気動向によって余儀なく変化する部分も多い。資産の価格変動も景気に反応するため，変化量間の保存則は不思議な現象である。

経済保存則の長期にわたる低落傾向と低水準安定に日本経済の長期低迷の原因を求めることができる。すべてのビジネスの低収益構造に問題がある。低価格にだけ国際競争力を依存させてきた産業文化がダンピングを生み，勤勉で有能な労働力を低賃金に留めて価格差補給金に仕立てたシステムこそ，繁栄の陰で膨張するワーキング・プアーを温存する日本型資本主義である。

景気は貧困層に激烈な痛みを及ぼすので，弥縫策としての大型財政出動が必要だった。外観の華やかさに惑わされずに本質を見れば，日本経済は最大の経済目標としての国民富裕化を蔑にして供給サイドを優遇し続けたシステムである。消費税増税と法人税軽減を組み合わせる「税制と社会福祉の一体改革」とは，正にこの路線の典型的な集大成でしかない。生産量が増え，そのフローの増加分がストック形成という資産形成につながる。日本製品は品質もデザインも素晴らしい競争力を持っているが，ブランドがない。同じコストで産出した生産物が何倍もの高値を当然視して差別されるブランドがない。低収益構造はここに問題がある。

経済保存則は日本場合，0.15程度に維持する必要がある。そのためには，土地の流動性を高め，住宅関連の高価格体系を改め，情報通信分野の暴利を分割し，もう一段の資産価格破壊を必要とする。生活の質を高め，生計の重圧を減らす消費税の軽減税率も導入しなければならない。総資産が価値減少して2015年の60％になり，経済成長が２％以上に維持できれば，東京オリンピックの頃には保存則の0.15が実現する。一般政府累積債務も改善される。現状では，同じ労働でアメリカでは日本の６倍を稼げる計算になる。有能な人材はこのアメリカン・ドリームを目指し，日本の人材空洞化が発生する。

2　ハイパー企業主義の終焉

中央官僚と企業家のパートナーシップに支えられた日本型資本主義はハイ

第19章 不易流行—経済保存則

パー企業主義と称され，経済成長に特異な強調点をおき，消費者の経済的富裕は第二義的なものになる。供給サイドの企業に手厚い保護や救済政策を集める。

産業政策の根幹に政府主導型企業支援があり，消費・需要サイドには間接的な影響しか及ぼさない。しかし，日本において消費者は会社人間であり，終身雇用制度のもとに企業とまさに一体化した存在であった。このシステムは高い経済成長率を維持できている間はうまく機能した。さらに土地資産本位制ともいえる独特なシステムによって資産創出に成功した。

対照的に，ハイパー個人主義・利益追求型の米欧成熟資本主義は運転資本を重視し，株主に対する責任と高い収益率を評価する資金流通網が確立している。

日本型のハイパー企業主義は変化への対応が巧みなシステムではない。資産が信用創造のエンジンとなり，信用創造がメインバンク制のもとで企業活動を支え，企業活動が所得を産み出し，再び資産としての土地に還流して土地神話を形成し，更なる信用創造を可能にするというループで好況が支えられる。資産の所得創出力が減退することはこの景気ループの不振となる。

ハイリターンのある魅力的な経済への転換が必要である。それはカジノやギャンブルが日常化するという意味ではない。土地資産本位制に代わる信用創造源泉を確立しなければならない。健全経営力，資金返済力などの経営ノウハウを資源として評価し，知的所有権や暖簾，ブランドなどの知的資源を担保とする柔軟な無形担保貸付が主となるような転換が求められる。

哲学的基盤の相違を形式的な類似によって埋めようとする米欧型資本主義への変換は，日本に根付く土壌がない。日本式経営を「改革」の名のもとにハイパー個人主義に換骨奪胎させようとする野心は混乱のうちに挫折し，その転換過程で捨て去られた伝統的な日本型システムはもう取り戻すことができない[3]。

【注】
1）ネーター女史の人生も困難を極めた。ドイツの女性差別時代に生き，大学進学もようやく認められるまで待機や自重が必要だった。父Max Nötherの数学的才能を

継承し，後にゲッティンゲン大学に教授職を得ようとするが差別思潮に妨げられ，助教授にしかなれなかった。1928年46歳でようやくモスクワ大学の客員教授になった。1930年にフランクフルト大学の客員教授になるが，戦禍はナチ党の迫害となってユダヤ系のネーター女史に降りかかる。ドイツからアメリカに逃れブリンマー単科大学の客員教授に落ち着くが，間もなく病魔にとりつかれ，1935年ブリンマーで卵巣癌のために53歳で早逝した。佳人薄命と言うが，人間社会は輝こうとする才能に非情な迫害を集める傾向がある。

2) Samuelson, P. A., "Law of Conservation of the Capital-Output Ratio," *Proceedings of the National Academy of Sciences, Applied Mathematical Sciences*, Vol.67, 1970, pp.1477-1479.

　この雑誌は経済学の専門誌ではないので，多くの経済学者の注目をひかなかった。また保存則自体も関心をひくテーマではなかった。

3) 日本型システムの代表例は，終身雇用制，年功序列賃金，家族主義的福祉システムである。特に女性の社会進出にともなう男女共同参画社会への転換により，家庭内介護を一身で支え続けた専業主婦による福祉システムが継続不能になり，福祉介護システムの再構築に迫られている。これはゲスタ・エスピアン－アンデルセンの指摘である。

　Esping-Andersen, Gøsta, *The Three Worlds of Welfare Capitalism*, Cambridge, Polity Press, 1990.（渡辺雅男訳『福祉資本主義の三つの世界』ミネルヴァ書房，1992年）

第20章　大恐慌の稜線

　1929年10月24日木曜日にアメリカNew Yorkウォール街で発生した株価大暴落は，世界を巻き込む未曾有の大不況に発展し改善されることなく人類を第2次世界大戦へと巻き込んだ。このGreat Depressionは「大恐慌」と呼ばれ，現在にいたる大暴落には常に言及の的になっている。

　どの国の不況も大規模化すると必ず，「大恐慌以来〜」などとその稜線上に位置づけられる慣例がある。また，この時期のアメリカ経済の動向と，景気対策の功罪について現在もなお，旺盛な研究成果が発表されている。景気循環論にとってこの大恐慌ほど豊富なテーマ源泉はない。景気研究の関心も必然的にここに向かうことになる。

1　恐慌はタイタニック号とともに

　1912年4月14日23時40分，北大西洋上で巨大な氷山と激突して浸水し，沈没したRoyal Mail Ship Titanicは当時最悪の海難事故となった。死者は1,517人を数え，世界最大の商船は，イギリス・オーシャンドックからニューヨークへと向けた処女航海に出航して決してニューヨークには接岸できなかった。当時の一等特別室は6日の航海費用4,350ドル（現在の4,000万円）と伝えられている[1]。

　浮沈艦タイタニックのもう一つの顔は，イギリスからアメリカに富を運ぶ「資金運搬船」であった。技術が自然に敗北したこの事故後，アメリカは，1921年に至る8年間，後に最も偉大な大統領の一人と評価された民主党の第28代Thomas Woodrow Wilson政権下で，着実な覇権国への歩みを進めていった。

　ウィルソン大統領は第一次世界大戦を終結させ，国際連盟を創設した功績でノーベル平和賞を受けたが，終戦間近の1919年に脳梗塞で執務に支障が出た。アメリカの国際連盟加盟は日本の海外進出を容認したウィルソン外交に批判が

出て議会の反対で実現できなかった。次の共和党第29代Warren Gamaliel Harding大統領は1923年まで在職したが，最も成功しなかった大統領と評され，在任中に56歳で病死した。次の第30代大統領は，ハーディング政権の副大統領だったCalvin Coolidgeに引き継がれた。クーリッジ大統領は「アメリカに新時代が到来した」と宣言した。

　これら三人の大統領のもとで，アメリカは着実に覇権国として台頭し，日本の台頭を抑圧しながら，経験したことのない至福の新時代の経済的繁栄を享受しつつあった。しかし，1929年8月9日にＮＹ連邦準備銀行が貸出金利を5％から6％に引き上げると，然しもの投機熱も次第に沈静化し始めた。

　9月にはイングランド銀行が金利を引き上げ，イギリスの投資家達はアメリカへの投資を売却して資金を引き揚げ始めた。静かな撤退の陰で，恐慌が近づく足音はやがて日増しに大きく響きわたり，引き絞られた矢が一挙に放たれるような突然のガラに見舞われた[2]。繁栄の極に上り詰めたアメリカ経済は，1929年10月24日に突然崩壊し始める。

2　暗黒の木曜日

　不運の大統領は共和党の第31代Hervert Clark Hooverである。1929年3月4日の就任式で「今日，われわれアメリカ人は，どの国の歴史にも見られなかったほど，貧困に対する最終的勝利日に近づいている……」と語った。「どの鍋にも鶏1羽を，どのガレージにも車2台を」と謳った選挙公約は難なく果たせそうな「永遠の繁栄」を掴むところまで来ていた。第一次世界大戦による重工業特需に呼応した投資，帰還兵の旺盛な消費，疲弊した欧州経済への輸出の伸張が好況の基盤的要素となり，更に1911年に始まったFordの大量生産もモータリゼーションの普及に足並みを揃えて自動車工業の大躍進に繋がっていた。未曾有の大繁栄に誰もが酔いしれていた。

　ピーター・テミンは，この頃に農村経済が過剰生産による農業不況に陥っていたため，深刻な購買力不足に悩んでいたと指摘し，これがやがて株式大暴落からの大恐慌に発展したと主張した[3]。

第20章　大恐慌の稜線

　1920年代中頃は欧州の農産物需要がアメリカの過剰生産を吸収していたが，欧州の復興とアメリカ国内の異常気象による不作から，1920年代後半の農業部門の不況は深刻化していった。さらに鉄道，石炭産業の不振も連鎖的に拡大していった。金融・銀行業・一般経済に極度に脆弱な構造を持っていた時に，市場の暴落が突然割り込んで大恐慌に発展したということが真相であるという議論は少なくはない。

　1924年中頃から投機資金が大量に流入し，株式市場は長期上昇傾向を示した。1920年代後半にはソ連経済の復興，後進国の工業化による生産増加，欧州経済の回復などが重なり世界的な在庫過剰が発生した。好景気の余剰資金は投機資金となって更なる投機熱を煽り，ウォール街のダウ平均株価は5年間で5倍に騰貴し1929年9月3日には381ドルの最高値を記録した。その直後に調整が始まり1カ月で17％の下落を示したが，次の1週間で下落分の半分を取り戻し，直後に上昇分が下落するという異常な乱高下を繰り返しながら「10月24日」に向かっていった。

　1929年10月24日木曜日は後にBlack Thursdayと呼ばれる最悪の日になった。午前10時25分，ゼネラルモーターズの株価が80％下落し，これに端を発したように株式市場は売り一色になった。11時にはアメリカ中のすべての株式売買店からの売り注文が殺到し大パニックとなり，400人の警官隊が出動して警戒するほどの不穏な雰囲気に包まれた。午後3時に後場の取引が終わり株式売買高は1,289万4,650株に達した。新記録の売りだった。投機業者の中には，破綻で自殺に追い込まれた人が11人もいた。25日13時に，大手株仲買人と銀行家たちは買い支えを申し合わせ，大暴落は一時的に止まった。

　週明けの10月28日には出来高が921万2,800株に達し，この日だけで13％のダウ平均暴落になった。翌29日火曜日は，更に悲惨な大暴落が発生し，「悲劇の火曜日」(Tragedy Tuesday) となった[4]。取引開始後30分で325万9,800株が売られ，後場の開始早々に株式市場は閉鎖された。1,638万3,700株が売られ，ダウ平均株価は43％下落し，9月の半値になった。この日だけで時価総額140億ドルが喪失し，1週間で300億ドルが消失した。投資家のパニックは最高潮に達

し，あらゆる経済分野から株式暴落の損失を埋めるために資金が引き上げられていった。景気後退が一気に始まった。

1931年5月11日にオーストリアのCreditanstalt銀行が破綻すると，大不況は世界各国へと波及し始めた。次いでドイツのDANAT-Bank（Darmstädter und Nationalbank）が倒産し，7月13日に閉鎖されると，大統領令によりドイツのすべての銀行が8月5日まで閉鎖された。金融危機の発生は企業倒産を引き起こし東欧諸国にも甚大な影響を及ぼした[5]。突然の経済失速から始まったこの大不況は，ついに克服されることがなく，第二次世界大戦を勃発させて破滅的な解消になった。

このような経路を辿った原因は現在においてもなお論争中である。フーバー政権の過度の楽観，当時の経済学専門家達の根拠のない軽視[6]，FRB（連邦準備銀行）の政策の過誤，自由放任主義と保護貿易政策の堅持など多数の要因が複雑に影響して，不況からの脱出口を見いだせなかった。事態は過誤の重複により拗れて絡み合った緊張状態の中で，アリアドネの糸は容易に見つからなかった。

特に金本位制のもとで経済危機は正貨である金の海外流出を引き起こす。海外在留の紙幣は本体の金に兌換されて持ち出され，自国紙幣が還流する。7月のドイツからの流出は10億マルク，イギリスからは3,000万£であり，その後の数千万£の流出のために1931年9月11日金本位制を停止した。更にイギリスは産業保護関税を引き上げ，£安を採用して為替相場を4.86ドルから3.49ドルに引き下げブリティッシュ・ブロック経済圏を打ち出した。

1929年2月に金本位制に復帰し金輸出制限を解禁した（1930年1月～1931年12月10日まで）日本は多大の正貨流出に苦悩した。86億4,200万円の保有正貨が流出したと推計されている。当時の15億6,800万円程度の国家歳出規模を勘案すれば，現在の約518兆円の大衝撃に当たる。

アメリカでは，大不況が1932年秋から1933年春にかけての時期に最も深刻な状態に達し，失業者は1,300万人を超え，失業率25%，株価は80%下落し，工業生産は46%減少し，1933年2月にはすべての銀行が業務停止に追い込まれてい

第20章　大恐慌の稜線

る。新古典派経済学の均衡志向が完全な方向錯誤であり，アメリカの自由放任主義の伝統も潰えざるを得なかった。

　1933年3月4日に登場し，史上唯一の4選12年の執政下で大恐慌との闘争を，積極的介入政策によって繰り広げたのは民主党の第32代Franklin Delano Roosevelt大統領である。選挙戦は3R-relief, recovery and reformとNew Dealを掲げて圧勝した。New Dealの展開は初めての本格的な貧困層救済策であった。第二次世界大戦終結間近の1945年4月14日，昼食前に脳卒中で倒れ63歳の生涯を閉じた。副大統領H.S.トルーマンが引き継ぎ，日本への原爆投下が命令された。

　FDRの積極政策はJ.M.ケインズの政策論と通じるところがあった。ケインズとの会見記録もあるが，ケインズの有効需要論に影響されたとは窺えない。ローズベルト政権の独自の政策観点と見ることが妥当であろう[7]。日本やドイツのような全体主義国は，統制経済に移行して1934年に恐慌前のGNP水準を回復し恐慌から脱却したが，資源配分の国家管理，産業統制など全体主義政策や軍部台頭の温床を残した。アメリカも1936年には恐慌を脱したかに見えたが，New Dealの一時縮小は再び不況を甦らせ，1937年には1934年水準にまで後退し，1941年まで回復することがなかった。

　公共投資を柱とするケインズ政策であるNew Deal政策の成果は現在も疑問視されている。結局，第二次世界大戦の膨大な戦争特需でしか恐慌からの回復を実現できなかったと見る議論も根強い。

　New Dealは産業統制を導入し，価格，最低賃金，最大労働時間，などを規定した全国産業復興法，農産物生産を制限する農業調整法，雇用対策としてのテネシー川流域開発公社の設立などを盛り込んだ景気対策であり，当時の通念としては画期的な干渉政策であった。サンフランシスコからシリコンバレー・サンノゼに向かう道路に架かる橋が第一号のNew Deal政策の公共事業だった。最近，その橋も老朽化して新しい橋へとリニューアルされた。

　大規模な景気対策として財政出動が躊躇される均衡予算主義のもとで，政府支出はクラウディング・アウト効果の故に自重された。連邦準備銀行はアメリ

カへの金の流入に見合う貨幣供給を行わず，また株価暴落に対して必要な貨幣供給をしないばかりか，預金準備率を引き上げ，金融引き締めに入った。今日では全く考えられない逆療法を実行したので，恐慌からの回復は一層遠のいたばかりか，悪化さえしてしまった。

3　カオス系変動の破壊力

　大恐慌の3年間にわたり，株価のダウ・ジョーンズ指数は図表20－1に見られるように急落トレンドを示した。このトレンドは図表20－2にあるような乱高下で構成された。強気筋も弱気筋も急激な株価変動の荒波にもまれて巨額の損失を被っている。

　3年にも及ぶ予測不能なカオス系挙動が認められる。近年の経済動学分野で，注目を浴びている経済変動の動向である。カオス系挙動は非線形力学世界で一般に発生する。ランダム性と構造体の逆説的結合であり，一つ以上の非線形性をもつ完全に決定論的な体系が生みだす予測不能な挙動である。

　このカオス系挙動は局所的にはある限られた領域を動き回り，極限周期軌道が存在する場合もある。理論的にはリー・ヨークの定理を用いてカオス系かどうかを識別する。

　図示された大恐慌時の株価変動がカオス系の乱高下であるならば，この不規則変動は巨大な破壊力を持っている。周期的な循環挙動とは比較にならない程の壊滅的なシステム不全を引き起こす。予測不能な景気変動が解明されない限り，大恐慌のような経済破壊に太刀打ちする手段はない。

　景気は資本主義経済の心臓の鼓動であり，不整脈程度の不規則鼓動には対症療法がある。しかし，心臓そのもののシステム破壊に対して，心筋梗塞や心不全のような突然の大変動に対処できる手段はない。

　制御不能に陥って大きな空難事故になった日航機御巣鷹山事故は飛行機システムが一瞬にして破壊され飛行機はダッチロールして果てた。その後，この航空機事故は世界的な研究対象となり，両翼エンジンの交互出力アップによる旋回や着陸方法の救難回避が創案され，多くの航空機事故の被災を小規模化した。

第20章　大恐慌の稜線

　経済社会も株価乱高下のカオス系変動に曝された時には制御不能になり迷走し空中分解することさえある。大恐慌の研究は，コントロール不能に陥った経済をどのように落ち着かせて統制下におくかという問題への挑戦でもある。

図表20−1

1929〜1932年の8％を超える
ダウ・ジョーンズ指数の動向

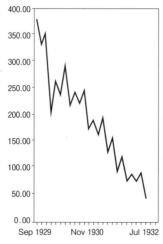

図表20−2

8％を超える損失と
利得の動向

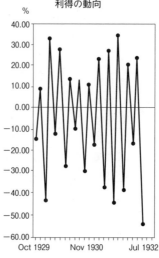

（出所）　*Wall Street Journal*, Sept. 18, 1994.

図表20－3　1929年～1932年のダウ・ジョーンズの8％以上の回復と減少

End Date	Dow	Days Long	Gain or Lose %
Oct 4.1929	325.17	28	－14.7％
Oct 10.1929	352.86	5	8.5％
Nov 13.1929	198.69	24	－43.7％
Dec 7.1929	263.46	16	32.6％
Dec 20.1929	230.89	11	－12.4％
Apr 17.1930	294.07	97	27.4％
Jun 24.1930	211.84	54	－28.0％
Jul 28.1930	240.81	27	13.7％
Aug 12.1930	217.24	13	－9.8％
Sep 10.1930	245.09	23	12.8％
Nov 10.1930	171.60	50	－30.0％
Nov 21.1930	190.30	10	10.9％
Dec 16.1930	157.51	20	－17.2％
Feb 24.1931	194.36	48	23.4％
Jun 2.1931	121.70	69	－37.4％
Jul 3.1931	155.26	23	27.6％
Oct 2.1931	86.48	65	－44.3％
Nov 9.1931	116.79	23	35.0％
Jan 5.1932	71.24	38	－39.0％
Jan 15.1932	85.88	8	20.6％
Feb 10.1932	71.80	18	－16.4％
Mar 8.1932	88.78	17	23.6％
Jul 8.1932	41.22	85	－53.6％

（出所）　*Wall Street Journal*, Sept. 18. 1994.

4　景気振幅度

　大恐慌については近年，重厚な研究成果が続々と公表されている。景気振幅度を用いる分析も興味深い解明を示している。ＡＴ＆Ｔ，Persons-Barrons, Ayresによる3つの事業活動指数を用いて，それらの指数の趨勢からどの程度

変化したかを変化率で捉え、それらを平均したものが景気振幅度である[8]。

振幅度は、地震の大きさのマグニチュードのような指標である。図表20－4はアメリカにおける主な恐慌について推計した数値である[9]。大恐慌の飛びぬけた破壊力はこの数値からも歴然としている。

図表20－4　景気振幅度

順位	景気下降期間		持続期間	振幅度
	ピーク	トローフ	（月）	（％）
1	1929年8月	1933年3月	43	75.1
2	1937年6月	1938年6月	13	45.4
3	1920年1月	1921年7月	18	34.7
4	1893年1月	1894年6月	17	30.7
5	1907年5月	1908年6月	13	29.5

5　富の集中と恐慌30年周期説

R.バトラの風変わりな分析[10]は、別の観点から大恐慌に迫っている。ラビンドラ・バトラの所説では、景気後退は不平等な所得分配によって発生する。格差が拡大し、富裕層に帰着する所得が多くなると、貯蓄性向が高まり総需要は減少する。企業の規模にも格差が発生する。1920年代は企業合併によって産業集中が進展し、独占企業や寡占企業が突然出現している。経済効率は低下し、投資や総需要は減退する。これらの巨大企業に利潤分配が偏ってしまうと、結果として、経済的繁栄は社会の多くの部門で薄くなる。経済社会の一部に富が偏在し、わずかな部分に富が集中することが恐慌の真因であると主張している。

1922年、アメリカの最上位1％の世帯が全米の国富31.6％を保有していた。1929年までの7年間にそれは36.3％まで急上昇し、1810年以降の最高割合になった。富の集中が急激に進展すると混乱と過誤の政策が氾濫する傾向がある。一般的に、富の集中は長い時間をかけて変化する。1933年～1965年期間の30余年間で28.3％～24.9％の変動幅しかない。大恐慌が発生して1929年～1933年の

期間にも28.3％にまで急減少が発生した。多くの富を消滅させた1929年のガラから始まった恐慌のもう一つの直接的結果である。R.バトラの推計は図表20－5のとおりである。

図表20－5　富の集中度

年	1810	1860	1870	1900	1922	1929	1933	1939	1945
割合	21.0	24.0	27.0	26.0-31.0	31.6	36.3	28.3	30.6	23.3
年	1949	1953	1956	1958	1962	1965	1969		
割合	20.8	27.5	26.0	26.9	27.4	29.2	24.9		

（出所）『マネー・インフレ・大恐慌』161頁

　すでに前章で議論したように経済保存則の安定的な推移が恐慌時には成り立たない。ＧＤＰが低下したりＧＤＰの成長が完全雇用を維持できないような低成長の場合に，景気後退が発生し失業率は高まる。金融システムが円滑に機能しなくなると企業倒産が発生し金融部門の信頼は大きく損なわれる。不況が大恐慌にまで至るのは，金融パニックの発生が起こるときである。

　富の集中は，富をもたない資産希求層を膨張させ，貸付需要が増大する。低所得者層や中流所得層の借入需要が富裕層の借入需要をはるかに凌駕してしまう。富の集中により相対的に資産が減少した低所得者層は債務返済力を減退させる。金融部門が不況を乗り越えるために節度のない貸付を実行する危険は増幅される。こうして金融パニックは容易く発生してしまう。

　富の偏在が進展すると投機が助長される。絶対的危険回避逓減法則であるアロー＝プラット仮説（Arrow-Pratt hypothesis）が相当する経済環境が醸成される。すなわち，富裕になるほど貨幣の限界効用は減少し危険回避に鈍感になってしまう。富裕者の投機も危険性の高い対象に向けられるようになり投機熱はいよいよ全社会を席巻する勢いで呼び起こされていく。投機は転売の儲けを目指して熱狂の域に突入する。人々は正常な合理的な流れの中からの儲けを斟酌することなく，実際に価値ある対象から離れて架空の対象へと向かい，その流れの異常さを理解することなく富裕になろうとする。

第20章　大恐慌の稜線

　世襲資本主義に向かう資本主義体制は長期的に富の偏在が拡大し，より大きな富の格差を抱える状況になる。こうして，経済不況は時折激烈化して，行き過ぎた富の偏在を是正するような大恐慌を産み出し，巨万の富が失われて富の集中も後退することになる。

　富の不平等は相続や世襲によって現れてくる。そのため富の分配の不平等が顕在化するには一世代30年が必要になる。頻繁な景気後退の中で恐慌に至る激烈な不況は30年周期をもつ。もし，30年の後に恐慌に至らず，一般的な景気後退で済んでしまうと次の60年後の不況は間違いなく大恐慌になる。ラビンドラ・バトラのこのような大恐慌周期説は無視できないリアリティーをもって迫ってくる。資産課税の適切な増減税対策が効果的であったかもしれない。

　400年周期の気象異常は，近年刻々と迫りつつあるその時期に向かって異常性を際立たせ始めた。自然の猛威はますます激烈になっている。単なる異常気象ではない大天災も頻発するようになった。地球は「閉じた空間」でありながら，そこに繰り広げられる気象に周期的なエネルギー転換のための激変時期が用意されている。恐慌も特異な経済変動と観るのではなく，更に踏み込んで大きな矛盾の解消のための周期的激変と捉えると，これまでにない別様の景気対策が創造され，対処される可能性がある。弛むことなく景気に向かう研究を呼びかけておきたい。

6　大恐慌はなぜ起こったのか

　どのような経済事象も因果関係の連鎖の中で捉える必要がある。それが社会科学の科学的論証である。大恐慌は1929年の繁栄の極みから突然の崩壊，そして大不況への未曾有の景気後退，最終終結が第二次世界大戦への突入という過程を辿った。この流れを支え続けた「根拠のない確信」こそがすべての元凶であったと言わねばならない。

　1920年代のフロリダの不動産大ブームが前兆としての原因であった。10%程の頭金で土地は誰にでも買えた。数週間で急騰する土地を転売すれば一攫千金になった。このブームは地価の急騰限界，優良な土地の有限性，新規の買い手

の枯渇，1926年秋のカリブ海ハリケーンの2度の来襲など複合要因の影響で途絶した。1924年にはウォール街の株価が上昇し始め，1926年にはこのフロリダ不動産フィーバーの崩壊による反落があったものの，1927年には再上昇し，1928年には現実離れした高値にまで達した。1929年の春にＦＲＢが警戒感から金融引き締めを匂わすと株価は反落したが，ナショナル・シティ銀行のチャールズ・ミッチェル頭取はＦＲＢの警告をものともせずに抑制措置を相殺する貸出強行を宣言し，株価は1929年夏の3カ月で前年の上昇率を超えるほど急騰した。

　ブローカーズ・ローンがこれを支えた。10％の証拠金で90％の残額借り入れができ，株はウォール街の靴磨きの少年にさえも買えた。借入金の利子は1929年夏には7％〜12％と高利であり15％まで上がったことも記録されている。やがて株価の急騰限界が来れば，この金利を支払える可能性は当然無になり，株価の値上がり益の利幅も逓減していく。海外の金融状況もポンド危機を中心に逼迫を繰り返し，イギリスの金利が上昇すると資金逃避が一挙にウォール街を襲うことになった。

　2001年9月11日の同時多発テロは，世界貿易センター（ＷＴＣ）ビルを一瞬で倒壊させた。事件発生直後ＷＴＣビルから大勢の人々が逃げようとして警備員に引き留められ，「混乱を招くので動かないように」と止められた。その直後災禍に見舞われてしまう。この時ＷＴＣビルは崩壊しないという過度の確信が人々を苦しめ，命さえ犠牲にした。浮沈客船タイタニックも浮沈戦艦大和も沈むはずがないという確信の故に，人々は海神ポセイドンに召された。

　大恐慌についても，一攫千金欲，確信の増強による麻痺と陶酔，転売の果てしない実現，結果としての非日常的世界への没我，を辿って株価バブルが発生した。バブルは破裂する以外の解消法がない。確信の根拠はどこを探しても存在しない。あるかのように信じたい本能が人間にはある。確信は有り得ないと悟る他はない。未来の悟性を期待するばかりである。

　ウォール街に伝わる古い格言が思い起こされる。「強気相場は悲観の中に生まれ，懐疑の中で育ち，楽観の中で成熟し，幸福感の中で消えていく」，言い

第20章　大恐慌の稜線

得て妙である。

【注】
1）この事故は様々なエピソードに満ちていた。Harry Elkins Widenerの悲劇もその一つである。イギリス出身のハリーはハーバード大学の学生であったが，両親の熱望によって休暇中に帰国し，大学へもどる航路がタイタニックだった。しかし，海難事故により不帰の人となってしまう。両親は息子の思い出に，現存する図書館 Widener Memorial Libraryを寄付した。寄付の条件として，「図書館の構造は変えない。卒業試験には水泳を課す。図書館にハリーが読書できる部屋を置く」であった。泳げなかったハリーに因んだ卒業試験で，近年身体障害者からの訴訟で取りやめるまで続いた。今日も白いバラ一輪が飾られた図書館の一室でハリーの霊は読書している。この図書館は書架の総延長距離が92kmにも及ぶ巨大な図書館で，名門私学としてほとんどの経費は寄付金でまかなわれている。全校舎を地下通路でつなぐ構造は，雪に埋もれるボストンにふさわしい。

　最近の深海調査によって，現在，北大西洋の北極海に近い3,795mに沈んでいるタイタニックは姉妹船のオリンピック号ではなく，スポーツジムやプールを備えた豪華客船タイタニック号そのもので，衝突から2時間30分で沈没し，海中の激しい水圧で二つに折れて沈んだことが判明した。強靭な船体は技術の勝利で海上では割れなかったことが分かった。

2）アメリカ経済の繁栄は1929年就任のHerbert Clark Hoover大統領治世下で最高潮を迎える。「アメリカ経済は曲がり角に差し掛かっている」とフーバー大統領が述べている。曲がり角とは，すぐそこの角を曲がると今まで経験したことのないような経済至福状態が待っているという意味である。この爛熟の経済繁栄については Frederick Lewis Allenの本が詳説している。Allen, F. L., *Only Yesterday—An Informal History of the Nineteen Twenties*, New York, Harper, 1931.（藤久ミネ訳『オンリーイエスタデイ―1920年代のアメリカ』筑摩書房　1993年）。また当時の新聞などに取材し，リアルタイムな臨場感をもって伝えているシャノンの本も参考になる。Shannon, David A., *The Great Depression*, New York, Prentice-Hall Inc., 1960.（玉野井芳郎・清水知久訳『大恐慌』中公新書23　昭和46年）

3）Temin, Peter, *Lessons from the Great Depression*, New York, 1993.（猪木武徳・山本貴之・鳩澤歩訳『大恐慌の教訓』東洋経済新報社，1994年）

4）株式取引所の立会場では走ったり叫んだりすることは禁じられている。この日立会場では，ブローカーがメッセンジャーの髪の毛を掴んで引っ張り，別のブローカーは気がふれたような叫び声をあげて逃げ出し，ジャケットは破れ，替え襟は外れ，事務員は大声でわめきあった。この火曜日は「百万長者の大虐殺の日」と後に呼ばれるようになった。ホテルのフロント係はお客がカウンターに来ると「お泊りですか，飛び下りですか」と聞いたと伝えられている。

5）1930年に創設された国際決済銀行（Bank for International Settlements）は，こ

の欧州国際金融危機に対処して諸国の中央銀行におよそ10億ドルの緊急融資を行った。この融資の貢献については議論が分かれるが，緊急融資はすべての国が後に全額返済し，融資の成功事例となった。矢後和彦「国際決済銀行の過去と現在」『成城大学経済研究所年報』第29号，平成25年，97-128頁を参照されたい。

6）当時のアメリカの代表的な数理経済学者であるイェール大学のI.フィッシャー教授は「株価暴落は経済のしっぽであり，ファンダメンタルズは健全でしっかりしている」と主張するフーバー大統領を支持した。もっとも革新的な経済学者フィッシャーの言辞は「人々に余計なことは言うな。バブルの脅威におびえる人の気持ちも分かってあげろ」というものだった。1929年に投機の行き過ぎに警告を発したのは，ＦＲＢ生みの親の銀行家P.M.ウォーバーグとエコノミストのR.バブソンだけだった。二人とも銀行家や投資家から猛烈な非難を浴びた。特にバブソンは悲観的見通しの発言直後に市場が反落したため，その責任を厳しく追及された。権威の傘につつまれた謬見ほど害悪なものはない。I.フィッシャーの評価が芳しくない理由は大恐慌時の言辞によると言われる。

7）J.M.ケインズが「経済に疎い人だ」と印象を語ったＦＤＲが自らの政策理念でNew Deal政策を創案したのではない。この政策はいわゆるブレイン・トラストと呼ばれる頭脳集団によるものである。大学教授，ジャーナリスト，練達の行政官からなる一団の補佐役側近群がニュー・ディール政策を建策実行したことが伝えられている。

8）Hickman, B. G., *Growth and Stability of Postwar Economy*, 1960. 及びMoore, G. H. ed., *Business Cycle Indicators*, Vol.1, 1961.

9）平田喜彦・侘美光彦編『世界第恐慌の分析』有斐閣 1988年，7頁。

10）Batra, Raveendra, N., *Regular Cycles of Money, Inflation, Regulation and Depressions*, Venus Books, 1985.（篠原三代平監訳・山田正次訳『マネー・インフレ・大恐慌』東洋経済新報社，昭和62年）

第21章　明日の景気

　K.マルクスは「予測するために学ぶ」と述べた。人間には予測能力は乏しい。しかし，完全な予測力があれば，生きる原動力はなくなるかもしれない。結果の分かっているチャレンジなど，人はしないからである。知らなくてもよいことと知っていなければならないこととの懸隔は深淵である。明日の景気は予測できたほうがよいし，予測による意外の利潤も大きい。これまでの様々な景気ツールを利用して信頼性のある景気予測を試みることを勧めたい。

1　複合循環仮説

　J.A.シュムペーターによる三循環図式が予測力に富んでいる[1]。

図表21－1

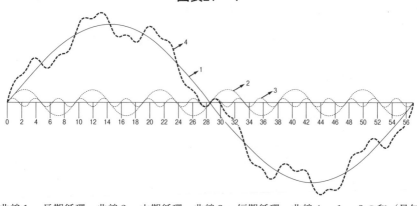

曲線1＝長期循環，曲線2＝中期循環，曲線3＝短期循環，曲線4＝1～3の和（景気循環論Ⅴの付録参照）

　この図式は，長期波動としてコンドラチェフの波，中期波動としてジュグラーの波，短期波動としてキチンの波，の三循環波を合成して，曲線4の複合循環

波を導出している。長波の周期は684カ月（57年），中波は114カ月（9.5年），短波は38カ月（3＋1／6年）で，振幅はそれぞれの周期に比例させて，18：3：1にしている。規則的な3つのsin曲線で示されているが，複合循環波は不規則な変動波になる。

　予測は詳細で正確な将来状況を描き出すことが望ましいが，景気循環理論の現状の水準に鑑みて，極めて難しい。大雑把な蓋然的な景気状態を掴む予測しかできないが，現実の経済活動にとっては，それで十分な予測になる。予測は，数学的，統計的に専門家領域の手法によって取り組まれてもいるが，予測方法そのものが難しく，またその予測情報は万人の利用可能な情報とは成り難い。

　独自の景気予測をしなければならない。予測方法はSimple is the best. であり，専門知識なしに取り組める簡明な方法が希求される。

2　簡明な予測方法

　そのような希求に応えて蓋然的な景気予測の一端を例示しよう。予測にはシュムペーター流の3波図式を利用する。長波は現在上昇過程にあるので，大雑把に言えば，2030年ぐらいまではインフレ基調が続き，諸価格は上がり気味になっていると解釈できる。主循環は日本のみ11年周期で推移することが多い。2015年がピークとして観察できるので，今後5年6カ月が下降過程，その後5年6カ月が上昇過程と見ることができる。肌もと感覚としての短波は最近の停滞期平均で52カ月周期であり，最短でも40カ月周期である。2015年4月がピークと見做せるので，2017年5月ぐらいまでは下降過程と推定できる。

　これらの3波の時系列図式として，横軸に年・月を記録し，振幅は無視して時間軸の上に3波動向を三角形で示していくと分かり易い。3列に重ねて各波動のピークを頂点に△を描くとピークまでの上昇局面，ピークから底辺までの下降局面を図示できる。下降局面の右半分にシャドウをつけると景気図式が完成する[2]。あとは常識的な読み解きをすれば足りる。囲碁の終局判定よりも簡単にできる。三角形は歪な形状になることが多い。可能な予測ストーリーの一つは例えば次のようになる。

第21章　明日の景気

　2016年は主循環の陰りが濃くなり，景気本体は全般的に下況色があるもののコンドラチェフ波の影響で，総合的に軽微な物価上昇を見せながら感覚的な景気の薄曇り観が予測できる。実感的な好況は認識できない。

　個々の動向を診断しながら，複合循環仮説による景気予測をその先へと導き出すと，2016年は低迷し，2020年の東京オリンピック前年ぐらいまで回復は難しいと予想される。更に世界経済の動向にも大きく影響を受けるため，中国経済の2015年からの不調も日本経済の低迷の深刻度を増す要因になり得る。反面，アメリカのＦＲＢによる利上げや経済回復は好材料である。

　東京オリンピックに向けた建設ラッシュは「政治的景気循環」になる可能性もあり，一時的なまだら好況が展開される。将来の消費税増税による打撃はこれらの複合効果で，乗り切れる勢いであるが，2020年後半にはすべての景気演出が自然回帰して，不況に陥る。この不況は幸いにも深刻化する時間がなく，ようやく上昇過程に転じる設備投資循環に下支えされて軽微に終わり，2024年ぐらいまでは堅調な景気上昇になる。

　2015年第Ⅱ・Ⅲ四半期は2期連続してＧＤＰ成長率がマイナスに転じたが，軽微なリセッションと見る分析家は少ない。速報値は修正されて第Ⅲ四半期は1％成長になった。これも堅調な上昇趨勢と見る分析家は少ない。また，2015年時点の企業の内部留保は350兆円にも達しているが，設備投資は増勢に転じていない。企業の設備の平均年齢は間もなく16年になろうとしている。中東シリアの混乱による世界多発テロは，フランスのオランド大統領に「フランスは戦争に入っている」と言わせるまでの不安定激震になっている。未来はこれまで以上に不透明な要因で予測を混乱させる。その中でも景気は回転し続ける。

　単純な3波予測で，簡単に現在から10年程度先までの将来展望ができる。ビジネスにも，生活設計にも有効な景気予測として自らの分析力に自信をもって大胆に予測して頂きたい。その予測を背景にして各個別の意思決定を布石していけば，大きな損失や挫折は回避できる可能性が出てくる。景気波動の周期は頑健なものではなく，様々な要因で乱れてくる。3年程度の期間で3波の精度を増す現状把握を施して，このような予測を繰り返す。予測は的中することが

望ましいが難しい。概略的な先行きの経済動向でも分かれば，無常の闇に閉ざされた未来を抱えながら奮戦する人生よりも，数段気楽な生活に落ち着ける。明日の景気は，様々な意味合いで，自家薬篭中の幸福情報になる。

3　新しい景気理論素描

　景気の全分野を鳥瞰し，改めて景気を解明できていない現在を不思議な感覚で見ている。景気の循環変動因は消費から派生する誘発投資であるが，投資は景気刺激政策の金利刺激や金融の量的緩和では動かない。現代では相当に独立変数的動向を確立している。消費動向に誘発される投資が主導的な景気要因であり続けるならば，消費を解明しなければならない。その消費は所得や資産に応じた動向を薄めている。

　豊かな高齢社会では，最適貯蓄額の方が重要要因になる。合理的期待は成立しない。生存に関して合理的期待が成立しないからである。人は自身の余命を合理的確率的に知ることはできない。消費は経済活動の主要要因ではなく，最適生涯貯蓄額の増減に応じて，調整される従属変数になる。一国経済の60%を占める消費動向は不確定になり，ライフサイクル規模の長期変動要因になる。年金受給額や資産価格変動に曝される現実貯蓄量と最適貯蓄量のギャップが消費調節によって消費量を変動させ，これが誘発投資の循環変動を引き起こす。

　このような構想の中で，新しい景気循環理論が誕生してくると考えられる。将来の学問の発達に俟ちながら，今後の研究にも邁進したい。

【注】
1) Schumpeter, J. A., *Business Cycles—A Theoretical, Historical, and Statistical Analysis of the Capitalist Process*, 2 Vols., McGraw-Hill Book Co., New York, 1939, p.72.
　　（吉田昇三監修・金融経済研究所訳『景気循環論』Ⅰ〜Ⅴ，有斐閣，昭和33年，317頁）
2) 例えば次図のような景気図式である。但し，この図式には長期循環としてクズネッツの波が入っている。詳細は，田原昭四『日本と世界の景気循環』東洋経済新報社 1998年を参照されたい。

第21章　明日の景気

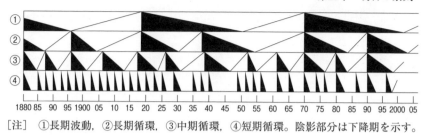

［注］　①長期波動，②長期循環，③中期循環，④短期循環。陰影部分は下降期を示す。

後　　　書

　すべてを書き終えたと一段落の大団円を喜んで一夜明けると，景気はまた違った様相を描き出している。原稿を取り出して，新しい情報を書き込む。こんな繰り返しの中で，心を残しつつページを閉じなければならない。襷を託す駅伝走者の気持である。

　江戸時代，1700年代前半，享保から享和を生きた米相場の名人相場師である本間宗久は「世の中のことはすべて波でできている」と説いたと言われる。

　酒田五法を創案し，豪商の名をとどろかせた宗久の人生も波瀾万丈であった。宗久の拠りどころとした相場識別法が，現代なお国境を越えて利用されている酒田罫線法である。景気を追い続けると，宗久の言辞の妙理性を実感する。

　金波・銀波・三角波・横波・縦波・逆波・さざ波・小波・白波・大波・波濤・土用波・荒波・うねり・激浪・怒涛・恐涛・狂瀾と，豊かな日本語にはかくも多くの波がある。「波に乗る」と言えば，時流に乗って勢いを増すことである。波が来るのを待って，トップサーファーのごとく波にふわりと乗って波頭高く滑りあがり，ボードを見事に操って大波の連峰を駆け巡るような，日本経済であってほしい。

　蔵修息游を座右にして，励み続けた私の研究の旅も，希望どおりの旅程をここに終える。改めてヒポクラテスの言辞 *vita brevis, ars longa* を噛みしめる。

　「散るときは潔く」細川ガラシャの歌[1]のように。母のいつもの教えだった。

　親友大西俊英氏が散った。かけがえのない大輪だった。散りきれず残る桜も散る桜である。

　振り返ると清貧な学究生活が思い出される。この間，滅私的献身者として支え続けた妻栄美子，子供たち彰礼，早織から毎日，温もりの激励をもらったことを感謝したい。父親として合格の自覚はない。

【注】
1) 散ぬべき時知りてこそ世の中の花も花なれ人も人なれ

索　　引

【ア行】

I T 景気……………………………218
アヴェイラビリティー理論…………242
芥川龍之介………………………253, 256
アダムズ, H.………………………61
アニマル・スピリット……………125, 128
アフタリオン, A.…………………79
アベノミクス……………………223, 259
有井治………………………………6
アロー＝プラット仮説……………272
暗黒の木曜日………………………264
いざなぎ景気………………………209
いざなみ景気……………………220, 221
一致系列……………………………26
一致指数……………………………223
移動平均……………………………15
岩戸景気……………………………207
ウィクセル, J.G.K.…………………96
ウィクセル・コネクション…………97
ウィルソン大統領…………………263
ウェイト付け………………………18
ヴェブレン, T.B.…………………83
ウォード, E.M.……………………194
ウォール街…………………………274
浦沢聡士……………………………13
営利企業の理論……………………84
エリオット・サイクル……………45
大川一司……………………………37
オークンの法則……………………187
大貫正實……………………………64
岡本博………………………………25
オランダ・チューリップバブル……189
オランド大統領……………………279
オリンピック景気…………………208
オルフェウス教………………………3, 6

【カ行】

カーネギメロン大学………………183
外生ショック………………………58
外生理論……………………………65
カウツキー, K.J.…………………91
カオス系理論………………………165
カオス理論…………………………44
過少消費説………………………68, 122
過剰投資説…………………………69
加速度原理………………………79, 120
勝手にしやがれ……………………251
貨幣的過剰投資説…………………117
紙・パルプ産業の景気動向指数……23
神風資本主義………………………195
カルドア, N.………………………10
カルドア・モデル…………………139
ガルブレイス, J.K.……………189, 197
カレツキ, M.………………………134
カレツキ・モデル…………………134
技術進歩循環………………………124
基準循環……………………………27
季節調整法…………………………23
北国の春……………………………250
キチン, J.A.………………………50
キチンの波………………………49, 277
Gibbons＝Waldman 説………………12
極限周期軌道……………………59, 157
局所的安定均衡……………………141
金閣寺放火事件……………………252
金星運行説…………………………77
金融政策…………………………231, 242
金融ビッグバン……………………238
クーリッジ大統領…………………264
グッドウィン, R.M.………………142
グッドウィン・モデル……………158

クラインクネヒト, A.	35
クラーク, H.	33
クラム, W.M.	50
群衆心理	199
景気循環の父	80
景気循環論	89
景気振幅度	270
軽減税率構想	245
経済的レイノルズ数	62, 165
経済発展の理論	87
経済保存則比率	259
ケインジアン理論	242
ケインズ, J.M.	66, 98, 152, 155, 276
ケインズ・サーカス	135
ケネー, F.	66
減税・補助金	229
小泉純一郎	219, 239
降雨量説	77
公開市場操作	236
公共投資支出	228
広告宣伝費	255
交際費	254
公定歩合操作	232
合理的期待	172, 182
合理的期待仮説	176
コール・レート操作	245
国際決済銀行	275
コレログラム	15
コンチェルティナ効果	119
コンドラチェフ	30, 100
コンドラチェフ長期波動	90
コンドラチェフの長期循環	32
コンドラチェフの波	277

【サ行】

財界一般指標図	21
財産課税	246
財政政策	228
最適貯蓄額	280
サブプライム・バブル	197
サブプライム問題	239
サミュエルソン, P.A.	129, 133, 258
3K	253
CI	23
ジェボンズ, H.S.	49
ジェボンズ, W.S.	34, 49, 75
自己秩序化	166, 168
シスモンディ, J.C.L.S. de	66, 72
実物的均衡景気循環理論	177
シナジェティクス理論	44
支払準備率操作	234
資本ストックのリミットサイクル	146
「島」経済体系	175
シムズ検定	184
就職氷河期	219
集団的自衛権	252
ジュグラー, J.C.	41
ジュグラーの波	277
シュピートホフ, A.A.C.	33, 82, 120
シュムクラー, J	124
シュムペーター, J.A.	6, 28, 33, 49, 86, 122, 277
シュムペーター時計	123
準備率	235
省エネ景気	212
消極的財政政策	230
乗数効果	228
昭和の歌	249
ジョン・ロー	191
シリコン・サイクル	53
新機軸説	122
新系列	26
信号抽出問題	175
人材空洞化	260
浸透度指数	21
心理ストレス	251
心理説	125
数量景気	206

索　引

スタグフレーション	171, 211
ストリーグル, R.R.	109
スペンサーA系列	14
スミス, A.	66
スミソニアン体制	210
セイ, J.B.	66, 71
政策金利操作	232
政治的景気循環	51
成長率循環	29
政府累積債務問題	241
世界金融危機	198, 241
世襲資本主義	246
ゼロ金利政策	234
線形動学モデル	156
線形モデルの系譜	159
線形モデル文献	168
先行系列	26
相関係数	10
双対性	258
相転移	64

【タ行】

ターナー, R.H.	199
ダービン・ワトソン比	15
第1次オイルショック	211
第2次石油危機	213
大域的安定性	141
大恐慌周期説	273
タイタニック	263, 275
ダイヤモンド社指数	20
太陽黒点説	34, 75
ダウ, C.H.	45
ダウ・ジョーンズ指数	268
竹馬経済	204
太宰治	253
暖炉の類推	79
遅行系列	26
チューリップ狂	190
チュルゴー, A.R.J.	66

超金融緩和政策	240
津軽海峡冬景色	250
つながりの科学	60
低収益構造	260
ティンバーゲンの定理	228
テク・パルス	55
テクノクラート	85
デジャブ景気	223
鉄鋼業景気動向指数	25
デフレ回避	239
テミン, P.	264
動学的対称性	257
トゥガン・バラノフスキー, М.И.	33, 80
東京オリンピック	279
投資・消費景気	205
同時多発テロ	274
ドーア, M.	11
トービン, J.	243
特需景気	205
土地バブル	195
ドッジ・デフレ	204
ドッジ・ライン	204
ドーマー・モデル	150
富の集中度	272
トレンド線	28

【ナ行】

内生ショック	58
内生理論	65
中村英雄	193, 200
南海泡沫会社	193
ニクソン不況	209
逃げ水景気	216
日航機御巣鷹山事故	268
日本型システム	262
日本経済の本質	258
日本の株価サイクル	47
日本の広告費	254
日本の中期循環	43

日本列島改造論‥‥‥‥‥‥‥‥‥‥210
ニューデール政策‥‥‥‥‥‥‥‥‥267
ニュートン, I.‥‥‥‥‥‥‥‥193, 257
ネーター, A.E.‥‥‥‥‥‥‥‥257, 261

【ハ行】

パーソンズ, W.M.‥‥‥‥‥‥‥‥‥19
ハーバード指数‥‥‥‥‥‥‥‥‥‥19
ハーバラー, G.‥‥‥‥‥‥‥‥66, 112
ハイエク, F.A.‥‥‥‥‥‥‥‥102, 117
ハイテク景気‥‥‥‥‥‥‥‥196, 214
ハイパー企業主義‥‥‥‥‥‥‥‥260
ハイパー個人主義‥‥‥‥‥‥‥‥261
8％専門店‥‥‥‥‥‥‥‥‥‥‥246
バトラ, R.‥‥‥‥‥‥‥‥‥‥‥271
バブソン・チャート‥‥‥‥‥‥‥‥19
バブル‥‥‥‥‥‥‥‥‥‥‥‥189
ハロッド・モデル‥‥‥‥‥‥‥‥147
ハンセン, A.H.‥‥‥‥36, 41, 42, 50, 107
非貨幣的過剰投資説‥‥‥‥‥‥‥120
ピグー, A.C.‥‥‥‥‥‥‥‥111, 126
悲劇の火曜日‥‥‥‥‥‥‥‥‥‥265
ピケティ, T.‥‥‥‥‥‥‥‥‥‥163
非線形モデルの系譜‥‥‥‥‥‥‥165
非線形モデル文献‥‥‥‥‥‥‥‥169
ヒックス, J.R.‥‥‥‥‥‥‥‥‥131
VIX指数‥‥‥‥‥‥‥‥‥‥‥223
ビルト・イン・スタビライザー‥‥‥231
ヒルファディング, R.‥‥‥‥‥‥‥90
フィッシャー, I.‥‥‥‥‥‥‥95, 276
フィッシャー, S.‥‥‥‥‥‥‥‥‥9
フィリップス, A.W.‥‥‥‥‥‥52, 160
フィリップス曲線‥‥‥‥‥‥‥‥‥10
フィリップスの公式‥‥‥‥‥‥‥234
フーバー大統領‥‥‥‥‥‥‥264, 275
フェデラル・ファンド金利‥‥‥‥233
フェルプス, E.S.‥‥‥‥‥‥‥‥171
不況トリガー‥‥‥‥‥‥‥‥‥‥214
複合不況‥‥‥‥‥‥‥‥‥‥‥216

ブニアティアン, M.‥‥‥‥‥‥‥‥81
ブライ＝ボッシャン基準‥‥‥‥‥‥14
プラザ合意‥‥‥‥‥‥‥196, 201, 214
プラザホテル‥‥‥‥‥‥‥‥‥‥202
フリードマン, M.‥‥‥‥‥‥‥‥244
フリッシュ, R.A.K.‥‥‥‥‥57, 58, 133
フリッシュ・モデル‥‥‥‥‥‥‥156
ブリティッシュ・ブロック経済圏‥‥266
フルシチョフ, N.‥‥‥‥‥‥‥‥‥31
ブレイン・トラスト‥‥‥‥‥‥‥276
ブローカーズ・ローン‥‥‥‥‥‥274
フロリダ不動産フィーバー‥‥‥‥274
分岐理論‥‥‥‥‥‥‥‥‥‥‥165
分布ラグ型回帰式‥‥‥‥‥‥‥‥185
文明サイクル‥‥‥‥‥‥‥‥‥‥38
平成バブル景気‥‥‥‥‥‥‥‥‥215
ヘリコプター・ベン‥‥‥‥‥‥‥221
ベル, D.‥‥‥‥‥‥‥‥‥‥‥‥60
ヘンデル, G.F.‥‥‥‥‥‥‥‥‥193
放火癖‥‥‥‥‥‥‥‥‥‥‥‥251
ボェーム・バヴェルク, E.‥‥70, 97, 109
ポートフォリオ理論‥‥‥‥‥‥‥243
ホートリー, R.G.‥‥‥‥‥‥‥‥105
ホブソン, J.A.‥‥‥‥‥‥‥‥‥122
ボブロフスキー, C.‥‥‥‥‥‥‥135
ポリシー・ミックス‥‥‥‥‥‥‥237
ホワイト・ノイズ‥‥‥‥‥‥‥‥164
本間宗久‥‥‥‥‥‥‥‥‥‥‥283

【マ行】

マーフィー, R.T.‥‥‥‥‥‥‥‥201
マウンダー極小期‥‥‥‥‥‥‥38, 77
マスグレイブ＝ミラー指標‥‥‥‥231
松尾芭蕉‥‥‥‥‥‥‥‥‥‥‥257
マックローチ, J.R.‥‥‥‥‥‥‥‥66
窓口規制‥‥‥‥‥‥‥‥‥‥‥236
マネタリスト理論‥‥‥‥‥‥‥‥244
マルクス, K.‥‥‥‥‥‥66, 68, 74, 277
マルサス, T.R.‥‥‥‥‥‥‥‥66, 67

索　引

マンスフィールド, E.·················60
ミーゼス, L.E.····················108
三島由紀夫·················252, 256
ミッチェル, W.C.················21, 27
ミュース, J.F.·············181, 182
ミュース型減衰系振動模式·······179
ミル, J.··························66
ミル, J.S.························66
ムーア, H.L.·····················77
無窮の皇帝····················190
無担保コール翌日物レート·······233
村山節··························38

【ヤ行】

山一證券······················217
幽霊景気······················212
揺れ木馬·······················58
吉村サイクル···················35

【ラ行】

ランゲ, O.····················135
ランダム・ウォーク仮説··········48
リー・ヨークの定理········166, 268
リーマン・ショック··········52, 197
リーマンブラザーズ証券········198
リエナール方程式··············157
リカード, D.················66, 103

リグルマン, J.R.·················36
量的緩和······················247
量的緩和政策············237, 241
リン, F.·························60
ルイジアナ・ドクシダン·········191
ルーカス, R.E.Jr··········172, 184, 186
ルーカス型総供給関数··········173
レイノルズ数····················62
レイリー型非線形微分方程式···160
レーニン, В.И.···················92
レプケ, W.··················3, 6, 103
ローザ効果····················243
ローズベルト, F,D.············267
ローマー, P.···················12
ロジャース, E.M.················60
ロトカ・ヴォルテラ型微分方程式·····157
ロトカ・ヴォルテラ方程式······144
ロビンズ, L.C.·················110
ロビンソン, J.············155, 163
ロビンソン・クルーソー経済····163, 177
ロング＝プロッサー・モデル·····178

【ワ行】

ワードウェル, C.A.R.············36
ＹＲＩインデックス···············25
ワルラス, L.····················97

289

〔著者略歴〕

小島　照男（こじま・てるお）

1947年　長野県生まれ
　　　　成城大学大学院経済学研究科博士課程単位取得満期退学
現　　在　神奈川大学経済学部講師
主要著書　『地域振興論』税務経理協会　2012年
　　　　　『地方財政と地域経済』八千代出版　2004年
　　　　　『マクロ経済学』文化書房博文社　1995年
翻訳書　　『ケインズ以後の景気循環論』多賀出版　1992年

著者との契約により検印省略

平成28年9月1日　初版第1刷発行

景　気
－波動と人と理論－

著　者　小　島　照　男
発行者　大　坪　嘉　春
製版所　株式会社ムサシプロセス
印刷所　税経印刷株式会社
製本所　牧製本印刷株式会社

発行所　東京都新宿区下落合2丁目5番13号　株式会社 税務経理協会
郵便番号　161-0033　振替 00190-2-187408　電話 (03) 3953-3301 (編集部)
FAX (03) 3565-3391　　　　　　(03) 3953-3325 (営業部)
URL http://www.zeikei.co.jp/
乱丁・落丁の場合はお取替えいたします。

Ⓒ　小島照男　2016　　　　　　　　　　Printed in Japan

本書の無断複写は著作権法上での例外を除き禁じられています。複写される場合は，そのつど事前に，（社）出版者著作権管理機構（電話 03-3513-6969，FAX 03-3513-6979，e-mail：info@jcopy.or.jp）の許諾を得てください。

JCOPY ＜(社)出版者著作権管理機構 委託出版物＞

ISBN978-4-419-06373-3　C3033